高等学校"十四五"规划教材·无人机应用技术

无人机市场营销

主　编　曹　洁　刘　杰　官建军
副主编　王云青　李　云

西北工业大学出版社

西安

【内容简介】 本书是关于无人机市场营销的教材,内容包括无人机市场营销基础、寻找无人机市场机会、无人机市场竞争战略的选择、无人机目标市场确定、无人机产品策略、无人机价格策略、无人机分销策略、无人机促销策略、无人机市场营销管理、无人机服务市场营销、无人机数字营销、市场营销职业道德与相关法律等。本书深入浅出、通俗易懂,使读者能够了解无人机市场营销基础知识。

本书可作为高等职业院校无人机相关专业课程教材,也可供无人机应用技术培训和无人机专业领域人员参考。

图书在版编目(CIP)数据

无人机市场营销 / 曹洁,刘杰,官建军主编. —西安：西北工业大学出版社,2023.6
 ISBN 978-7-5612-8730-9

Ⅰ.①无… Ⅱ.①曹… ②刘… ③官… Ⅲ.①无人驾驶飞机-市场营销 Ⅳ.①F407.5

中国国家版本馆 CIP 数据核字(2023)第 118625 号

WURENJI SHICHANG YINGXIAO

无 人 机 市 场 营 销

曹洁 刘杰 官建军 主编

责任编辑：万灵芝 隋绍兰	策划编辑：杨 军
责任校对：陈松涛	装帧设计：董晓伟

出版发行：西北工业大学出版社
通信地址：西安市友谊西路127号　　邮编：710072
电　　话：(029)88491757,88493844
网　　址：www.nwpup.com
印　刷　者：兴平市博闻印务有限公司
开　　本：787 mm×1 092 mm　　1/16
印　　张：16
字　　数：420 千字
版　　次：2023 年 6 月第 1 版　　2023 年 6 月第 1 次印刷
书　　号：ISBN 978-7-5612-8730-9
定　　价：59.00 元

如有印装问题请与出版社联系调换

前　言

随着技术的不断进步,无人机不仅在军用领域大显身手,在民用领域的应用也日益广泛,并因此吸引了不少公司的参与。作为世界各国的军民用前沿装备,无人机综合集成航空技术、信息技术、控制技术、测控技术、传感技术以及新材料、新能源等多学科技术,代表着未来航空业的发展方向。特别值得关注的是,军用无人机技术随时可转化至民用领域,为国民经济建设服务。据相关统计,目前全球民用无人机已经形成了大约1 000亿美元的市场规模。海外的谷歌、亚马逊等新科技巨头纷纷涉足无人机的开发和应用。我国无人机在多个领域,包括国土资源勘探、海洋遥感监测等都有相关应用。目前,无人机的军用和出口贡献了行业约90%的收入来源。随着近两年无人机民用市场的加速成长,物流、快递、餐饮送餐、保险查勘等新领域的尝试应用也纷纷出现。我国无人机的生产和研究始于20世纪50年代。1990—2010年期间,我国的无人机相关技术越来越完善,无人机及系统的应用范围逐渐扩大,从军事用途扩展到民用。2010年之后,无人机成为我国消费行业的一部分。现阶段,我国民用无人机的销售市场分为消费级无人机和工业级无人机两部分。消费级无人机主要用于小范围的拍摄,多为个人使用;工业级无人机常常在电力、防灾、气象等领域应用,无论是技术水平还是价格都要高出消费级无人机许多。目前我国的消费级无人机市场已基本成熟,商家竞争非常激烈。

本书将市场营销学理论知识与无人机行业发展案例相结合,充分体现应用性和实践性特色。针对无人机企业的营销发展需求,结合无人机营销项目,突出知识点的实用性和操作性,突出学懂会用。在知识体系结构上,以传统市场营销知识体系框架为基础,结合无人机企业真实案例,融入数字营销、服务营销等营销行业新业态发展内容。同时,考虑职业院校人才培养的需求,本书增加了无人机组织管理、计划控制等章节,形成了新的知识体系框架。在实践方面,本书均采用模块化+案例教学,深入校企合作,融合无人机企业案例分析,充分利用企业教师丰富的实践经验,对系统的营销理论知识进行应用,以体现知识点的价值和意义,确保学生理解理论、学会应用,突出高职高专的办学宗旨与特色。本书编写团队中,有长期从事教学与科研工作的专业教师,也有长期从事无人机市场经营与技术管理的人员。

无人机市场营销是无人机营销专业最为核心的课程,旨在探索无人机市场营销的规律与方法,从无人机市场营销管理角度分析、阐述无人机市场营销的理论与实践问题。由于无人机产品属于新兴行业科技产品,具有专用性强、技术要求高,以及服务性等特点,因此,无人机营销与一般产品营销具有一定差异。尽管市场营销学的现有理论可以作为无人机企业开展营销活动的理论基础,但在无人机营销实践中,还必须充分考虑无人机行业的经营环境、无人机产品和无人机消费者的特殊性。为适应当前环境对无人机营销专业人才培养的新要求,滁州职业技术学院与滁州精惟创新科技有限公司合作,从学以致用的角度出发,共同编写了本书。在编写过程中,校企通力合作,使得本书既有一定的理论基础,又具有较强的实用价值。

本书以无人机市场营销组合理论为编写主线,紧密结合当前无人机营销理论的新发展和无人机营销实践的新应用,对无人机服务营销、无人机数字营销等均做了较为详细的阐述,并在书中引入无人机市场营销法律法规的案例和阅读资料,内容新颖,并具有较强的实践性和可操作性。

本书由滁州职业技术学院曹洁、刘杰和滁州精惟创新科技有限公司官建军担任主编,滁州职业技术学院王云青和李云担任副主编。本书为滁州职业技术学院商学院市场营销专业和智能制造学院无人机应用技术专业学科建设成果之一。在编写本书过程中,参考和借鉴了众多学者的研究成果,在此表示诚挚的敬意。

由于水平有限,书中不足之处在所难免,敬请各位读者批评指正。

编　者

2022 年 10 月

目 录

模块一 无人机市场营销基础 1
1.1 市场营销的含义与相关概念 2
1.2 市场营销理论与观念的演变 5
1.3 无人机市场营销理念与创新 13
习题 19

模块二 寻找无人机市场机会 21
2.1 无人机市场营销调研 22
2.2 无人机市场营销环境分析 33
2.3 无人机市场消费者行为分析 44
习题 49

模块三 无人机市场竞争战略的选择 51
3.1 无人机市场竞争者分析 52
3.2 无人机市场基本竞争战略 54
3.3 无人机市场地位与竞争地位 61
习题 70

模块四 无人机目标市场确定 72
4.1 无人机市场细分 72
4.2 无人机目标市场的选择 79
4.3 无人机市场定位 86
习题 90

模块五 无人机产品策略 92
5.1 无人机产品层次与分类 93
5.2 无人机产品生命周期策略 95
5.3 无人机产品组合策略 98

5.4　无人机产品开发策略 …………………………………………………………… 101
　　5.5　无人机产品品牌策略 …………………………………………………………… 104
　　5.6　无人机产品包装策略 …………………………………………………………… 109
　　习题 ………………………………………………………………………………… 113

模块六　无人机价格策略 ……………………………………………………………… 116
　　6.1　无人机价格及定价依据 ………………………………………………………… 117
　　6.2　无人机定价方法 ………………………………………………………………… 124
　　6.3　无人机定价策略 ………………………………………………………………… 128
　　6.4　无人机价格调整与企业对策 …………………………………………………… 132
　　习题 ………………………………………………………………………………… 135

模块七　无人机分销策略 ……………………………………………………………… 137
　　7.1　无人机分销渠道概述 …………………………………………………………… 137
　　7.2　无人机分销渠道类型 …………………………………………………………… 139
　　7.3　中间商 …………………………………………………………………………… 143
　　7.4　无人机分销渠道设计决策 ……………………………………………………… 146
　　7.5　无人机分销渠道管理 …………………………………………………………… 151
　　习题 ………………………………………………………………………………… 156

模块八　无人机促销策略 ……………………………………………………………… 158
　　8.1　无人机促销组合策略 …………………………………………………………… 158
　　8.2　人员推销策略 …………………………………………………………………… 161
　　8.3　广告策略 ………………………………………………………………………… 165
　　8.4　无人机营业推广策略 …………………………………………………………… 173
　　8.5　无人机公共关系策略 …………………………………………………………… 176
　　习题 ………………………………………………………………………………… 177

模块九　无人机市场营销管理 ………………………………………………………… 180
　　9.1　无人机市场营销计划 …………………………………………………………… 182
　　9.2　无人机市场营销组织 …………………………………………………………… 185
　　9.3　无人机市场营销执行 …………………………………………………………… 191
　　9.4　无人机市场营销控制 …………………………………………………………… 194
　　习题 ………………………………………………………………………………… 196

模块十　无人机服务市场营销 ………………………………………………………… 198
　　10.1　服务市场营销概述 ……………………………………………………………… 199
　　10.2　服务质量管理 …………………………………………………………………… 201
　　10.3　服务的有形展示 ………………………………………………………………… 206

10.4 服务的定价与分销	208
习题	215

模块十一　无人机数字营销　217

11.1 无人机数字营销概述	218
11.2 数字营销岗位职责	222
11.3 数字营销技术	228
习题	237

模块十二　市场营销职业道德与相关法律　239

12.1 市场竞争法律法规	239
12.2 营销人员职业道德	242
习题	245

参考文献　246

模块一 无人机市场营销基础

教学目标

【知识目标】

1. 掌握市场、市场营销的基本概念
2. 了解市场营销学的发展过程
3. 掌握市场营销观念的演变过程
4. 掌握无人机市场的分类
5. 了解无人机市场的研究内容和研究方法
6. 了解无人机市场营销策略发展

【能力目标】

1. 运用市场及市场营销的理论分析实际问题
2. 能够分清传统营销观念与现代营销观念的区别
3. 学会运用市场营销观念指导企业进行市场营销活动
4. 能够运用市场营销理论对无人机企业进行市场分析

【素质目标】

1. 树立正确的市场营销观念
2. 培养学习能力,运用正确方法掌握新知识
3. 培养营销职业道德,树立依法经营观念

延伸阅读

顺丰无人机:提供智能化的低空运行服务解决方案,助力特色农产品上行,带动乡村经济振兴

2022年7月3日,在北川羌族自治县(简称"北川县")隆重举行了第四届海峡两岸(北川)投资推介会暨项目集中签约仪式,丰鸟无人机科技有限公司(简称"丰鸟科技")与北川县人民政府签署了合作协议书。

丰鸟科技将与北川县开展合作,利用自身科技研发能力,为北川通用机场及川协4号空域提供数字化、智能化的低空运行管理及服务解决方案,进而保障北川地区低空能够安全、高效、顺畅地运行。同时,丰鸟科技将依托北川通航产业园建设顺丰无人机川北运行基地。

未来,丰鸟科技将以北川作为区域性枢纽节点,逐步构建起辐射川北地区、川西地区及陕南地区的大型无人机支线物流网络,解决高原山地地区物流运输痛点,助力特色农产品上行,

带动乡村经济振兴。

2022年1月25日,顺丰旗下大型无人机公司丰鸟科技正式取得了中国民航局颁发的支线物流无人机试运行许可和经营许可,标志着丰鸟科技成为全国首家可在特定场景下开展吨级大业载、长航时支线物流无人机商业试运行的企业,也成为全球首个运用特定场景运行风险评估方法获得监管方批准进入支线物流商业试运行的大型无人机企业。

(资料来源:快递生态圈)

市场营销学于20世纪初发源于美国,是一门研究市场营销活动规律的学科。市场营销学的形成和发展是商品经济高度发展的产物,是营销实践的总结和概括。在现代市场经济条件下,企业必须按照市场需求组织生产。在当下知识经济时代,市场营销在开拓潜在市场、满足市场需要、提高企业核心竞争力等方面,发挥着日益重要的作用。近年来,无人机市场热度不减,随着无人机在各行业的应用越来越广泛,部分专业化无人机竞争格局初步形成。无人机企业正在寻求在新一轮的竞争中脱颖而出,市场营销将成为企业赢得未来无人机市场的机遇。

1.1 市场营销的含义与相关概念

市场营销在一般意义上可理解为与"市场"有关的所有人类活动,因此,我们首先要了解"市场"的含义。

1.1.1 市场

1. 市场的含义

所谓市场,是由一组具有买卖关系的经济实体构成的,这种买卖关系的性质通过买主和卖主的数量规模和双方的交易规则反映出来。"市场"一词,最早是指买主和卖主聚集在一起进行交换的场所。经济学家将"市场"这一术语表述为卖主和买主的集合。而在营销管理者看来,卖主构成行业,买主构成市场。在现代市场经济条件下,每个人在从事某项生产中趋向专业化,接受报偿,并以此来购买所需之物。每一个国家的经济和整个世界的经济都是由各种市场组成的复杂体系,而这些市场之间则由交换过程来联结。

2. 市场的构成

市场由人口、购买力和购买欲望三个要素构成。人口是构成市场的第一要素,消费者数量的多少,决定着市场规模和容量的大小。同时,人口的构成及其变化也影响着市场需求的构成和变化。购买力是消费者支付货币购买商品或服务的能力,是构成现实市场的物质基础。一定时期内,消费者可支配的收入水平决定着购买力的高低。购买欲望指消费者购买商品或服务的动机、愿望和要求,它由消费者的心理需求和生理需求共同引发。产生购买欲望是消费者将潜在购买力转化为现实购买力的必要条件。用公式来表示就是:市场=人口+购买力+购买欲望。市场的这三个要素是相互制约、缺一不可的,只有三者结合起来才能构成现实的市场,才能决定市场的规模和容量。例如,一个国家或地区人口众多,但收入很低,购买力有限,则不能构成容量很大的市场。又如,购买力虽然很大,但人口很少,也不能构成很大的市场。只有人口既多,购买力又高,才能构成一个有潜力的大市场。但是,如果产品不适合需要,也不能引起人们的购买欲望,对销售者来说仍然不能构成现实的市场。因此,市场是上述三个要素的统一。

1.1.2 市场营销的含义

市场营销是指以满足人类各种需要和欲望为目的,通过市场变潜在交换为现实交换的一系列活动与过程。市场营销学主要研究组织(特别是企业)的市场营销管理活动,即研究组织如何通过整体市场营销活动,适应并满足买方的需求,以实现经营目标。因此,这里的市场是指某种产品的现实购买者与潜在购买者需求的总和。

无人机市场营销学是市场营销学的一个新兴分支学科,它依据市场营销学原理,以无人机市场为对象,研究无人机产品或劳务从生产方转移到适合的消费方的全过程。该学科旨在探索无人机市场营销的规律与方法,从无人机市场营销管理角度分析、阐述无人机市场营销的理论与实践问题。

1. 市场营销的实质:社会性的经营管理活动

"市场营销"一词来源于英语的"Marketing",指企业的市场营销活动,也指市场营销学这一学科。从实质上讲,市场营销是指一种活动,尤其是指企业的经营管理活动。它广泛地存在于各种主体之间的交换活动之中,因此,市场营销从实质上说是一种社会性的经营管理活动。

2. 市场营销的本质:商品交换活动

通俗地讲,市场营销就是企业围绕产品销售而展开的一系列的运筹与谋划活动,而销售就是把产品卖出去,有买才有卖。因此,从本质上来说,市场营销是一种商品交接活动。市场营销就是以满足人们各种需要和欲望为目的,变潜在交换为现实交换的一系列经营管理活动。

3. 市场营销的主体:企业

市场营销适用于存在交换关系的所有领域。市场营销的主体可以是个人、企业、城市、国家及社会等,但最具有典型意义的营销主体是企业。因此,在对市场营销基本理论与方法的阐述中,本书主要以企业为例展开,基本思想对其他类型主体仍然适用。

4. 市场营销的客体:消费者

在市场营销者看来,卖方构成行业,买方则构成市场。以企业为主体的市场营销活动的对象是市场,也就是消费者(个人消费者与组织消费者)。市场营销就是企业面向市场开展的一种经营活动,是企业围绕市场需求开展的一种市场经营活动。市场营销应当从了解市场需求开始,到满足市场需求结束,市场需求是市场营销活动的中心。

5. 市场营销的核心:交换

市场营销的核心是交换。从供给与需求两个方面来分析,同时满足自己需求和他人需求的唯一途径是商品交换。只有同时满足交换各方需求的交换活动才是市场营销,不满足任何一方或仅仅满足其中一方需求的市场活动都不是真正意义上的市场营销。

6. 市场营销的目的:满足消费者需求的同时使企业获取利润

对于企业来说,赢利是其存在的理由,满足消费者的需求与欲望是它获得利润的途径。企业只有发现消费者的现实与潜在需求,并通过商品交换尽力满足它,把满足消费者需求变成企业赚钱的机会,才是市场营销这一活动的终极目的。例如,无人机企业大疆,通过不断了解消费者的新需求,把具有航拍定位功能的消费级无人机卖给了消费者,达到了消费者满意和企业获利的双赢。

7.市场营销的手段：系统性市场营销经营组合活动

企业的系统性市场营销组合活动是企业市场营销的手段。它主要包括四个阶段：生产之前的市场调查与分析活动，主要了解市场需求；生产之中对产品设计、开发及制造的指导，主要指导企业生产；生产之后的销售推广活动，主要开拓市场；产品售出之后的售后服务、信息反馈、消费者需要满足等活动，主要满足市场需求。这充分说明了市场营销应有的工作内容。因此，市场营销包括需求预测、新产品开发、定价、分销、物流、广告、人员推销、销售促进、售后服务等经营管理活动。

延伸阅读

市场营销与推销、销售的区别

销售是坐等消费者上门购买现有产品并提供相关服务的活动，如导购、收款等。推销是主动上门找消费者或者是当消费者到店后犹豫不决时积极努力地促其购买现有产品的活动。市场营销则是通过市场调查发现未被满足的需求，然后根据这种需求构思、研发、制造、提供相应的产品，再策划制定有吸引力的价格策略、分销策略、促销策略等，从而让消费者主动购买的一系列活动。可见，如果市场营销做得好，那么推销就是多余的，也就是说，产品不需要推销就可以销售出去。

1.1.3 市场营销的相关概念

市场营销的目的是了解人们的需要和欲望，满足需求。因此，人类的各种需要和欲望是市场营销的出发点。

1.需要

需要是指没有得到某些基本满足的感受状态。当某种需要还未实现的时候，人们会尽力削弱它或者寻找目标满足它，同一种需要可以用不同的方式满足，它是人类所固有的，市场营销者不能创造这种需要，而只能适应它。如人们饥饿时需要食物，天气变冷时身体冻得打哆嗦。

2.欲望

欲望是指想得到某些基本需要的具体满足物时的愿望，如人们饥饿时肚子咕噜咕噜地叫，非常想吃水饺和包子；天气变冷了，身体冻得打哆嗦，非常想买一件羽绒服。市场营销者能够影响消费者的欲望。

3.需求

需求是指具有支付能力并且愿意购买某种物品的欲望。例如，人们饥饿时肚子咕噜咕噜地叫，非常想吃汉堡包，到了快餐店一看价位也不高，就立即采取了购买行动。人们愿意购买并且有支付能力，此时需要转化为需求。又如，天气变冷了，身体冻得哆嗦，非常想买一件羽绒服，到了百货大楼一看，羽绒服的价格都太高了，远远超出了支付能力，就没有购买。愿意购买但是没有支付能力，此时的需要就不能转化为需求。因此，需求与需要的区别为是否有足够的货币支付能力。

4. 交换

产品只有通过交换才能产生市场营销。交换是指通过提供某种东西作为回报而与他人换取所需产品或服务的行为,交换是营销理论的中心。交换需要具备五个条件。

(1)有交换双方;

(2)每方都有对方需要的、有价值的东西;

(3)每方都有沟通和运送货品的能力;

(4)每方都可以自由地接受或拒绝的权利;

(5)每方都认为与对方交易是合适的或称心的。

5. 交易

交易是一个过程。如果双方正在进行谈判,并趋于达成协议,这就意味着他们正在进行交换。一旦达成协议,他们就会发生交易行为。交易是由双方之间的价值交换所构成的行为,是交换活动的结果。交易是交换活动的基本单元,是由双方之间的价值交换所构成的。

1.1.4　市场营销在不同行业的扩散

德鲁克曾精辟地指出,现代企业最重要的职能只有两个,一个是创新,另一个就是营销。从世界范围的企业管理实践看,市场营销在不同的时期内,引起了不同行业的重视。20世纪80年代以来,服务行业尤其是航空业、银行业等逐渐接受了市场营销思想。航空公司开始研究顾客对它们所提供的各项服务的态度,包括时刻表的安排、行李的处理、飞行过程中的服务、服务态度是否友好、坐席是否舒适等。近20年来,市场营销理念已渗入世界各国的非营利组织,如学校、医院、博物馆、交响乐团等。市场营销在这些组织中引起了不同程度的兴趣,得到了不同程度的采纳。为生源减少而苦恼的大专院校,也试图将市场营销思想运用于招生工作。越来越多的医院,在其患者越来越少的情况下,也开始认真研究、运用市场营销原理。当前,随着无人机在各行业的应用更加广泛,各类无人机企业在这样的环境下快速成长。各类无人机企业要想成为行业的佼佼者,就必须准确掌握市场营销工具,确定本企业的发展战略。

1.2　市场营销理论与观念的演变

1.2.1　市场营销学的发展

市场营销学起始于20世纪初,那时商品经济有了高度发展,市场营销学首先在美国从经济学中分离出来,逐渐成为一门独立的学科,随后流传到欧洲,之后是日本及世界各国。市场营销学的发展大体经过了四个阶段,从中可以看出市场营销学对市场营销活动规律的认识是逐步深化的。

1. 萌芽时期(1900—1920 年)

在19世纪末,美国少数有远见的企业家提出了一些营销学思想,如提出"明码标价""提供服务""分期付款"等口号,实行"货物售出,包退包换"等办法。20世纪初,美国一家出版公司首先提出了"客户为王"的口号,搜集并分析资料,作为公司经营决策的依据。1910年,美国伊利诺伊大学、密执安大学、宾夕法尼亚大学、匹兹堡大学、威斯康星大学等相继开设了营销学课程,包括密执安大学开设的"产业分销"、纽约大学开设的"商业制度"。1912年,第一本营销学教科书问世,该书由哈佛大学的赫杰特齐编写,被视为市场营销学从经济学科中分离出来成为独立的专门学科的里程碑。之后的经济学刊物对刚刚出现不久的市场营销学给予了很多帮助,使其开始创立出概念上与众不同的方法,促进了该领域知识的发展。比如产品研究法、机构研究法和职能研究法就是在这一时期发展起来的,学者也开始运用这些方法进行市场营销研究。同时,学术界陆续提出一些本学科的新概念,初始的学科体系逐渐形成。

2. 规范时期(1920—1950年)

市场营销系统的一个关键特征是它内嵌于日复一日的社会生活之中,并随着外部环境的变化而不断发展和变化。这个时期是个特殊时期,美国社会在此期间面对种种机会及挑战。譬如经历了快速发展和繁荣的20世纪20年代,进入大萧条的20世纪30年代,面对"生产过剩"的经济危机,许多工厂、商店倒闭,产品销售困难,大量劳动力失业,幸存的企业都面临着严重的销售问题。之后经历第二次世界大战以及20世纪40年代的战后时期。这些机会和挑战都要求进一步明晰市场营销学术范围,以使其成为一个规范的研究领域。为实现这一目的,学术界开始对各专门学科和各种研究方法的成果加以整理,融合提炼,博采众长,形成了较为系统的市场营销理论。本学科的独立性、系统性和完整性日趋明显。不过,与其后的研究相比,这一时期市场营销学者的研究更多地侧重于对市场营销实践的描述而较少考虑解决管理方面的问题。

3. 迅速发展时期(1950—1980年)

尽管前有先驱,后有来者,1950—1980年之间的30年还是成了市场营销思想发展史上的一个分水岭。这是因为,这一时期是一个伟大变革的阶段。在这个时期,发展和革新普遍受到欢迎,营销思想的领域被相当程度地扩大了,行为科学和数学几乎同时出现于市场营销学主流之中,对市场营销思想的发展起到了很大的促进作用。这一时期,市场营销学的主要特征是:

(1)致力于从管理角度观察这一领域,更加强调市场营销管理,表现为这一时期提出了许多具有重要意义的概念,如营销观念、4P理论、品牌形象、营销管理以及营销近视等。

(2)广泛吸收其他学科(包括自然科学和社会科学)的概念、原理,使理论体系更加充实,并注重市场营销决策研究和定量研究。

(3)市场营销理论的阐述更加准确,强调市场营销活动须适应消费者需求的变化,强调目标市场营销、市场营销信息和市场营销系统的重要作用。

(4)市场营销学从原来的总论性研究转变为区别不同研究对象的具体性研究,分化出许多子学科,譬如服务市场营销、国际市场营销及非营利组织营销等。

(5)这一时期末,市场营销学开始强调企业市场营销活动所关联的社会责任、社会义务和商业道德,强调借助市场营销学原理和方法来推进社会福利的增加和社会事业的发展。

20世纪70年代,市场营销学又与消费经济学、心理学、行为科学、社会学、统计学等应用学科相结合,发展成为一门新兴的综合性的应用科学,先后传入日本以及西欧和东欧等国家和地区,并被世界各国和地区所接受。

4. 重构时期（1980年至今）

1980年以来，营销的内外部环境发生了巨大的变化，例如和平与发展成为世界主题、经济全球化的趋势愈加明显、知识经济迅速发展等。这些变化促进了市场营销学的分支科学——国际市场营销学的理论化、系统化，使市场营销学理论在国际范围内迅速传播，广为采纳，并促进了市场营销学的分化和重构。进入20世纪90年代，科学和文明的发展给营销领域带来了更为复杂的概念和方法，市场营销学术界日益重视高新技术、文化等方面对市场营销的影响和渗透。专门化研究的发展，使得数据库营销、网络营销、关系营销、绿色营销、文化营销和体验营销等新的营销理论不断涌现和发展，极大地丰富了市场营销学的理论内容，总之，探索市场营销在新经济、新技术革命条件下的走向，成为这一时期市场营销教学与研究的热点问题。

我国对于西方市场营销理论的引进，始于20世纪70年代末80年代初的经济转型期。其发展经历了引进期（1978—1982年）、传播期（1983—1985年）、应用期（1986—1988年）、扩展期（1989—1994年）和国际化时期（1995年至今）。由于改革开放之后，我国经济发展迅猛，市场营销学理论在较短的时间内得到了广泛的传播、研究和应用。

1.2.2 传统市场营销观念

现代企业的市场营销管理观念有多种，这些观念时隐时现，相互碰撞，深刻地影响着组织或个人。在现代企业的市场营销观念中，生产观念、产品观念和推销观念通常被称为传统观念。

1. 生产观念

生产观念是指导企业营销行为的最古老的观念之一。生产观念认为，消费者喜欢那些可以随处买得到而且价格低廉的产品，企业应致力于提高生产效率和分销效率，扩大生产，降低成本以扩展市场。显然，生产观念是一种重生产、轻营销的商业哲学。生产观念是在卖方市场条件下产生的。在资本主义工业化初期以及第二次世界大战末期和战后一段时期内，由于物资短缺，市场产品供不应求，生产观念在企业经营管理中颇为流行。生产观念不是从消费者的需求出发，而是从企业的生产出发，主要表现为"我生产什么，就卖什么；我卖什么，消费者就买什么"。企业经营者最关心的就是扩大生产规模、提高生产效率、降低生产成本、提高销量。

2. 产品观念

随着越来越多的企业奉行生产观念，一味追求规模经济效益，加之社会生产效率的不断提高，市场开始出现供过于求的不利局面。在这种市场环境下，企业如果仍然坚持奉行生产观念，必将造成大量的产品滞销，从而使企业的经营陷入困境。此时的企业经营者认为，消费者喜欢高质量、多功能和具有某些特色的产品，企业应致力于生产优质产品，并不断加以改进，使之日趋完美。这样，企业的产品才能拥有足够强的竞争力，并得到消费者的青睐。我们把这一营销观念称为产品观念。产品观念产生于20世纪30年代之前，时至今日依然有一些企业推崇这种营销观念。产品观念期望以质取胜，比生产观念更先进。但与生产观念一样，产品观念同样没有充分考虑消费者的需求和欲望。所谓的优质产品，往往并非消费者需要的产品。奉行产品观念的企业，往往过度沉醉于自己的产品品质，而不是专心研究市场，这导致其容易在营销管理中缺乏远见，患上所谓的"营销近视症"。

> **延伸阅读**

营销近视症

营销近视症是指企业在拟定策略时,过于迷恋自己的产品,不适当地把注意力放在产品或技术上,而不是市场,往往导致其失去市场和竞争力。企业在市场营销中以产品作为导向,而非市场导向,缺乏市场远见,进而致使企业将市场定义得过于狭隘,使得产品销售每况愈下。因为产品只不过是满足市场需求的一种媒介,一旦有更能充分满足市场需求的新产品出现,现有的产品就会被淘汰。同时,消费者的需求是多种多样并且不断变化的,并不是所有的消费者都偏好某一种产品或价高质优的产品。因此,市场的饱和并不会导致企业的萎缩。企业萎缩的真正原因是经营者目光短浅,不能根据消费者的需求变化而改变营销策略。

3. 推销观念

推销观念产生于资本主义国家由"卖方市场"向"买方市场"的过渡阶段。1920—1945年,由于科学技术的进步,科学管理和大规模生产的推广,产品产量迅速增加,逐渐出现了市场产品供过于求、卖主之间竞争激烈的新形势。许多企业家感到,即使有物美价廉的产品,也未必能卖得出去,企业要在日益激烈的市场竞争中求得生存和发展,就必须重视推销工作。

> **延伸阅读**

实事求是是推销之本

一名顾客到某加油站加油,员工小胡立马迎了上去:"看看我们的燃油宝,能够清除积炭、增强动力。"对方问道:"刚买的新车需要加燃油宝吗?"小胡答道:"新车尚未形成积炭,可以不加燃油宝。"随后,小胡向顾客推介了其他商品,对方购买后满意地离开了加油站。

在销售过程中,总有销售人员为了推介更多商品信口开河,其实要想做长久生意,实事求是才是销售之本。任何商品都有不适用的范围,但有些投机取巧的销售人员总是会恣意夸大商品的性能、用途,这种做法虽有利于短期销售,但为日后的销售工作埋下了一颗"定时炸弹"。销售人员在推介过程中,应实事求是、有一说一,只有这样才能赢得客户的信任,进而促进销售。"实事求是、以诚相待"是销售工作中最基本的态度,也是赢得客户的最佳方式。如今,信息传播较快,任何小伎俩都很容易被拆穿,靠小手段赢得的成功也是十分短暂的。在销售工作中,销售人员应实事求是地介绍所售商品的性能、适用范围等,帮助客户做出正确选择。可以说,推销的过程就是与客户建立信任的过程,销售人员只有得到了客户信任,才能更好地完成销售工作。

1.2.3 现代市场营销观念

1. 市场营销观念

市场营销观念是商品经济发展史上的一种全新的经营哲学,它是第二次世界大战后在美国新的市场形势下形成的。所谓市场营销观念,是一种以消费者需求和欲望为导向的经营哲学,它把企业的生产经营活动看作是一个不断满足消费者需求的过程,而不仅仅是制造或销售某种产品的过程。

市场营销观念认为,实现企业营销目标的关键在于满足消费者的需求和欲望,可通俗地理解为"消费者需要什么,企业就生产什么"。市场营销观念摒弃了以企业为中心的指导思想,取而代之的是以消费者为中心的营销观念。持有市场营销观念的企业将管理重心放在发现、了解和满足消费者的需求上。因此,企业在决定其生产经营方式前,必须进行市场调研,根据市场需求及企业本身的条件选择目标市场,组织生产经营,最大限度地提高消费者的满意度。该观念以消费者为中心,以满足消费者的需求和欲望为营销活动的基本出发点,较此前的生产观念、产品观念和推销观念无疑更具积极意义。

2. 社会营销观念

社会营销观念是以社会利益为中心的营销观念。社会营销观念认为,组织应该确定目标市场的需求、欲望和利益,然后再以一种能够维持或改善消费者和社会福利的方式向消费者提供更高的价值。由于市场营销观念强调了满足消费者需求和实现企业的目标,却忽视了社会公众的利益,而消费者、企业的利益与社会公众的利益可能是相悖的。例如,私人汽车的大量使用,造成空气污染、交通阻塞、事故频繁。许多企业只顾以新产品刺激消费需求,却导致产品寿命过短,造成了资源的浪费。还有,本来是为了方便消费者购买而使用的各种包装袋、软饮料瓶等,用完后即被丢弃,且难于处理和分解,不但造成了包装材料的大量浪费,也造成了生活环境的脏乱。社会营销观念是市场营销观念的进一步发展,使营销观念进入了一个更加完善的阶段。社会营销观念与市场营销观念的不同如下:

(1)奉行市场营销观念的企业,可能了解并满足了个人的欲望,却不能从消费者和社会的长远利益出发来行事。社会营销观念认为,市场营销观念忽视了消费者短期欲望和消费者长期社会福利之间可能存在的冲突,而社会营销观念却以一种能够维持或改善消费者和社会福利的方式考虑问题。

(2)社会营销观念要求营销者在制定营销政策时,要考虑企业利润、消费者欲望和社会利益三者之间的平衡(如图1-1所示),而市场营销观念只考虑前两个因素。

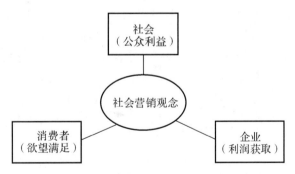

图1-1 社会营销观念中的利益均衡

纵观市场营销观念的演变过程可以看出,经营观念必须与企业所处的宏观经济环境相适应。市场供求状况的变化是导致企业更新经营观念的直接原因,而商品生产的发展是推动企业经营观念转变的根本原因。在企业经营观念的更新改变过程中,最根本的转变是企业经营活动的中心发生了变化,由以生产者为中心转变为以消费者为中心,这是市场营销学的一场重大变革。

> **延伸阅读**

救人于水火灾病！中国无人机悄悄担负起更多社会责任

电力、农业、救援……最近几年无人机正悄悄地在各行各业普及。除了日常作业外，这些快速、智能又勇敢的无人机还在应对各种灾祸中发挥着独特作用，承担着越来越多的社会责任。

• 水中，各显神通

每年的雨季都会看到洪水的新闻，洪水危险而且阻隔着救援，而无视地形限制的无人机在这时可以发挥出意想不到的作用。2018年9月4日，在印度洪水受灾地区Ponnani的救援营地，一架中国制造的多旋翼无人机带来了居民Shifa在洪水中丢失的出生证明副本并将其安全运送到了当地居民的屋顶。当地政府也用中国无人机携带专业载荷评估了水灾后该地受灾程度。

类似的事情在国内也不少。2017年7月，湖南，洪峰过境，96岁老人被困家中。正在采访的当地记者用无人机成功找到并定位其位置，最后救援队伍驾冲锋舟成功将其救走。2018年6月，四川，强降雨致涪江水位暴涨，143名工人被困孤岛上，生活物资和用水紧缺。当地调用农业用植保无人机向被困人员运送食品等必需物资，3架无人机用"蚂蚁搬家"的方式运去了两面包车的物资，解了燃眉之急。同月，也在涪江中，一艘停靠在河边的采砂船被洪水扯断钢绳，船上3名值班人员被困，冲锋舟又无法靠近。最后消防救援人员用无人机抛牵引绳的方式，成功用滑轮渡河救人。2019年5月19日，江西，暴雨致河水突涨，1名工人被困河流中间，河水湍急。现场指挥员巧用无人机将绳索降落到被困人员位置，并利用绳索将救生衣送到被困人员手中，让被困人员穿好救生衣及绑紧安全绳后，成功将被困人员救出。

• 火中，司空见惯

2019年4月15日，法国巴黎圣母院起火，两架中国制造的无人机"御"Mavic Pro和经纬M210在救火时成为外媒热议的英雄，其携带的红外和可见光相机能实时关注火势，帮助高压水枪实现精确的定点扑救，从而在关键时刻拯救了大教堂的两座钟楼。无人机在消防中的巨大作用引起了海外网友的热议与点赞，其实这在国内早已成为日常。2018年，重庆市渝中区，一个批发市场大面积燃烧，5个中队七八十人一起参与灭火。但火势蔓延速度很快，火场情况又很复杂。消防支队较场口中队的一名一线消防员情急之下起飞自己的大疆Spark航拍无人机侦察火势，有"上帝视角"的加持，再用水枪阻截便很快控制住了火情。2017年开始，中国航天科技集团十一院研制的彩虹-4型长航时无人机挂载着森林防火专用的监控载荷服务于大兴安岭的森林防火。

• 灾中，无畏尖兵

除了水、火外，地震、山体滑坡等地质灾害也很可怕，一些情况下甚至可以造成地形改变、基础设施瘫痪等问题，此时更是无人机大显身手的时候。2015年日本就启动了Drone Bird项目的众筹，以期在地震后用无人机快速生成灾区地图，因为哪怕用卫星绘图也需要等两天之久。其实这样的应用在我国早已实现，2008年汶川地震，多家机构和企业联合成立"无人机遥感应急赈灾联合组"，先后获取了重灾区四川省德阳市绵竹县汉旺镇航空遥感影像、四川省德阳市什邡市洛水镇影像，5月17日以后又对地震后山体滑坡、崩塌等导致的堰塞湖进行拍摄，发挥了重要作用。近年来在一些灾害中，无人机又出现了全新的应用。2017年九寨沟地震，华为就启用了系留式(地面供电,可 24 小时飞行)的无人机基站,其可向方圆 50 平方公里以内的客户提供通信保障服务,同时服务 5 400 个手机用户。

• 疾病中,全新可能

2019 年 11 月,BBC、西班牙《国家报》和埃菲社等多家外媒都报道了坦桑尼亚桑给巴尔地区尝试用中国无人机预防疟疾的新闻。据报道,大疆以 MG-1S 农业植保机为基础量身打造了两架无人机,它们可以向稻田的水中喷洒 Aquatain AMF 积水防蚊液以消灭疟蚊,进而可以预防疟疾。其实类似的应用在国内也早已展开,许多灾害事故发生后都有农业植保无人机执行防疫任务。2017 年九寨沟地震就成了一次国内植保无人机服务队的大动员。这些植保无人机在农业疾病防控领域做"本职工作"时也多次充当传统作业方式所不能胜任的"救火队员"。2016 年 8 月,陕西渭南爆发玉米粘虫病,4.4 万多亩玉米达到防治标准,但用传统方式喷洒农药已经无能为力。幸好这次也是一次成功的全国植保无人机大动员,来自天南海北的无人机企业、服务队都驰援渭南,胜利完成了"虫口夺粮"。2017 年 8 月,内蒙古自治区呼和浩特市土默特左旗玉米地爆发红蜘蛛疫情,当地农牧业局植保植检站的数据显示:全旗共有 120 万亩玉米地,其中 76 万亩不同程度受灾,预计虫害会导致当地玉米减产 10%~70%。大疆农业当地服务队禾文科技组织约 50 架 MG-1S 植保无人机紧急进行防治,保住了 80% 的产量。

(资料来源:知乎)

1.2.4 市场营销观念的新发展

1. 大市场营销

大市场营销观念认为,企业不仅要服从和适应外部的宏观环境,而且更应当主动地去影响外部市场营销环境;企业的市场营销策略除了应包括 4P (Product,产品;Place,渠道;Price,价格;Prmotion,促销)策略之外,还必须再加上两个 P 策略,即政治策略(Political Power)和公关策略(Public Relations),这种战略思想被称为大市场营销。换一种说法就是企业为了成功地进入特定的市场,并在这个特定的市场上经营,不应当消极地顺从与适应外部环境和市场需求,而应在战略上同时使用政治的、经济的、心理的、公共关系的技巧,以赢得参与者的合作。

如果企业面对规模小的,甚至是单个消费者的市场开展营销活动时,4P 策略是必须考虑的营销策略。但是,当企业面对规模大、人数众多、跨地区、跨国界的市场,甚至是全球市场时,仅采用 4P 策略会"力不从心"。这是因为,随着市场规模的扩大,企业会遇到很多原先不曾遇到的问题,如市场文化差异。特别是世界范围贸易保护主义和政府干预经济的日益加强,政治权力对企业营销的影响也会增大。在这种情况下,企业应取得政府官员、立法部门、企业高层决策者以及社会公众的支持和合作,扫清营销障碍,变封闭性市场为开放性市场。

2. 绿色营销

绿色营销问题是全球范围内跨国界经营的又一新的热点问题。1987 年联合国环境与发展委员会发表了《我们共同的未来》宣言,促使"绿色营销"观念萌芽;1992 年联合国环境与发展大会通过的《21 世纪议程》强调,"要不断改变现行政策,实行生态与经济的协调发展",为绿色营销理论的形成奠定了基础。绿色营销要求企业在开展营销活动的同时,努力消除和减少生产经营对生态环境的破坏和影响。具体来讲,企业在选择生产技术、生产原料、制造程序时,应符合环境保护标准;在产品设计和包装装潢设计时,应尽量减少产品包装或产品使用的剩余物,以降低对环境的不利影响;在分销和促销过程中,应积极引导消费者在产品消费使用、废弃物处置等方面尽量减少环境污染;在产品售前、售中、售后服务中,应注意节省资源、减少污染。可见,绿色营销的实质,就是强调企业在进行营销管理活动时,要努力把经济效益与环境效益结合起来,尽量保持人与环境的和谐,不断改善人类的生存环境。绿色营销是现代企业的必然选择,也是一种营销原则,更是人们对人类、社会和自然之间关系认识深化的产物。它的提出与实施将会给人类社会生活带来不可估量的影响。

延伸阅读

科技促进可持续发展,共建更加绿色的智能世界

华为是全球领先的信息与通信技术(ICT)解决方案供应商,消除数字鸿沟,促进经济、环境和社会的和谐与可持续发展是华为一直以来的可持续发展愿景。为此,华为不仅支持联合国可持续发展目标的实现,还同时与供应链上下游的客户和供应商密切合作,致力于构建一个可持续的、更美好的全联接世界。华为的可持续发展战略主要表现在:

1. 商业道德:华为恪守商业道德,遵守国际公约和各国相关法律法规。华为推进了海外各子公司的合规体系建设,已经在100多个业务相关国家完成对标当地与ICT产业相关的法律要求。在145家子公司全面落实了反腐败、反商业贿赂实践,并在此基础上结合自身业务特点,持续强化了反腐败和反商业贿赂管理体系建设。比如诚信与合规文化、合规管理以及对外交流方面的建设。

2. 网络安全:2018年,基于"网络环境是不安全的,网络攻击是常态化的"假设,华为以动态响应的思维构建了产品规划与开发的全视图,发布了新的网络安全框架,以应对更为复杂的网络安全环境。

3. 清洁高效,低碳循环:致力于减少生产、运营等过程以及产品和服务全生命周期对环境的影响,通过创新产品和解决方案,促进各行业的节能减排和循环经济发展,持续牵引产业链各方共建低碳社会。

4. 绿色产品:把绿色环保理念融入产品规划、设计、研发、制造、交付和运维等各个环节中,通过持续的技术创新,不断提升产品和解决方案的资源使用效率,向客户提供领先的节能环保产品和解决方案。

5. 绿色运营:致力于在办公、生产、物流及实验室等方面提升资源使用效率,降低温室气体及废弃物排放强度,将华为运营打造为环境友好型典范。

6. 绿色伙伴:持续保证华为产品的环保符合性,促进合作伙伴运营活动符合环境法规要求,牵引供应链节能减排,提升华为产业生态链综合竞争力。

7. 绿色世界:致力于不断推广绿色ICT综合解决方案,促进各个行业的节能减排,积极推动资源节约、环境友好的低碳社会建设。

华为董事长表示:华为秉持"开放、合作、共赢",携手全球伙伴,通过技术创新,积极推进绿色环保,着力实现更好的数字包容,促进可持续发展,共同构建一个更加美好的万物互联的智能世界。

(资料来源:《广东科技》)

3.顾客让渡价值

在现代市场营销观念指导下,企业应致力于顾客服务和顾客满意。而要实现顾客满意,需

要从多方面开展工作,并非人们所想象的"只要价格合适,则万事大吉"。事实上,消费者在选择卖主时,价格只是考虑因素之一。消费者真正看重的是"顾客让渡价值"。顾客让渡价值是指顾客总价值与顾客总成本之间的差额。顾客总价值是指顾客购买某一产品与服务所期望获得的一组利益,包括产品价值、服务价值、人员价值和形象价值等。顾客总成本是指顾客为购买某一产品所耗费的时间、精神、体力以及所支付的货币资金等。顾客在购买产品时,总希望把有关成本包括货币、时间、精神和体力等降到最低限度,而同时又希望从中获得更多的实际利益,以使自己的需要得到最大限度的满足。企业为战胜竞争对手,吸引更多的潜在顾客,就必须向顾客提供比竞争对手具有更多顾客让渡价值的产品,这样才能使自己的产品为消费者所注意,进而购买本企业的产品。为此,企业可从两个方面改进自己的工作:一是通过改进产品、服务、人员与形象,提高产品的总价值;二是通过降低生产与销售成本,减少顾客购买产品的时间、精神与体力的耗费,从而降低货币与非货币成本。

4. 顾客满意

进入 20 世纪 90 年代,正当国内企业纷纷导入企业识别或企业形象(corporate identity,CI)设计之时,在日本、美国等国家代之而起的是与 CI 思想方法颇有不同的 CS,CS 是英语 customer satisfaction 的缩写,意为"顾客满意"。如果把 CS 营销战略与 CI 策划相比较,可以发现,CS 考虑问题的起点是顾客,CI 要建立的是企业形象;CS 要建立的是企业为顾客服务,使顾客感到满意的系统,CI 仍然摆脱不了推销的色彩。因此,就经营理念而言,CS 要比 CI 更深一层、更高一等。构成 CS 营销战略的主要思想和观念方法,很早就有企业在无意中运用过,而成为一种潮流则出现于 20 世纪 90 年代。CS 营销战略中最重要的就是要站在顾客的立场上考虑和解决问题,要把顾客的需要和满意放到一切考虑因素之首。这一点说起来容易,做起来却很难。而能否真正做到这一点,则是 CS 营销战略能否取得成功的关键所在。热情、真诚、为顾客着想的服务给顾客带来满意,而令人满意又是顾客再次购买的主要因素。一项研究报告指出,公司利润的 25%~85%来自再次光临的顾客,而吸引他们再来的因素,首先是服务质量,其次是产品本身,最后才是价格。汽车业的调查数据显示,一个满意的顾客会引来 8 笔潜在生意,其中至少有 1 笔成交;而一个不满意的顾客会影响 25 个人的购买意愿,争取一位新顾客所花的成本是保住一位老顾客所花成本的 6 倍。21 世纪是以服务取胜的时代,企业活动的基本准则应是使顾客感到满意。因为在信息社会,企业要保持技术上的优势和生产率的领先已越来越不容易,企业必须把工作重心转移到顾客身上。从某种意义上说,使顾客感到满意的企业是不可战胜的。

1.3 无人机市场营销理念与创新

1.3.1 无人机市场营销背景

无人机行业的发展经历了由军用向民用转化的过程。无线电操控飞行器技术自第一次世界大战期间诞生后,在军事领域得到快速发展。21 世纪以后,世界政治环境稳定,经济高速发展,无人机技术也迅速地向民用商业化发展。美国和以色列是最早将无人机技术转向民用方向发展的,欧洲以及韩国、澳大利亚和新加坡等国家和地区也相继开始了无人机技术民用化的应用尝试。而在国内方面,最早的无人机民用应用研究是20世纪50年代西北工业大学开发用于航空摄影、灾情监视等的"D-4民用无人机系统",但很长一段时间都未向公众开放使用。2006年,国内民用无人机行业出现转折。这一年,汪滔在深圳创立了大疆创新有限责任公司,后推出了小型摄影用的无人机,一举打开了民用消费级的市场。此后,零度智控、亿航科技等数百家无人机企业相继创立。得益于中国完善的制造体系和较低的制造成本,中国无人机企业迅速在全球民用无人机市场站稳脚跟。20世纪末通信技术的飞速提升,加上电子元件的开发越发微型化和智能化,促成了2010年后全球的"无人机技术黄金时代"。当前的无人机在实现量产的同时,还保证了外观的轻巧,飞行距离与续航时间更长,操作应用更简易,使得民用无人机的大众化推广更进一步。2013年后,全球无人机市场日渐火爆,谷歌、GoPro、宗申动力、华为、小米等外围企业也纷纷涉足无人机领域,使得无人机应用愈发成熟和多样化,行业竞争也随之加剧。近年来,我国无人机技术不断发展,民用市场已逐渐打开。《中国无人机行业发展趋势研究与未来投资调研报告》显示,2021年我国民用无人机市场规模达869.12亿元,较2020年增加了270.08亿元,同比增长45.09%。东兴证券研究所认为,到2023年,国内无人机市场规模预计可达976.9亿元,年均复合增长率为59%。

1.3.2 无人机市场的分类

认识无人机市场的类型,可以帮助营销人员更充分地了解某一特定市场,寻找营销目标。通常可以从以下几个角度对无人机市场进行分类。根据应用领域不同,工业无人机可分为地理测绘领域无人机、低空巡逻巡检领域无人机、应急管理领域无人机、农林植保领域无人机等;按照人工介入水平的不同,分为人工作业、半自动作业、自动作业、全自动作业无人机等;按照不同平台构型来分类,可分为固定翼无人机、无人直升机和多旋翼无人机三大平台。无人机最常使用的分类是根据用途划分,分为军用与民用两类。民用无人机一般对于速度、升限和航程等要求都较低,但对于人员操作培训、综合成本有较高的要求,因此需要形成成熟的产业链,提供尽可能低廉的零部件和支持服务。民用无人机又可进一步划分为消费级与工业级无人机,下面具体来讲这两类无人机。

1. 工业级无人机

工业级无人机产品指的是能够协助或代替人工完成各行业领域普通人力作业难以实现或效率过低的任务,往往需要定制化的系统设置和专业人员操作。工业级无人机的应用方向通常有:

(1)农业植保。通过发展无人机技术,利用遥控和GPS实现大规模喷洒作业,有效促进农业科技化水平的提升,合理地提高了农民的生产力。我国作为农业大国,拥有18亿亩基本农田,每年需要大量的人力从事农业植保作业,农药残留和污染会危害人体健康。同时,农村青壮年劳动力逐渐稀缺,人力成本日益增加。植保无人机可远距离遥控操作,避免了喷洒作业人员暴露于农药的危险,保障了喷洒作业的安全。

(2)航拍测绘。搭载更稳定、清晰、大尺寸的摄像设备,用于影视新闻拍摄或结合机器图像识别技术进行智能测绘。无人机还能在传统的地理学方面有所应用。比如,监测风化作用,观察河流和冰川的变化,考古学家和历史学家也在利用装载普通数码相机的无人机进行3D建模,还原古代建筑遗址的场景。

> **延伸阅读**
>
> ### "蓝天逐梦、科技赋能" 金华婺城无人机产业这样"起飞"
>
> 中国经济导报、中国发展网讯（张红星、记者沈贞海浙江报道）一架无人机盘旋升空，对建筑物及周围环境进行测绘，配套的电脑上出现了三维立体点云图像，只要鼠标轻轻一点，就能即刻获取数据信息，这便是无人机航拍3D测绘建模技术。近日，记者来到浙江省金华市婺城区安云小镇智慧产业园，东田科技负责人陈灵峰正在通过测绘处理软件制作实景建模。
>
> "画面中显示的区域占地约50平方公里，我们只用了10架测绘无人机，花费了3天时间便完成了全部拍摄工作。"陈灵峰告诉记者，测绘无人机底部搭载了高精度激光雷达，对地形地貌与建筑进行实景测量，不仅保障了采集数据的准确性，还大大提升了测绘作业效率，扩大了测绘作业覆盖面积，目前在土地确权、建筑施工等领域应用广泛。
>
> "比如，单架C103WD4－10植保机每小时可喷洒农药100亩，而使用10架无人机编队作业，只需一支3人的飞防专业技术团队，每小时就可以完成700亩农作物的喷洒作业。"陈灵峰介绍，该公司最新研发的C103WD4－10编队作业已攻克多架无人机通信与信息交互技术难关，将持续优化，完成多架无人机航线协同巡航与协作喷洒作业，实现编队飞防植保，以自身产品技术优势，专注农业技术振兴。
>
> 眼下，正是单季稻病虫害防治关键时期，东田科技的飞防专业技术团队正奔走在各地的乡野田间，为农户提供无人机统防统治作业。据介绍，今年以来，仅金华本地，东田科技农用植保机飞防技术服务团队已服务水稻、茶叶、果树、小麦、莲藕等农作物近20万亩，通过数字化手段帮助农民在增收路上走得更快。
>
> 随着数字化水平的不断提升，如今在婺城，无人机的身影越来越普遍，已从单一的消费领域拓展到了植物保护、测绘、能源、物流、应急等多个领域。"人工智能＋无人机，更广阔的天地是在一些人无法靠近的场景中进行任务作业。"陈灵峰表示，东田科技将在婺城区数字化改革的浪潮中，持续不断创新，研发出更多种类齐全、功能多样、安全可靠的无人机产品，引领婺城无人机产业高质量发展。
>
> **（资料来源：中国发展网）**

（3）设备巡检。在高空等高危地区或特殊环境对桥梁、电力等设备进行检测，通常携带红外传感器。在目前自动化率比较低的林业，可以使用无人机24小时不间断地巡航，省去人力成本。无人机还可用于森林资源调查、荒漠化监测、森林病虫害检测及防治、森林火灾监测和动态管理等等。目前比较常见的是在林业火灾监测、预防、扑救、灾后评估等方面的应用，它可以解决在地面巡护无法顾及的偏远地区发生林火的早期发现，以及对重大森林火灾现场的各种动态信息的准确把握和及时了解，也可以解决飞机巡护无法夜航、烟雾造成能见度降低无法飞行等问题。

（4）安防监控，公安搜救。用于交通或消防管理，快捷采集现场信息并搭载通信广播或灭火设备。此外，在公安系统中，无人机可以代替直升机作业，省下不少成本，能满足派出所级的需求。无人机近年来在反恐处突、缉私禁毒、交通疏导等公安工作中已得到初步应用。在抢险救灾中，无人机的作用也非常大。比如在遇到自然灾害时，搜救队需要花很长时间才能找到受困者，而无人机的"眼睛"和"耳朵"，可以指导搜救队安全地完成救援。

（5）物流配送。在新冠肺炎疫情防控期间，无接触物流配送服务成为当时主要的配送方式。无人机配送除了避免接触以外,对于企业来说可以提高效率、降低成本,发展前景广阔。无人机具有智能化、信息化、无人化的特点,及距离短、成本低、效率高的优势,有效扩大了物流覆盖范围,是物流配送企业主要的无人配送设备。

2. 消费级无人机

随着无人机产业链配套逐渐成熟、硬件成本不断下降和市场价格的降低,无人机市场关注度持续攀升,消费级无人机的客户群体从小众拓展至大众,客户规模呈现指数级增长。2015年,中国制造业一次又一次刷新无人机的最低价,加速了"人手一台无人机"时代的到来。消费级无人机是面向普通消费者的无人机,入门简单,价格低廉,主要用于个人航拍和娱乐。产品的特点往往是外形小巧、操作便利、功能体验感强,常见的应用方向有飞行玩具、个人摄影、影视制作和体育赛事转播。

1.3.3 无人机市场营销的研究内容

无人机市场营销是指以机械制造、经济学、行为科学和现代管理学为基础,以市场营销学为指导,以满足无人机市场需求为中心的企业市场营销活动及其规律,即无人机企业如何从满足消费者的需求和欲望出发,有计划地组织营销活动,通过交换,将无人机产品和价值从无人机企业传递到消费者手中,最终实现无人机企业的营销目标。无人机市场营销的研究内容主要有以下几点。

1. 无人机企业与市场的关系

无人机市场营销研究影响和制约无人机营销活动的各种环境因素及各类购买者的行为模式。通过市场调研与需求预测,发现市场需求,根据不同因素进行市场细分,选择目标市场,最终确定市场定位。

2. 无人机营销策略

营销策略是无人机市场营销研究的核心,主要研究无人机企业如何运用各种市场营销手段,组合营销策略,实现预期目标。无人机市场营销活动包含产品、价格、分销渠道、促销等多种因素。随着市场经济的不断发展,营销策略内容日趋复杂。

3. 无人机营销管理

无人机营销管理研究的是无人机企业为保证营销活动的成功,在组织、调研、计划、控制等方面采用的措施和方法。也就是说,无人机企业需要制订正确的营销计划,建立合理的营销组织与控制体系,采取有效的计划、组织和控制措施,保证实现企业的经营目标。无人机营销管理是无人机市场营销学研究的重要内容之一。

无人机市场营销的主要任务是研究调查无人机市场的现状和变化趋势,把握无人机行业科技的最新动向,正确制定无人机企业的发展和营销战略,同时也为无人机企业在无人机市场上的生存和发展提供重要的理论及实践指导。

1.3.4 无人机市场营销的研究方法

在无人机市场营销的发展过程中,研究内容不断充实,研究方法也处于持续发展变化之中,常用的研究方法主要有以下几种。

1. 产品研究法

无人机产品研究法是一种以产品为中心的研究方法,主张对无人机产品分门别类进行分析研究。例如,可以分别对工业级无人机和消费级无人机进行研究,以便采取适合其产品特点的营销策略。该方法的优点是能较详细地分析在营销过程中出现的各种产品问题,有针对性地采取对策,但缺点是过于关注产品,容易忽略市场需求。

2. 组织研究法

这种方法的关注点在于营销渠道,分析无人机渠道系统中各种类型组织的营销问题,包括无人机制造企业、代理商、经销商、企业购买者、政府购买者、个人消费者等,如图1-2所示。根据不同的分类标准,还可以分为无人机集成与研发企业、无人机零部件制造企业、无人机整机制造企业、无人机销售企业、无人机服务企业等,无人机产业链如图1-3所示。根据各种类型的无人机组织,研究其性质、特点与职能,实施有效管理,提升营销渠道效率。但这种研究方法仍未摆脱"以物为中心"的理念,对市场需求重视不够。

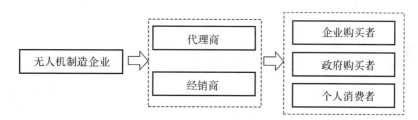

图1-2 无人机渠道系统中各种类型组织

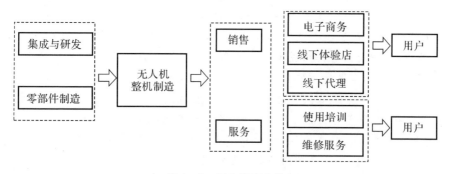

图1-3 无人机产业链

3. 职能研究法

应用职能研究法探讨无人机市场营销问题时,主要研究分析无人机采购、仓储、运输、销售、融资、促销等不同市场营销职能所面临的问题,这种方法有助于较深入地研究各个营销环节的活动。

4. 管理研究法

管理研究法是从营销管理决策的角度研究无人机市场营销问题的方法,又称决策研究法。它以无人机行业为主体,基于产品研究法、组织研究法和职能研究法的基本要求,分析市场环境,寻找市场机会,针对目标市场需要,结合企业自身资源和目标,制定相应的营销策略,以满足目标市场需要并实现企业的目标。企业希望管理研究法的运用,可以提高产品市场占有率,增加企业盈利。目前,管理研究法在无人机市场营销领域的应用日益增多。

5. 系统研究法

该方法运用系统管理理论,将无人机企业所处宏观环境、微观环境与市场营销活动紧密协调、整合为一个完整系统,统筹兼顾系统中各个相互影响、相互作用的组成部分,使各个部门协同活动,从而提高企业的经营效益。

以上方法各有其研究的侧重点,相互间并不是矛盾的,而是相互联系、相互补充的。例如,一些学者会在使用管理研究法的同时,配合使用系统研究法,使决策更具实践价值。

延伸阅读

民用无人机企业市场营销创新策略

企业市场营销、广告策划的根本目的是追求经济效益。截至目前,根据民用无人机不同的发展时期,该行业在广告营销方面的策略大体可分为两个阶段。

1. 早期展会时期

在早期,参加行业展会是大多数民用无人机企业对外展示的渠道,典型的业内交流,除了主办方邀请的少数行业媒体外,鲜有其他媒体报道。这一时期的展会有个显著的特点,就是同质化比较严重。企业自身也只是出钱买个展位,带着自家的产品亮个相,很多时候展会还没结束,大家就都早早撤摊回家了。

除此之外,航模和无人机还未"分家",在起初的几年里,大家一直在讨论航模和无人机的区别,众说纷纭。中国国际模型博览会(Hobby Expo China)更是见证了无人机的崛起。据主办方瑞阳传媒总经理黄智勇介绍,2012年,大疆第一次参加中国国际模型博览会。尤其是旋翼机的上市,解放了对场地、跑道的要求,开始引起市场的关注。2013年,大疆、零度及无人机相关配件厂商参展,不过整机企业不超过5家,体积大、价格高还是行业壁垒。当时零度比较聪明,主打政府相关部门的采购,成单量一度高过主打航拍的大疆。2014年是爆发式的一年,随着技术的不断创新,市场的不断扩大,将近一半的展位都是无人机相关的。2015年无人机展位进一步扩大,单个展位面积最大达135平方米,很多品牌厂商选择在这个展会上发布新品。2016年则有30多家大的品牌厂商参展,总参展面积也是历年最大。

这一时期涌现出一批行业自媒体,比如宇辰网、无人机网、全球无人机网、无人机世界等。但报道内容也趋于雷同,毕竟参加的都是类似的展会,采访的都是同一批企业。

2. 注重品牌建设时期

经过几年的洗礼,民用无人机企业对待推广与品牌建设的心态与做法都逐渐成熟。大多数企业开始意识到,树立良好的品牌形象有助于企业占领更大的市场份额。尤其是在当下移动互联网时代,先进的科技在某种程度上可以加快经济的发展。企业正确有效地管理市场营销决定了企业可以在市场中生存。面对新的经济趋势,企业如何快速把控市场节奏,如何在当前经济环境中转变营销方法,成为所有企业亟须处理的问题。

从传统的开发布会、参加展会、寻求媒体报道,到利用公众号等自媒体渠道自行推送,再到结合线下巡回演示,无人机企业的推广方式越来越多样化,也越来越接地气。

(1)针对性的线下交流,成为企业推广新思路。在全国进行线下巡演,以往更多的是电影宣传,渗透到科技领域,则是最近几年才兴起的,无人机行业进行线下巡回展示的不在少数。

(2)运营自有公众号,能省下一大笔宣传费用。微信已然成为现代生活绕不开的一部分,而能否运营出优秀的公众号已经成为考验运营人员的试题。新媒体运营最重要的任务就是保持与客户的良好互动,维护客户关系,以此促成商业合作或者触发购买行为,产生利润。因此,企业公众号也成为联系企业与大众最直接的纽带。很多企业对于运营企业的微信公众号、微博、贴吧等非常上心。在知乎、分答等平台上,也有无人机企业负责人入驻,并通过回答问题与网友互动,增加企业的知名度。另外,通过公众号开展微问答、发布固件更新消息,也是常用的互动方式。

(3)发布会、行业展会,传统推广考验企业实力。在移动互联网时代之前,企业的曝光率大多还是依靠媒体宣传,而吸引媒体报道主要有两种方式:开新品发布会,参加大型展会。

新品发布会是向大众推广企业品牌的绝佳时机,多家媒体围绕同一款产品(或者同一家公司)进行多方位报道,消费者想不注意都难。但在举行发布会时,企业应该保持风格统一,包括现场布置颜色、主讲人、产品展示方式等,此时需要强化品牌形象。

当今时代,我国信息技术愈加成熟,目前我国民众对于网络的依赖感极强。进而,民用无人机企业应当真正了解到自身营销模式改变与工作完善的意义。企业需真正掌握目前网络时代中的市场营销方式的改变,综合使用不同营销方式,满足用户的不同需求。总而言之,大众消费模式的改变与市场营销的新局面,使营销策略获得了完善与创新,令企业的发展能够更加长远,也进一步提高了自身的经济效益。

民用无人机行业发展的过程中,总有一个摸索阶段,从最初注重线下交流,到用社群的方式聚集线上的粉丝,再回归到全国各地有针对性的线下巡演。无人机企业越来越懂得结合应用场景凸显自己的长处了,最终大家都会找到一条合适的推广之路。

(**资料来源**:《市场研究》)

习　　题

一、单选题

1."酒香不怕巷子深"反映了(　　)。
　　A.生产观念　　　B.产品观念　　　C.推销观念　　　D.市场营销观念
2.(　　)是构成市场的基本因素。
　　A.人口　　　　　B.购买力　　　　C.购买欲望　　　D.产品
3.以"兼顾社会利益获得经济效益"为目标的市场营销观念是(　　)。
　　A.生产观念　　　B.推销观念　　　C.市场营销观念　D.社会营销观念
4."我生产什么,就卖什么;我卖什么,消费者就买什么"的营销观念是(　　)。
　　A.生产观念　　　B.产品观念　　　C.推销观念　　　D.社会营销观念
5.(　　)是指人们有能力购买并愿意购买某一具体产品的欲望。
　　A.需要　　　　　B.需求　　　　　C.期望　　　　　D.价值
6.现代营销观念以消费者为中心,它要求企业营销活动的出发点是满足(　　)。
　　A.供应商的需求　　　　　　　　　B.消费者的需求
　　C.社会文化的需求　　　　　　　　D.企业文化的需求
7."消费者需要什么,企业就生产什么"的营销观念是(　　)。
　　A.生产导向型　　B.市场营销导向型　C.推销导向型　　D.社会营销导向型

二、多选题

1. 构成市场的三个要素是( )。
   A. 人口　　B. 购买时间　　C. 购买力　　D. 群体　　E. 购买欲望
2. 属于传统营销观念的是( )。
   A. 市场营销观念　B. 生产观念　C. 推销观念　D. 社会营销观念　E. 产品观念

三、判断题

1. 顾客对产品满意,不一定成为其忠诚顾客。　　　　　　　　　　　　　( )
2. 顾客为购买产品花费的时间和体力不属于顾客的购物成本。　　　　　( )
3. 在产品供不应求的情况下,推销观念才有可能产生。　　　　　　　　( )
4. 网购中的送货上门服务体现了4C营销理论中的便利因素。　　　　　( )
5. 无人机最常使用的分类是根据用途划分,分为军用与民用两类。一般民用无人机又可进一步划分为消费级与工业级。　　　　　　　　　　　　　　　　　　( )

四、名词解释

1. 无人机市场营销

2. 绿色营销

3. 需求

五、简答题

1. 市场营销的观念经历了哪几个阶段的演变?

2. 无人机市场主要分为哪几种类型?

模块二 寻找无人机市场机会

教学目标

【知识目标】
1. 掌握无人机市场调研的含义和内容
2. 掌握不同市场调研方法及其优缺点
3. 掌握市场营销环境分析常用方法
4. 了解消费者购买行为影响因素

【能力目标】
1. 能够运用五力模型来分析无人机行业的营销环境
2. 能够运用各种调查方法对无人机市场展开调查
3. 能够进行无人机市场调查问卷设计

【素质目标】
1. 拓展学生在经济学领域的知识
2. 培养学生对企业环境分析的敏感性
3. 建立市场调查方法体系

延伸阅读

5G无人机应用案例

5G无人机是当前最具创新精神的移动通信应用之一。虽然目前市面上已经有很多无人机,但它们基本都是通过Wi-Fi和蓝牙连接的,只能满足人们的一些娱乐体验。要想从狭窄的娱乐应用空间迈向更为广阔的行业应用市场,无人机离不开通信的支持,而移动5G,将会为无人机应用带来新机遇。下面是5G无人机的几个应用案例,感受一下5G时代,无人机会给我们的生活带来哪些变化。

VR(虚拟现实)直播

在4G时代,VR行业一直苦于4G网络环境的带宽限制而无法实现高清的VR视频直播,导致VR直播应用发展缓慢。随着5G的到来,VR直播有望迎来爆发。5G网络可实现上行单用户体验速率100Mbps以上,空口时延10ms,将使得VR直播更加流畅、更加清晰、用户体验更优。无人机通过挂载在无人机机体上的360度全景相机进行视频拍摄,全景相机通过连入5G网络的客户终端设备将4K全景视频通过上行链路传输到媒体服务器中,用户再通过VR眼镜进行观看。

城市、园区安防

5G 网络的大带宽、低时延,融合 AI(人工智能)深度学习能力,可快速视频分析,实现多手段的目标锁定及实时跟踪监控。控制中心能通过 5G 网络向无人机飞行控制系统发送控制指令,极大地提升传统无人机用于安防场景的效率。控制中心人员通过 VR 眼镜的 4K 高清视频,呈现实时观看和与地面安防设备的同步联动,优势互补,最大化安防场景能力。控制中心人员通过 VR 眼镜、智能设备等地面控制终端,经由 5G 网络远程控制无人机机载摄像头的转向、无人机的飞行状态及路线,进一步追踪锁定目标。无人机可实现对突发安防场景问题的预判以及自动识别的目标实现进行自动跟踪。智能无人机飞行平台以及 5G 蜂窝网络能力的有效引入,促进了传统安防产业向天地一体化协同作战的方向转型以及多场景安防能力的智慧升级,其必将作为一种新型的安防解决方案模式得到更加广泛的应用,从而促进传统安防服务商的智慧升级,带动整个产业的发展。

无人机物流配送

近年来,国内外的主要物流企业纷纷开始布局无人机配送业务,以实现节省人力、降低成本的目的。通过 5G 网络,可以实现物流无人机状态的实时监控、远程调度与控制。在无人机工作过程中,借助 5G 网络大带宽传输能力,实时回传机载摄像头拍摄的视频,以便地面人员了解无人机的工作状态。同时,地面人员可通过 5G 网络低时延的特性,远程控制无人机的飞行路线。此外,结合人工智能技术,无人机可以根据飞行任务计划及实时感知的周边环境情况,自动规划飞行路线。

无人机应急通信及救援

我国幅员辽阔,多样的环境和气候特征使得各种自然灾害时有发生,因此,灾后的救援工作尤其重要。利用无人机灵活性强的特点,当灾害发生时,使用搭载通信基站的无人机,基于规划的路线飞行,可以触发受灾被困人员手机接入机载基站网络,实现对被困人员通信设备的主动定位,确认被困人员的位置及身份信息。同时利用 5G 网络的大带宽传输能力,通过机载摄像头实时拍摄并回传现场高清视频画面,结合边缘计算能力与 AI 技术,实现快速的人员识别及周边环境分析,便于救援人员针对性地开展营救工作。通过无人机与传统搜救方式的结合,可有效缩短搜寻时间,保证被困人员能够在第一时间得到有效救助,最大程度地减少人员伤亡,具有显著的社会效益。

(资料来源:《5G 无人机应用白皮书》)

市场营销的目的是通过比竞争者更好地满足市场需求,赢得竞争优势,进而取得合理的利润收入。要做到这一点,就必须从研究市场出发,了解市场需求及竞争者的最新动态,开展市场营销调研,广泛收集市场营销信息,据此制定市场营销战略决策。

2.1 无人机市场营销调研

2.1.1 无人机市场调研概述

营销调研是通过信息使消费者、客户、公众与营销人员之间建立沟通桥梁,营销人员使用信息来识别和定义营销机会和问题,产生、完善和评估营销活动,监控营销绩效,促进人们对于营销理论的理解。也有学者这样定义营销调研:营销调研是设计、收集、分析和报告信息,从而解决营销中出现的某问题的过程。定义中都包含了营销、信息、决策等要素。在实际工作中，市场调研和营销调研经常混用，差别不大。

结合市场调研的含义，我们将无人机市场调研定义为：运用科学的方法和手段，设计、收集、分析和研究与无人机市场有关的信息，提出方案和建议，为企业制定无人机市场营销决策提供参考依据。无人机市场营销调研与其他营销调研的不同之处在于：调研对象主要是无人机产品市场，例如无人机上市前的概念测试、无人机价格弹性、无人机营销渠道调研、无人机品牌认知等。无人机市场调研大体可分为以目标市场为对象的企业微观调研和以整体为对象的政府宏观市场调研。市场调研的内容十分广泛，凡是对企业生产经营活动有影响的各种因素都是市场调研的对象。无人机市场调研的内容主要包括以下几个方面。

1. 无人机市场环境调研

无人机企业身处错综复杂的市场环境，既给企业提供了机会，也对企业构成了威胁。企业只有使自身经营活动与外部市场环境相适应，才能获得最佳效果。影响企业的市场环境大致可分为间接环境和直接环境两大类。间接环境是指对无人机企业活动起间接影响与制约作用的环境因素，主要包括人口、经济、科学技术、政治、法律及社会文化等因素。直接环境是指对无人机企业经营活动起直接影响与制约作用的环境因素，包括竞争者、顾客、供应者、营销中介（营销服务机构、中间商、储运公司等）等因素。

2. 无人机市场需求调研

市场需求调研是市场营销调研的核心，因为满足消费者的需求是企业经营活动的中心和出发点。市场需求调研主要是销售潜力的需求调研。除此之外，市场需求调研还包括对需求量的因素，如无人机市场容量、无人机需求结构、无人机同类产品的供给量及变化等的调研。

3. 消费者行为调研

消费者行为是市场调研中较难把握的因素。它受多方面因素的影响，如消费者心理、性格、宗教信仰、文化程度、消费习惯、个人偏好和周围环境等。这些因素都可以在一定程度上促成消费者的购买行为。消费者行为调研就是要了解这些主、客观因素及其发展变化对消费者购买行为的影响。消费者行为调研主要包括消费者心理需要调研和消费者购买行为调研。

4. 无人机企业四大营销因素调研

(1) 无人机产品调研。无人机企业进行产品调研主要是为了了解消费者对企业产品的质量、性能、款式、交货期及售后服务的评价和要求，对研制新产品的要求以及对拟推出的新产品的评估等，另外还要了解本企业产品的产量、原材料和动力消耗与国际、国内同类产品的区别。

(2) 无人机产品和服务价格调研。产品价格调研主要调研消费者对现有产品价格的反应，如消费者可接受的价格是多少、采取的定价策略是否妥当、竞争对手的定价策略和定价方法是什么等。

(3) 无人机销售渠道调研。销售渠道调研主要包括：销售渠道的选择，是直接销售还是通过中间商销售；如果采用中间商，选择哪一类中间商为佳；了解消费者对中间商及分销网点的意见和要求；中间商有无仓储设备、中间商的仓储费及运输费的支出情况；竞争对手用何种销售渠道和中间商，效果如何；等等。

(4) 促进销售调研。促进销售调研主要调研促销组合中，人员推销和非人员推销的经济效果哪个更好。如果采用广告策略，哪种广告媒体效果更好，消费者喜爱哪种广告设计，他们对广告效果的评价如何,并调研分析竞争对手的广告策略和效果。

延伸阅读

市场调查人员应当具备的基本素质

调查人员的素质决定着调查工作的质量。调查人员应具备以下素质。

1. 广博的知识阅历

调查工作涉及社会生活的各个方面、各个领域,调查人员要想适应繁重、复杂、广泛的调查工作需要,就必须沉下心来抓紧学习,力求通过刻苦努力,对哲学、社会科学、自然科学等领域的知识有所了解,从而使调查人员视野开阔、学识广博。

2. 较强的业务能力

要想成为高素质的调查人员,应扎实苦练基本功,从点滴做起,努力形成敏锐的观察力、灵敏的反应力、超强的记忆力、敏捷的思考力、丰富的想象力和高度集中的注意力,不断提高自己的业务能力,并使之在调查工作实践当中融会贯通,运用自如。

3. 听、知能力

调查工作的主要对象是人和事,因此,倾听和观察的能力就成为调查人员最基本的工作能力。敏锐的观察力是进行创造性工作的前提。只有不断使自己的观察由表及里,由现象到本质,由特殊到一般,使之不断呈现社会性、敏锐性、透彻性、准确性、系统性、历史性、广泛性和发展性,调查人员的听、知能力才会得到完美结合。

4. 思维能力

在调查活动当中,运用理论思维和逻辑思维对已知情况进行归纳、提炼和总结,形成带有针对性的意见和建议,是全部调查活动的关键和核心。提高调查人员的思维能力,应当着重从提高理论思维能力、归纳演绎能力、分析综合能力、判断能力和预见能力入手,通过提高这些方面的能力,达到运用调查成果反过来指导实践、推动工作的目的。

5. 务实的工作作风

坚持求实务实、做到实事求是,是调查工作的生命线。调查人员在调查研究工作实践当中,不但应当敢于实事求是地开展工作,而且还要做到善于实事求是,不断打开调查工作新局面。在调查工作中坚持实事求是,首先应当尊重实践的权威性,坚持实践是检验真理的唯一标准;其次应当尊重客观实际,做到不唯上、不唯书、只唯实,应当深入实际,对周围发生的情况和事情做具体分析研究,得出符合实际的调查研究结论,发挥好调查研究的独特作用。

6. 积极的创新精神

调查研究是一种创造性劳动,勇于创新是调查人员获得创造性成果的内在动力。调查人员对待本职工作要忠于职守、爱岗敬业、富有创新的热情,应当以创新为荣、以创新为乐,对新事物有着特殊的感情、有着强烈的创新冲动,不放过一切创新的机会。调查人员具备了创新的热情,还要有创新的胆识和探索精神。有了这些素质,才能在创新过程中认准方向,驾驭条件,抓住关键,把握时机,获得成功。

(资料来源:百度百科)

2.1.2 无人机市场调研步骤

通过前面内容,我们已经知道企业进行市场调研时需要搜集哪些方面的信息资料。此外,企业还需了解按怎样的流程来搜集这些信息资料,以避免盲目性。一般来说,市场调研可分为四个阶段。

1. 准备阶段

一般从情况分析入手,进而提出问题,确定调研目标。例如,某款无人机销售量呈下降之势的原因有很多:如产品质量、功能、外观设计等产品因素不符合消费者需要;产品售前、售中或售后服务质量差,同产品竞争者已有新产品投放市场。为了解决这些问题,就必须进行调研。在调研之前,通常要完成以下准备工作。

(1) 情况分析及提出问题。调研人员应根据企业已经拥有的各项资料(如企业历史销量、产品竞争者、消费者和经营战略等情况),对企业面临的现状进行分析,提出需要解决的问题,并通过文字呈现出来。如果提出的问题不够准确,就会使调研工作走向岔道,浪费人力和物力。

(2) 确定调研目标。明确了调研的问题之后,就应该进一步确定调研目标,即调研的目的、调研的内容、调研的深度和广度、所取得的调研材料交给谁等,做到有的放矢。调研目标包括总目标和具体目标。

(3) 确定调研项目的信息来源。围绕所要调研的问题,应该明确哪些是需要取得的资料,是第一手资料还是第二手资料,从什么地方可以获得这些资料,调研对象是谁,在什么时候调研,调研次数是多少,等等。

2. 调研计划制订阶段

(1) 制订调研计划及调研进度表。周密的计划是市场调研得以顺利进行并取得成功的保证。调研计划包括对调研人员的选拔、培训和管理计划,调研工作进度和调研经费开支计划(根据进度计划计算开支)。其中,调研工作进度计划是调研工作按时完成的依据。调研可根据如下步骤进行:策划确定调研目标,查询文字资料,进行实地调研,对资料进行整理分析,写出市场调研报告初稿并征求意见,报告的修改与定稿,将调研报告提交给有关部门,根据进度计划编制调研进度表。

(2) 确定调研方法,设计调研表格和问卷。市场调研过程是获取信息、收集资料的过程。信息资料的来源有原始资料(第一手资料)和现存资料(第二手资料),如何取得这些资料取决于调研方法。在采用适当方法进行调研时,为了详细地记录信息资料,必须使用设计好的调研表格(如统计表格、实验表、观察表等)和调研问卷进行记录。

(3) 非正式调研。非正式调研即进行试验调研,主要以收集第一手资料为主,目的是验证调研目标、调研计划等是否正确。若不正确,则重新修改。这样可以少走弯路。

(4) 编写调研项目建议书。当非正式调研的结果说明调研目标、调研计划等是正确的时候,就应着手编写调研项目建议书。经主管部门批准后,便可组织进行实地调研。

3. 正式实施阶段

这一阶段的主要工作是进行实地调研。一方面收集现成资料(第二手资料),如企业内部资料、国家及有关单位公布的统计资料、情报咨询机构提供的情报信息、报刊上发表的新闻报道等。另一方面通过实地调研收集原始资料(第一手资料)。在收集资料过程中需要使用各类调研表及调研问卷,若采用抽样调研法,还要进行抽样设计。若调研中发现计划不同,则应及时加以修正和补充,以保证调研质量、获取所需要的资料。

4. 结果处理阶段

(1) 整理分析资料。调查得到的信息资料往往杂乱无章,必须经过整理分析才能加以利用。整理分析时,首先审核资料的正确性、完整性与真实性,发现不正确、不完整、不真实的则剔除;其次对审核过的资料按一定标准加以分类,采用卡片式、表格式、数字统计及文字说明等方法,结合计算机加以整理,做出调查结论;最后对整理好的资料运用时间序列、回归等方法进行分析,判断误差,加以修正。

(2) 编写调研报告。撰写调研报告时要了解委托调研人希望获得的报告形式、报告的阅读者、希望获得的信息以及结论等。调研报告要清晰明了、图文并茂。调研报告通常包括标题、导言、主体和结论四个部分。

① 标题。即调研报告的题目。标题必须简单明了、高度概括、题文相符,能准确揭示调研报告的主题。题目写法是灵活多样的,一般常用的有两种:单标题和双标题。单标题就是单一句子组成的标题,一般调查人员通过标题把被调查单位和调查内容明确表达出来,如《关于安徽省无人机市场的调研报告》。双标题包括正标题和副标题两部分,正标题一般表达调查的主题,副标题则用于补充说明调查对象和主要内容,如《无人机市场调研分析报告——以消费级无人机为代表》。

② 导言。即调研报告的开头部分,一般要说明市场调研的目的和意义,介绍市场调研工作的基本情况,包括市场调研的时间、地点、内容、对象以及采用的调研方式和方法。

③ 主体。即调研报告的主要内容,是表现调研报告主题的重要部分,这一部分的内容直接决定调研报告的质量和作用。主体部分要客观、全面地阐述市场调研所获得的材料、数据,用它们来说明有关问题,得出有关结论,对某些问题和现象要做深入的分析和评论。

④ 结论。即对市场调研做一个总结,要形成市场调研的基本结论。有的调研报告还要提出对策,供有关决策者参考。

(3) 追踪调查。调查人员绝不应把调查报告看成是市场调查的终结。例如,为了巩固市场的成果和验证调查材料的真实性,在写出调查报告之后,还要进行追踪调查,即了解调查报告中提出的方案是否已被采纳、实际效果如何、采取了哪些具体措施。再如,对关键问题的调查(如对消费者的调查),还应进行经常性的追踪调查,以便了解被调查对象的变化情况。

2.1.3 无人机市场调研方法

市场调研的方法有多种,具体采用哪种方法要根据需要确定。例如,收集二手资料通常采用的方法是文案调研法,而收集一手资料则主要采用访问调研法、观察调研法、实验调研法等。

1. 文案调研法

文案调研法又称间接调研法,指调研人员对现成的资料进行搜集和研究的调研方法,主要用于搜集与市场调研内容相关的二手资料。它与访问调研法、观察调研法等搜集一手资料的方法是相互依存、相互补充的。文案调研法的资料收集过程相对简单,能够节省人力、财力、物力和时间。文案调研法具有较强的机动性和灵活性,能够较快地获取所需的二手资料,以满足市场调研的需要,但是二手资料不一定能满足调研人员研究特定市场问题的数据需求。因此,文案调研法通常与其他市场调研方法结合使用,以满足调研人员获取准确资料的需求。

2.访问调研法

访问调研法是搜集资料最基本、最常用的市场调研方法,主要用于搜集一手资料。访问调研法的形式较多,除了我们熟悉的面谈访问法外,还有电话访问法、邮寄访问法等,三种访问调研方法比较如表2-1所示。

表2-1 三种访问调研方法比较

调查方法	特点	相对优势	相对劣势
电话访问	最迅速、最及时	访问人员可与多人进行信息交谈,并可及时澄清疑难问题,反应率比邮寄访问高	谈话时间受限制,不能问太多问题
邮寄访问	具有较强的可送达性、最经济实用	在调查那些不愿接受访问或对访问抱有偏见的对象时,邮寄访问是最有效的调查方法	问题的用语必须简单明了而且问题不能太多;问卷的反应速度太慢且反应率也最低
面谈访问	最富有灵活性	可以提出许多问题,并且可以察言观色,及时补充、修正面谈内容	需花费很高的成本

(1)面谈访问法。面谈访问法是指调研人员与被调研人员面对面地进行交谈,以收集资料的方法。面谈访问包括入户访问、留置问卷访问、拦截式访问等类型。

(2)电话访问法。电话访问法是通过电话向被调研人员进行调研的一种方法,可分为传统电话访问和计算机辅助电话访问两种形式。电话访问法的优点是搜集资料的速度快、覆盖面广、费用低,不会给被调研人员带来心理压力,易被人接受。但是,电话访问法也存在一定的缺点,如由于不能见到被调研人员,无法观察到被调研人员的表情和反应,也无法出示调研说明、图片等背景资料,只能凭听觉得到口头资料。因此,电话访问法所获取资料的真实性很难保证。电话访问法主要应用于民意测验和一些较为简单的市场调研项目,而且询问的问题数量要少,并尽量采用二项选择法提问,同时要控制好时间。

(3)邮寄访问法。邮寄访问法是指调研人员将印制好的调研问卷邮寄给选定的被调研人员,由被调研人员按要求填写后,在约定的时间内寄回的方法。有时,也可在报纸或杂志上利用广告版面将调研问卷登出,让读者填好后寄回。邮寄访问法的优点是调研范围较广,问卷可以有一定的深度;调研费用较低;被调研人员有充足的时间作答,还可查阅有关信息,因而取得的资料可靠程度较高;被调研人员不受调研人员的态度、情绪等的影响;无须对调研人员进行选拔、培训和管理。但是,邮寄访问法存在着问卷回收率低、调研周期长的缺点,现在已经逐渐被电子邮件调查所替代。

(4)小组座谈法。小组座谈法又称焦点小组访谈法,是指挑选一组具有代表性的被调研人员,利用小组座谈会的形式,由主持人就某个专题引导与会人员进行讨论,从而获得对某一问题的深入了解的方法。与其他的市场调研方法相比,小组座谈法具有资料收集快、取得的资料较为广泛和深入、协同增效、专门化、科学监视、形式灵活等优点。但是,小组座谈法具有主持难度较大、获得的意见性资料比较杂乱、意见的代表性较差等缺点。小组座谈法几乎可以运用于所有市场调研资料的获取,既包括对初步接触市场的探索性问题的调研,也包括对需要深入了解的问题的调研。例如,获取对新的产品概念的印象,了解消费者对某类产品的认识。

(5)深度访谈法。深度访谈法也称个别访问法,是一种无结构的、直接的、个人的访问方法,即调研人员按照拟定的调研提纲,对被调研人员进行个别询问,以获得相关信息的市场调研方法。由于深度访谈需要调研人员与被调研人员一对一地沟通,因此调研人员的能力决定了深度访谈的效果。调研人员在访谈时应客观公正,不能表达带有倾向性的个人观点,以最大限度地让被调研人员表达对问题的真实看法。深度访谈比小组座谈更能深入地探索被调研人员的思想与看法,在深度访谈过程中,被调研人员可以更自由地表达自己的看法,而在小组座谈中也许会迫于压力而不自觉地形成与小组成员一致的意见。深度访谈需要调研人员具有较好的交流沟通能力,具备此种能力的调研人员很难找到。由于调研的无结构性,调研结果和质量的完整性也十分依赖于调研人员的能力。深度访谈所用时间和所花经费较多,所以在一个调研项目中,深度访谈的被调研人员数量是十分有限的。

3. 观察调研法

观察调研法是指调研人员到现场利用自己的视觉、听觉或借助摄像器材,直接或间接地观察和记录正在发生的市场行为或状况,以获取有关信息的方法。利用观察调研法进行调研时,调研人员不必向被调研人员提问,而是凭自己的直观感觉,从侧面观察、旁听、记录现场发生的事实,以获取需要的信息。观察调研法的主要优点在于客观实在,能如实观察顾客选购时的表现、消费者的家庭消费需要和他们的购买动机及爱好。不足之处是运用这种方法很难捕捉到被观察者的内在信息,譬如他们的收入水平、受教育程度、心理状态、购买动机以及对产品的印象,观察不到消费者的心理特征,有时调查时间较长。另外,被观察者的行为或环境无法加以控制。市场观察可分为直接观察和间接观察两种。

(1)直接观察。直接观察是指调研人员直接深入调研现场,对正在发生的市场行为和状况进行观察和记录。其主要观察方式有参与性观察、非参与性观察和跟踪观察。

(2)间接观察。间接观察是指调研人员采用各种间接观察的手段,如痕迹观察、仪器观察等获取市场调研所需信息的方法。

4. 实验调研法

实验调研法是指在既定条件下,通过实验对比,对市场现象中某些变量之间的因果关系及其发展变化过程加以观察分析,即从影响调研问题的许多可变因素中,选出一个或两个因素,将它们置于同一条件下进行小规模实验,然后对实验得到的数据进行处理和分析,确定研究结果是否值得大规模推广。在市场调研中,实验调研法主要应用于产品测试、包装测试、价格测试、广告测试、销售测试等方面。企业通过实验调研法可取得可靠的市场信息,这些信息对形成企业营销策略有重大参考价值。

5. 网络调研法

网络调研法是指调研人员利用互联网搜集和掌握市场信息的方法。随着互联网的普及,网络调研成为市场调研的主要方法。

(1)网络调研法的优点。

①网络调研法覆盖地域更广。相比传统调研方法,网络调研法不受时间及地域的限制。调研人员可以在一天中的任何时间对全球的任何对象开展调研工作。

②网络调研法获取信息快速及时。传统调研方法在开展工作时,首先会进行调查,在回收

调查资料并对资料进行整理分析后才能得出调研结果,这几项工作很难同时进行,因此调研结果的获得需要经过较长的时间。网络调研法则不同,网络调研法可以通过互联网将信息快速地传送给网络上的任何用户,在调研的过程中,分析工作可以同时进行,网络调研信息可以随时进行后台分析,以便调研人员及时得到阶段性结果。

③网络调研法的成本更低。相较于各种传统调研方法,网络调研法的成本更低。网络调研法可以大幅节约人、财、物及时间成本。传统调研方法中的印刷问卷、调研人员访问、电话访问等工作在网络调研法中不复存在。同时,网络调研法也不受天气、交通等的制约,信息录入工作由被调研人员在终端上直接完成,大部分信息检验和信息处理工作也由计算机自动完成。因此,网络调研法的成本更低,更具有经济性。

④网络调研法沟通更充分。通过网络进行调研,被调研人员可以随时就与问卷相关的问题提出自己的意见和建议,避免因问卷设计问题或理解不一致而导致调研结果出现偏差,有效提高了调研结果的客观性。

⑤网络调研法的结果更可靠。被调研人员都是自愿参加调研活动的,他们对所调研的问题有一定的兴趣,因此调研的针对性比较强。此外,被调研人员主动填写调查问卷,参与调研的态度会相对认真,问卷填写信息的可靠性也因此较高。

(2)网络调研的步骤。

①确定目标。进行网络调研时首先要确定调研目标,只有确立了调研目标,才能准确地设计和开展调研活动。

②设计网络调研方案。网络调研方案的具体内容包括调研资料的来源、调研对象、调研时间、网络调研方法和手段的选择等。

③收集资料。在网络上收集资料不受时间和空间的限制,网络调研几乎可以在任意时间和空间内进行。资料收集的方法也很简单,直接在网上下载即可。与传统调研方法相比,网络调研收集和录入资料更方便、快捷。

④资料的整理和分析。收集来的资料只有进行整理和分析后才能发挥其作用。整理和分析资料非常关键,需要使用一些数据分析技术,如交叉列表分析技术、综合指标分析技术和动态分析技术等。目前国际上较为通用的分析软件有 SPSS、SAS 等。

⑤撰写调研报告。撰写调研报告是整个网络调研活动的最后一步。撰写调研报告的目的是把与市场营销决策有关的主要调研结果体现出来,而不是调研数据和资料的简单堆积。调研报告的撰写要遵循有关内容、格式的要求。

(3)网络调研的方法。

随着互联网技术在市场调研应用中的发展,网络调研的方法越来越多,主要包括网络问卷调查法、网络讨论法、网络观察法及网络文献法。

①网络问卷调查法。网络问卷调查法是将设计好的问卷通过一定的方式在网上发布,从而实现调研目的的方法。其主要形式包括网站发布调查问卷、弹出式调查问卷、电子邮件调查问卷及讨论组调查问卷等。

②网络讨论法。网络讨论法主要是通过新闻组、邮件列表讨论组、在线交谈等形式对调研问题进行讨论,从而达到调研目的。

③网络观察法。网络观察法主要是对被调研人员的网络行为进行观察和监测的方法。

④网络文献法。网络文献法是利用互联网收集二手资料的方法。利用互联网收集二手资

料的渠道主要包括搜索引擎、网络社区、新闻组等。

2.1.4 无人机市场问卷设计

调查表是市场调查的工具，是市场调查的重要方法和手段，是调查者和调查对象之间进行信息交流的纽带，是通过提出问题、收集答案来取得第一手资料的一种主要的市场调查方法。在正式开展调查之前，要设计好调查表。

1. 调查表的结构

一张完善的调查表，由以下几个部分构成。

(1)被调查者的基本情况。被调查者的基本情况是指关于被调查者的一些特征情况。例如，在居民商品调查中，被调查者的基本情况有姓名、性别、年龄、文化程度、职业、工作单位、住址、家庭人口等。如被调查者是企业，其基本情况有所有制、经营范围、职工人数、经营数额、资金总额等。列入这些项目，便于对收集到的资料进行分类和具体分析。调查表中需要列明调查者的哪些基本情况，要根据调查的目的、要求来确定，不必要的和无法取得的不宜列入。

(2)调查内容。它是调查表最基本、最主要的组成部分，是调查表的主体，是所需调查的具体项目。设计调查表就是要合理地确定调查的项目，拟订各种提问命题。提问的方式可以是开放式的，也可以是封闭式的。在同一张表中，开放式和封闭式问题可以同在。

(3)调查表的填表说明。填表说明是指填写调查表的要求和方法，它包括项目的要求、项目的含义、调查时间、被调查者在填写时应注意的事项、被调查者应遵守的原则等。某些内容简明的调查表，填表说明可以省掉。

(4)编号。有些调查表须加编号，以便分类归档，或用电子计算机处理。有的要列明有关部门批准调查的文件字号。

2. 设计调查表应注意的问题

(1)设计一张调查表，从确定主题、选定提问方式、编写提问命题和填表说明，到制成一张表，应当集思广益、细心推敲，力求完善。

(2)尽可能减轻被调查者的负担，问题不宜过多或过于分散，应按照被调查者心理反应顺序编排，由简到繁。

(3)问题力求简明扼要，通俗易懂，避免使用含糊不清的字句或专业术语，避免提出引起反感或带有暗示性的问题。语言要讲究艺术趣味，使被调查者乐于回答。

延伸阅读

无人机产品市场调查问卷

您好！感谢您在百忙之中抽出宝贵的时间帮助我们完成这份调查问卷。我们是无人机制造厂商，为了解顾客的需求，正在进行有关无人机的市场需求调查。调查结果只做研究用，答案无所谓对错，只要能反映您的真实情况，就达到了此次调查的目的，承诺对您填写的所有信息保密，谢谢您的配合！

1. 您的性别：【单选题】

　　○男

　　○女

2. 您的年龄：【单选题】
   ○ 15 岁以下
   ○ 15～20 岁
   ○ 21～30 岁
   ○ 31～40 岁
   ○ 41～50 岁
   ○ 51～60 岁
   ○ 60 岁以上

3. 您的职业：【单选题】
   ○ 信息技术从业者
   ○ 教育从业者
   ○ 金融从业者
   ○ 机关事业单位人员
   ○ 企业管理人员
   ○ 专业技术人员
   ○ 学生
   ○ 艺术工作者
   ○ 传媒影视从业者
   ○ 其他

4. 您的月收入水平大概是：【单选题】
   ○ 2 000～4 000 元
   ○ 4 000～7 000 元
   ○ 7 000～10 000 元
   ○ 10 000 元以上

5. 请问您关注和了解有关无人机方面的资讯吗？【单选题】
   ○ 十分关注，相当了解有关无人机市场形势及发展
   ○ 比较关注，大概了解无人机的市场情况
   ○ 一般关注，知道一些无人机方面的消息
   ○ 不太关注，也不熟悉无人机相关信息

6. 您对无人机产品感兴趣程度：【单选题】
   ○ 很感兴趣
   ○ 一般
   ○ 不感兴趣

7. 请问您主要通过哪些途径了解无人机品牌的信息？【多选题】
   □ 网站
   □ 电视节目
   □ 报纸杂志文章和平面广告
   □ 新闻节目
   □ 论坛、贴吧

☐ 其他

8. 请问您购买无人机最注重哪些体验?【多选题】
　　☐ 拍照效果
　　☐ 摄像效果
　　☐ 航拍效果
　　☐ 飞行效果
　　☐ 其他

9. 请问您了解的关于无人机在哪方面应用比较多?【多选题】
　　☐ 军事领域
　　☐ 广告影视航拍
　　☐ 航测、测绘应用
　　☐ 应急救灾及防汛抗旱
　　☐ 规划领域
　　☐ 监控领域
　　☐ 个人航拍
　　☐ 农业保险
　　☐ 其他

10. 如果您打算购买一架民用无人机产品,大概消费预算是?【单选题】
　　○ 5 000 元以下
　　○ 5 000～10 000 元
　　○ 10 000～30 000 元
　　○ 30 000～60 000 元
　　○ 60 000 元以上

11. 请问如果您准备购买一架无人机,考虑哪些方面的因素?【多选题】
　　☐ 价格
　　☐ 品牌
　　☐ 安全稳定度
　　☐ 性能效果
　　☐ 外观
　　☐ 质量和售后服务
　　☐ 其他

12. 请问相同价位之间的无人机产品,您最注重考虑哪些方面?【单选题】
　　☐ 产品品牌
　　☐ 外观样式漂亮时尚,用起来方便简单
　　☐ 性能很好,灵敏度高
　　☐ 个性化配置、功能多
　　☐ 其他

13. 请问对于无人机产品的品牌,您看重吗?【单选题】
　　○ 十分看重,先看牌子再选型号

○不太看重,但会优先考虑品牌
○不看牌子,关心产品的性价比
14. 您觉得目前无人机产品的技术和功能方面:【单选题】
○还可以,不过还要完善
○一般,飞机性能方面需要加强
○不太成熟,需要突破和完善

2.2 无人机市场营销环境分析

2.2.1 无人机市场营销环境的含义及特点

1. 无人机市场营销环境的含义

无人机市场营销环境是指存在于无人机企业内部和外部且影响企业营销业绩的一切力量的条件因素的总和。无人机企业的市场营销环境可以分为外部环境和内部环境。外部环境是指存在于无人机企业营销管理系统之外,并对企业营销系统的建立、存在和发展产生影响的外部客观情况和条件。内部环境则是指存在于企业营销管理系统之内、对企业营销活动产生影响的各种因素的总和。营销环境对无人机企业的经营活动有着巨大的影响,因此必须引起高度的重视。

2. 无人机市场营销环境的特点

无人机市场营销环境的特点主要体现在以下几个方面。

(1) 整体性和综合性。市场营销环境所包含的各因素和力量之间具有一定的独立性,但它们是作为一个整体对企业的营销活动产生影响的。例如,无人机产品或服务的价格不仅受市场供求关系的影响,还受政府政策、当地经济发展水平等因素的影响。企业很难准确地区分各种环境因素对营销活动的具体影响,所以必须要把营销环境作为一个整体,考虑其综合影响。

(2) 复杂性。市场营销环境的复杂性包含两个方面的内容。一方面,营销环境对企业的影响是复杂的、多方面的。同样的营销环境对某些企业来说是机会,而对其他企业来说可能就是威胁。另一方面,各种环境因素之间相互依存、相互作用和相互制约,进一步提高了市场营销环境的复杂性。

(3) 不确定性。市场营销环境的不确定性包括三层含义。第一,营销环境变化速度的不确定性。由于社会生产力的发展和生产关系的变革,营销环境总是处于不断发展变化之中。而且各种环境因素的变化速度不同,如技术环境变化迅速,而自然环境则变化缓慢。第二,营销环境的信息和情报的不确定性。除了企业内部的营销环境信息可以直接获取且确保准确之外,企业外部的营销环境信息和情报大多是通过间接渠道获得的,因此存在着不准确的可能,使市场营销人员无法准确把握外部营销环境。第三,环境预测时间期限的不确定性。时间期限越长,市场营销人员对环境的预测就越不准确。

2.2.2 无人机市场营销环境分析方法

无人机企业开展的所有经营活动都是在特定的环境中进行的,无人机企业所面临的环境的上述特性,使得企业在制定经营决策时面临着极大的挑战。因此,遵循科学的环境分析程序和环境分析方法至关重要。无人机市场营销环境分析方法如下。

1. PEST 分析法

PEST 分析法是一种常见的宏观营销环境分析法,宏观营销环境是指对企业营销活动带来市场机会和环境威胁的主要社会力量,如人口、经济、政治与法律、自然环境、社会文化、科技等,因此,企业开展营销活动时必须分析这些因素。PEST 分析法从政治(Politics)、经济(Economy)、社会(Society)和技术(Technology)四个方面对企业经营环境进行分析。PEST 分析法的主要内容如表 2-2 所示。

表 2-2　PEST 分析法的主要内容

主要方面	主要内容
政治	政治制度、政府政策、国家产业政策、相关法律法规
经济	收入因素、消费结构、产业结构、经济发展水平、规模、增长率
社会	人口、价值观念、社会习俗、消费文化、宗教信仰、道德水平
技术	高新技术、工艺技术和基础性研究的突破性进展

(1)无人机发展政治环境。政府对无人机行业发展持积极态度。为适应中国产业结构的转变和发展,新的国家政策和地方政策鼓励科技公司进行自主创新。无人系统领域已被纳入我国的新战略产业。随着生产技术的发展、应用范围的扩大和科技政策的支持,无人机的改进和大规模的产业发展是必然的发展趋势。

国家也提出多项无人机补贴政策。以植保无人机补贴政策为例,我国政府正在将植保无人机纳入农机补贴范围,植保无人机将因此受益。政治环境下,政策规则的出台对无人机的长远发展非常有利。但是,有关无人机的控制和法律方面仍然存在许多未知数,因此相关公司必须始终注意当前的政策趋势,并根据当前政策适时调整发展策略。

此外,与无人机有关的法律、法规和政策正在实施中。考虑到无人机的安全因素,全国各地都在积极推行最新的无人机政策,一些地方颁布了安全管理规定以限制航行,比如《民用无人机飞行员法规》《轻型和小型无人机操作法规(试验)》以及《民用无人机系统空中交通管理措施》等。

(2)无人机发展经济环境。经济环境是影响企业营销活动的主要因素,包括收入因素、消费结构、产业结构、经济增长率、货币供应量、银行利率、政府支出等因素,其收入因素、消费结构、产业结构对营销活动影响较直接。

①收入因素。收入因素也是构成市场的一项重要因素。因为市场容量的大小归根结底取决于消费者的购买力大小。一个消费者的需要能否得到满足,以及怎样得到满足,主要取决于他收入的多少。

②消费结构。消费者的消费支出不仅与其收入相联系,而且同储蓄与信贷紧密联系。在一定时间内,个人收入用于储蓄的部分增多,实际支出部分就会减少,这会影响企业销售量。信贷与消费者的支出也有密切的联系。实行消费信贷,可以使消费者提前支出个人收入,创造更多的需求,从而刺激企业生产的发展。要实施消费信贷,预支消费者的收入,必然以社会生

产力高度发展、商品充裕为前提。当前,随着社会经济的发展和物质标准的提高,居民的收入、支出和娱乐需求增加,生活习惯更加丰富多彩。在移动互联网文化和艺术的带动下,年轻人和老年人已经大大提高了接受新事物的能力,包括接受新产品的能力。另外,由于文化和教育水平的提高以及高科技产品的普及,电子设备市场的需求群体呈现出年轻化的发展趋势。因此,居民消费结构升级现象的产生有助于消费级无人机市场发展。

③产业结构。产业结构指各产业部门在国民经济中所处的地位和所占的比重及相互之间的关系。一个国家的产业结构可以反映该国的经济发展水平。从我国的实际情况看,第一产业国内生产总值和就业人口比重逐渐下降,第二产业国内生产总值略有上升,但就业人口可能不变,而第三产业无论是就业人口,还是国内生产总值都将逐步上升,这种变化趋势给发展第三产业提供了机会。所以企业只有针对其变化趋势,制定相应的策略,才能处于主动地位。

(3)无人机发展社会环境。①特殊社会环境。在新冠疫情的影响下,不少行业的增长预期都有所下降,居民消费和投资意愿下降,生产萎缩,从而给无人机行业带来短暂震荡。但在疫情的冲击下也不乏新的机遇,这得益于中国政府陆续出台政策对无人机市场加强监管及自主导航等新技术的实现,教育、零售、医疗行业的增长预期依然强劲,未来无人机市场的发展可期。疫情期间,无人机的应用场景可以深入到社会治理的"毛细血管",各种无人机出现在楼宇间、村庄里、城市街道、高速路口等。工业无人机平台在新冠肺炎疫情防控中可以满足安全巡查、防控宣传、消杀喷雾、物资投递、热感测温等方面的应用需求,在疫情防控工作中体现出巨大的优势。无人机应用场景不断拓展加深,加快了行业的发展,也令这一行业吸引了更多资本与人才的关注,为未来发展奠定了良好基础。长期来看,疫情成了工业机器人大规模应用的催化剂,"无接触配送"或将成为未来发展趋势,工业无人机应用前景广阔。此外,电网数字化的发展为无人机电力巡检的网络协同和数据智能提供了技术保障。全国投运电网里程稳步增长,国家将重点投入配网改造,这为无人机电网巡检提供了重要支撑。

②人口结构。近年来,我国加快城市化建设,城镇化水平不断提升。国家统计局公布的数据显示,2020年我国城镇人口总数为90 220万人,城镇化率为63.89%,较2010年提升13.94个百分点。截至2021年底,我国城镇人口总数达91 425万人,城镇化率进一步提升至64.72%。此外,我国老龄化问题日趋严峻,人口红利逐渐消失,劳动力成本持续上升,机器人取代人工作业是大势所趋,尤其是一些精细和作业环境危险的工作,更需要由机器人来完成。比如在电力巡视工作中,巡线员需要翻山越岭并且带电登塔作业,巡检无人机作为机器人的一种,能保障输电线路巡检安全、提升工作效率,控制电网运维成本,有望逐步替代传统的人工电力巡视。

(4)无人机发展技术环境。技术环境是指影响企业的经营活动、给企业带来机会或造成威胁的技术因素。具体来看,科学技术环境对无人机企业的经营影响巨大。一是科学技术的发展,会导致新的无人机产品不断涌现,使原有产品面临着巨大的威胁;二是随着无人机科学技术的发展,传统的无人机销售模式将逐渐被新的模式所取代,如无人机电子商务的兴起,对以往无人机销售模式产生影响。

新技术是一种"创造性的毁灭力量"。比如,晶体管的发明带动了应用晶体管的产业,却严重危害了真空管行业;电视技术的突破性进展带动了电视业的发展,同时也拉走了相当一部分的电影观众,使电影业受到沉重打击;现在互联网行业的急速发展又挑战了电视和电影市场。

新技术推进产品加速更新换代。科技发展影响企业营销组合策略的创新,使新产品不断涌现,产品生命周期明显缩短,影响着企业内部的生产和经营,要求企业必须关注新产品的开发,加速产品的更新换代。当前,无线充电、视觉避障、手势控制、5G通信、集成芯片等关键技术的不断突破,使无人机性能将实现大幅提升,随身携带、简易操作、长续航能力、自主反应将成为消费级无人机的主要特点,新技术的应用也让部分无人机企业形成行业壁垒。

同时,工业级无人机自身的技术也将不断地更新迭代。5G、人工智能、物联网、云计算、大数据等新型智能化技术与无人机的不断融合,将继续成为未来几年推动无人机技术创新的关键力量。行业无人机朝更加智能化、人性化的方向发展,推动工业级无人机在行业的深化应用。

延伸阅读

新兴技术对工业无人机发展影响分析

技术名称	技术现状	影响分析
5G和人工智能	伴随5G商用正式落地,云计算、人工智能、大数据、物联网等新技术将与5G技术更加深度融合,推动产业实现质变跨越,催生融合互促的新生态。随着5G网络逐步覆盖,更多的5G技术也会逐步落地,工信部规划"十四五"期间每万人拥有5G基站数达26个。	5G和人工智能技术将推动工业无人机进入更加智能化和小型化的时代: ①5G的低延时特征可以更快地实现影像数据的传输,进一步扩大工业无人机的飞行距离和控制范围等; ②5G技术的发展将大大提升工业无人机的连接速度,集无线通信、传感器集成和空间定位等功能于一体的高性能芯片,能够使工业无人机获得和个人电脑一样的处理能力。 ③5G无线技术在工业无人机联网中的应用:高达每秒10GB的数据吞吐量,实现空中视频和其他传感器数据的实时共享;工业无人机与人工智能的结合,将使其更加小型化。届时将会催生更多的工业无人机替代人工、天空替代地面、群体作业替代个体作业的无人机应用。工业无人机与5G的结合,将加快形成空基互联网。
无人机智能化	自主避障、自动跟踪目标等技术逐渐普及。	工业无人机变得更加智能,从"飞行的照相机"向"飞行的机器人"转变。
工业无人机动力技术	工业无人机电池技术发展迅速,主要包括氢燃料电池技术、油电混合技术、无人机系留技术等。	显著提高了工业无人机的续航时间。

(资料来源:前瞻产业研究院《2022年中国无人机自动飞行系统与自动机场需求市场调研报告》)

科技发展促进企业营销管理的现代化。科技发展为营销者提供了越来越多的工具和手段,如计算机、传真机、电子扫描仪等设备以及网络营销、大数据营销等,对推进企业市场营销的现代化起到了重要作用。例如,宜家App中应用了虚拟现实技术,让消费者在家就能看到家具摆放到自己家里的效果。消费者还可在商场工作人员的帮助下,在计算机上建立住宅的三维模型,并根据自己的喜好将宜家的各类家居商品布置在模型中。宜家App还能够进行动态展示,甚至直接生成系列图纸和购物清单,轻松实现低风险购物。

2. 行业环境分析方法——五力模型

美国哈佛大学教授迈克尔·波特所提出的五力模型(见图2-1)是分析行业环境的一种有效工具。波特认为,一个产业内部竞争激烈程度以及效益水平受到五种竞争力量的共同影响,这五种力量分别为现有企业间的竞争、潜在竞争者的威胁、替代品的威胁、供应商的议价实力以及客户的议价实力。

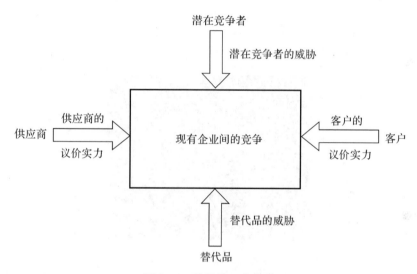

图2-1 波特的五力模型

(1)现有企业间的竞争。生产同类无人机的企业为了争夺有限的客户,必然要展开激烈的竞争。对行业内竞争者的分析主要包括:谁是真正的竞争者?这些需要重点关注的竞争者的基本情况及未来发展的动向如何?对本企业构成威胁的主要原因是什么?上述因素是企业制定经营策略的关键。

延伸阅读

消费级无人机竞争对手动态

回看国内外市场,无论是国外的3DR、Parrot,还是国内的普宙、飞马之类品牌,实已是陈年旧事。国内厂商中疆域、曼塔、飞马均已转型,曾经与大疆打得如火如荼的昊翔,如今也没再掀起什么大水花。2016年"千机大战"之后,零度、亿航、小米等退出消费级市场转战行业应用,消费级无人机市场领域只剩大疆一家独大。残酷而惨烈的竞争下,大批中小企业不得不退出。

表1 消费级无人机竞争对手发展状况

竞争对手	发展状况
零度智控	2016年3月,深圳零度携手腾讯推出了无人机"空影 YING",零度智控进军娱乐级无人机市场。2016年底,零度智控宣布裁员五分之一
小米	2016年中,小米正式推出2 499元和2 999元的无人机套装,小米希望成为无人机市场"搅局者"的进展并不顺利
3D Robotics	北美曾经最大的无人机制造商,产品销量惨淡,已于2016年宣布退出无人机制造行业
GoPro	GoPro结束与大疆合作后,自产无人机 Karma 受挫,2018年初宣布放弃无人机业务
Parrot	2017年,Parrot宣布改变公司定位,转向专业应用的无人机市场

2019年,平静的市场又泛起了一丝涟漪,消费级无人机领域焕发了新的生机。除了大疆、臻迪,沉寂了多年的几家企业锲而不舍,也有不少新品发布,值得关注。

臻迪 PowerEgg X 小巨蛋

臻迪 PowerEgg X 小巨蛋首先让人眼前一亮的是它蛋形的设计。PowerEgg X 小巨蛋不仅仅是一款无人机,它还可以是手持云台、自寻影 AI 相机,搭配上不同的配件便可以实现不同的功能。在视频拍摄方面,PowerEgg X 小巨蛋支持拍摄 4K/60fps 高清视频,续航时间达30分钟,三轴机械增稳云台实现视频超级防抖。

哈博森 ZINO 2

ZINO 2 外形采用直角设计,专业感很强;电池为 3 800 毫安,续航时间可以达到 33 分钟;最大飞行速度提升到了 20 米/秒。在视频拍摄方面,ZINO 2 最高支持 4K/60fps 的拍摄;图传距离提升到了 6 公里。

零零科技 V-Coptr Falcon

V-Coptr Falcon 是一款基于 V 型双旋翼动力系统的小型无人机,V 型双旋翼去除冗余,精致、简洁。机器总重只有 249 克,能够实现 50 分钟的超长续航,这也是它的重要卖点。在视频拍摄方面,支持 4K 超高清视频和 1 200 万像素照片的摄像头,配备三轴机械增稳云台,偏航角方向转动可达到±80°,7 公里图传;成像系统方面,V-Coptr Falcon 采用索尼的 1/2.3 英寸感光器件和高通的影像编解码芯片,在影像画质方面表现出色。

兽 3 避障无人机

有着无人机圈内"千元机王"之称的兽 3 避障无人机,配备的是索尼 IMX179 相机,4K 镜头,航拍的画质清晰度表现还不错。3 轴机械云台,在晴天风力较小的时候稳定性还是可以的,但风力较大的时候就承受不住了。新版配备了一个激光避障器,增强了飞行安全。同时单电支持 30 分钟左右续航时间,1 公里左右图传。在千元左右的无人机里,性价比还是蛮高的,可玩性也不错,并且相对便宜。多款市面上消费级无人机新品相继发布,全面驱动消费级无人机市场进一步爆发,很多飞友也有了除大疆无人机之外的选择。

(资料来源:网易)

(2) 潜在竞争者的威胁。当一个行业有利可图时,必然会成为其他企业选择进入的对象。潜在竞争者的进入行为会改变产业内的竞争格局,现有企业的竞争优势也可能随着新进入者的到来而荡然无存。企业在进入新的行业时会遇到一定的障碍,这些障碍主要由规模经济、差别化程度、转换成本、技术障碍、对渠道的控制及国家的政策限制等因素构成,它们共同决定着一个行业进入的难易程度。对于无人机行业来说,进入的障碍要远高于一般行业。除了技术障碍外,巨大的研发投入和极高的质量要求也是阻碍潜在竞争者进入的重要因素。

(3) 替代品的威胁。随着科学技术的不断发展,无人机产品的更新换代也越来越快。新的性能更佳的无人机产品出现之后,原有的无人机产品就会失去市场。因此,世界上几乎所有的无人机巨头都不惜投入巨资研发新的无人机产品。

(4) 顾客和供应商的议价实力。买方和卖方的议价实力即买方和卖方掌控交易价格的能力。在具体的交易活动中,影响议价实力的因素很多,如集中程度、差别化程度。

延伸阅读

影响议价实力的因素

迈克尔·波特教授的五力模型既适用于企业,也适用于具有一定行业特殊性的无人机企业。这一模型有助于无人机企业深入分析行业竞争压力的来源,更清楚地认识到本企业的优势和劣势,以及无人机行业发展趋势中的机会和威胁。

集中程度。集中程度反映了一个产业领域中企业数量的多少。如果买方所在产业集中程度高而供方低,即买方的数量远远少于供方的数量,买方选择交易对象时比供方有更大的自由度,在谈判中就可以打出"公司牌",寻求最有力的供货者;反之,供方就会占据有利地位。例如,汽车制造业是一个高度集中的行业,而汽车零售业的企业数量却很多,双方的交易通常是以汽车制造商的定价为准。

后向一体化的能力。有的企业拥有一定的上游产业的加工生产能力,可以成为钳制交易伙伴的力量,企业在谈判中就容易占据主动。

转换成本。转换成本的控制力通常是无形的、潜移默化的,交易的一方对另一方有转换成本时,对对方的依赖就会演变成为价格上的让步。需要注意的是,供应商对买方也存在转换成本。

差别化程度。买卖双方的产品特色、经营特色、品牌知名度等是谈判的重要筹码。如产品制造商与零售商中的任何一方拥有最终消费者认可的品牌时,他们的谈判地位会提升。

价格敏感性。外购对买方产品的质量、性能有重大影响时,买方的价格敏感性就会降低。外购占其总成本比重很大时,价格敏感性会上升。此外,交易任何一方的收益水平太低时,他们对价格的立场都会表现得异常坚定。如果买方占供方供应量比重较大,那么买方事实上成了供应方的主要客户,在谈判中就会处于有利地位。

3. SWOT分析法

SWOT分析法是一种将组织内外部环境进行综合的一种分析方法。所谓SWOT分析,就是将与研究对象密切相关的各种主要内部环境优势因素(Strengths)和劣势因素(Weaknesses)、外部环境机会因素(Opportunities)和威胁因素(Threats),依据一定的次序,按矩阵形式列起来,形成环境分析矩阵(如表2-3所示)。我们可以将企业外部环境提供的机会和威胁与企业内部条件的优势和劣势结合起来进行分析,从而制定营销战略。企业制定营销战略的目的是充分利用优势,克服劣势,抓住机会,规避威胁。因此,企业可以利用 SWOT 分析法为其确定营销战略。

表 2-3 SWOT 分析矩阵

	优势(S)	劣势(W)
机会(O)	SO 战略	WO 战略
威胁(T)	ST 战略	WT 战略

(1)扩张战略(SO)。此时企业的机会多,威胁少,应利用企业优势或长处抓住市场机会,积极扩张。企业资源不足时可与其他企业合作,或者通过兼并的方式获取现成的资源,加速扩大规模。

(2)防卫战略(WO)。说明此时企业外部机会多,但企业在市场竞争中处于劣势,这时企业应采取防卫策略。企业要努力克服自身弱点,争取化劣势为优势,或者与其他企业合作从而扩大优势。

(3)退出战略(WT)。说明此时企业的劣势多于优势,威胁多于机会,如排污不过关的中小造纸企业。这时企业应采取退出策略,将资源转移到其他业务上。

(4)分散战略(ST)。说明此时企业有优势但也处于不利的环境中,此时企业可采取分散战略来分散风险,如多元化经营。

可见,WT 策略是一种最为悲观的策略,是处在最困难的情况下不得不采取的策略;WO 策略和 ST 策略是一种苦乐参半的策略,是处在一般情况下采取的策略;SO 策略是一种最理想的策略,是处在最为有利的情况下采取的策略。

延伸阅读

大疆无人机 SWOT 分析

1.优势

(1)消费级无人机技术领先。作为一家现代化的科技型公司,大疆将企业理念定为创新,其研发实力也令同行业艳羡。大疆全球员工中有超过 1/4 从事研发、工程工作,除了在总部深圳研发以外,大疆还在美国硅谷设立了研发中心,利用国际人才攻坚尖端技术,以保证公司产品的技术领先优势。通过其专利布局就能直观地感受到大疆的创新能力之强:大疆每年都有百项以上的技术专利申请,远远超过行业其他竞争对手,充分说明了大疆对于技术创新和知识产权保护的强烈意识。

(2)产品+服务全产业链覆盖。大疆创新在无人机行业中所涉及的业务范围包括无人机整机制造、线上销售及实体店销售、无人机使用培训、售后维护服务以及无人机交流社区平台,仅有零部件制造外包给其他企业。如前瞻产业报告指出,在全球无人机企业的 20 强当中,只有大疆、Parrot、零度智控和亿航采用了这种全面的业务布局,这是短时间无法复制的优势。这样的商业模式一方面能够使从研发到售后各个环节都拥有更高的自主权,提升反馈效益,减少沟通成本,获得更大利润。另一方面,无人机市场面向的消费群体是一个小的圈层,这样的商业模式能够在这个小市场中尽最大可能满足消费者的需求,从而占据更多的市场份额。

(3)品牌认可度高,品牌溢价高。根据国际数据公司 IDC2016 年在美国市场进行的一项消费级无人机市场调查,知道无人机的消费者中有超过90%的人知道大疆创新或其产品。2018年大疆创新入选联合国工业发展组织认定的"国际信誉品牌",品牌的国际认可度可见一斑。2019年美国《时代》杂志公布了该刊评选出的"十年来最重要和最具影响力的"十款电子设备榜单,只有大疆的无人机是唯一一款中国科技公司出品的产品。2015年以后低端无人机市场开始膨胀,同品级消费级无人机产品大疆的定价均高出行业均价30%以上,在保持中高端定价的情况下仍有这样可观的市场销量,并且受到资本市场的热捧,说明大疆具有较高的品牌溢价,品牌价值极高。

2. 劣势

(1) 工业无人机技术缺乏竞争力。大疆创新自2015年11月推出农业植保无人机,正式开始进军行业级无人机。而此时,行业无人机(以农业植保机为主)已经经历了十几年发展,虽然市场很小,但是专业针对性很强。此时专注于无人机服务的极飞已经实际走到了农田中,通过直营团队来提供服务,其起步较早,因此也拥有更丰富的农田实验数据,极飞已经成为植保无人机这一细分领域公认的口碑第一。而专注于影像水平和智能识别的大疆,在无人机其他功能的配备上如负重、耐极端环境等方面缺乏经验,因而无法在行业级无人机技术上获得比较优势。大疆创新在行业级无人机上还有一个非常不利的方面是产品升级模式。大疆向来采取快速推出全新整机新产品的方式,而对于使用量大、采购成本高的行业无人机细分市场,意味着企业需要支付高昂成本去换取功能更强的新产品。其竞争对手3DR、极飞、亿航则采用"模块化更新",只需要更换配件便能够实现功能提升,减少废弃旧机的成本浪费。对比之下,大疆的行业无人机竞争处于明显劣势。

(2) 定位定价偏高。由于技术领先和数年来累积的高品牌价值,大疆在定价方面一直采取的是中高端定价的模式,而从市场的变化来看,中低端无人机市场正在扩大,而没有突破性进展的高端无人机逐渐失去市场的期待,主要竞争对手Parrot、零度智控等都开始了价格战,力图以价格获取更多优势。虽然大疆也开始推出SE低端系列来应对价格战,但其性价比不高而对新手消费者吸引力不足。因此远期来看,大疆创新将会因为其过高的定价而失去部分市场。

(3) 企业内部管理水平较弱。2018年末,大疆创新内部发布反腐公告,因内部腐败问题,大疆预计损失超过10亿元,涉案人数达45人。其实2008年大疆初创时就有员工因不满待遇而携研究成果跳槽的事情发生,以上事件都反映了一个严重的问题:大疆内部管理水平较弱。众所周知,大疆创新是一家注重研发的企业,管理层大比例是研发人员,CEO汪滔专注研发,对下级授权开放度极高,这导致其管理方式不够专业。另外,大疆由于前期的快速发展,且一直高定位、高定价,因此从供应商采购到代理商销售各个渠道中包含的利润巨大,却缺乏强有力的监管体系,势必导致企业腐败等问题滋生。这些管理问题不仅仅会影响当年的财务利润,对于渠道的疏松监管也会严重影响大疆创新的品牌形象,降低市场可信度。

3. 机会

(1) 无人机迎合第四次工业革命浪潮。2006年,德国提出"工业4.0"概念,以人工智能为主导,机器人技术、绿色清洁能源与物联网等技术为代表的全球第四次工业革命已悄然开启,世界各国都希望在这轮革命中占据主导地位。而无人机作为人工智能与机器人技术的结合产品,被认为是"工业4.0"时代的代表产物。因此,世界各国都出台了相应的政策鼓励无人机企业的发展。美国开发低空领域使用权鼓励民用无人机发展,我国于2021年发布《"十四五"民用航空发展规划》,针对无人机产业提出大力引导无人机创新发展,加强无人机运行安全管理等内容,并提出无人机"十四五"期间运行小时数于2025年达到250万小时。

行业级无人机尤其是农业植保机获得了世界多个国家的政策补贴,我国甚至将农用无人机放在了国家农业政策的战略高度,日本也通过补贴实现了农用无人机的普及应用。当前世界各国都在努力争夺民用无人机标准的制定权,逐步健全和完善国际无人航空器标准体系和无人机监管体系,而大疆作为世界民用无人机的龙头企业,在市场和技术两方面都具有话语权优势。

(2)工业级无人机市场前景广阔。消费级无人机在2017年后已出现增长疲态,将进入市场红海,而工业级无人机由于应用范围广泛、应用场景更为多样化,将成为民用无人机行业未来一段时间的蓝海市场。当前全球工业无人机的数量不到民用无人机的20%,具有广阔的增长空间。大疆虽然刚开始进军工业级无人机,其优质的供应链和成熟的无人机解决方案服务为其扩大这一市场提供了潜力。但工业级无人机与大疆擅长的消费级无人机仍有不同,对无人机的性能如续航、抗高压环境等要求更高。工业级无人机销售大多采用招投标的形式,且需要长达数年的服务支持,因此产生更高的客户黏性和市场壁垒。现阶段我国的工业无人机企业应用尚处在起步和示范阶段,总体技术还比较落后,还有许多应用领域未开发,各无人机企业也在与行业进行深度磨合,以提供更成熟、更能广泛应用的飞行解决方案。加上各国政府对提高生产力的工业级无人机出台了许多补贴政策,正是企业深入工业无人机研发的良机。

(3)软件和生态系统整合度上升。目前的趋势是无人机软件和硬件供应商的生态系统不断扩大,针对消费级无人机的飞行器摄影培训、针对农业的无人机喷洒播种、针对建筑工厂行业的测绘、针对安防行政的智能识别,以及无人机事故赔偿保险等相关业态逐渐成熟壮大。前瞻产业报告指出,2018年后民用无人机的主要业态将会是检查/建设(50%)、农业(25%)、民政/地方政府(警察、消防等)(12%)、保险赔偿(6%)和海上石油/天然气和精炼(5%)。由于机器学习、人脸识别、遥感探测等新兴技术的发展,消费者能够通过操作简易化后的无人机软件快速上手无人机产品,有利于无人机产品的应用更大众化,扩大受众群体。而大疆拥有高水平的软件开发团队和全产业链覆盖的布局,相比其他企业将更有能力打造无人机生态圈。

4. 威胁

(1)进军无人机企业激增,竞争激烈。随着无人机产业链配套逐渐成熟、上游的零件供应商增多而获得规模效益,无人机制造成本大幅度下降。近年来,大疆和零度智控等无人机企业的爆发式增长和高利润受到资本市场热捧,同时也吸引了很多创业企业及互联网巨头的关注。红杉资本、AccelPatners等全球顶级风投机构在消费级无人机市场上收获高额回报后,谷歌、苹果、高通、因特尔等科技巨头企业纷纷加入,国内的腾讯、小米、华为乃至山东矿机、宗申动力等多家传统制造业企业也开始涉猎无人机业务,同时还有国内外数以千计的小型研发团队进入无人机行业。无人机已经逐渐失去成长期的快速增长,开始进入成熟期的激烈竞争。产业链的成熟和竞争的加剧势必产生价格战。小米等企业的进驻,消费级无人机的价格水平势必将有所下降。另外,随着传统数据处理芯片厂商如英特尔、高通、谷歌等在无人机数据处理平台上的陆续入局和技术的进一步演进,无人机未来将有可能通过深度的图像学习,向人工智能化方向发展。而大疆无人机研发能力虽强,但竞争对手在各自的领域也有着难以复制的优势,比如谷歌的人工智能技术。

(2)限飞政策趋严,消费级无人机市场受限。无人机当前最广泛的应用是新闻、影视、摄影和娱乐等领域,已成为广为大众接受的智能机器人产品。但无人机的无序甚至违法使用,频频出现炸机、干扰航空秩序等安全问题,以及存在侵犯公民个人隐私的隐患。给社会和民航都带来了安全隐患,也给社会安保带来新的挑战,在国际社会上引起了强烈关注。随着无人机扰航事件的频繁发生,各国对于无人机的监管政策也在持续收紧。普遍采用的管理办法是划区域限飞,以及消费级无人机使用者登记管理,美国等一些监管更严格的国家甚至要求必须考取无人机资格证才能持有和操控无人机。禁飞区变多和使用无人机的个人标准变高,打击了消费者的购买欲望,给无人机行业带来了前所未有的压力。

(资料来源:杨秋文,《大疆无人机国际营销案例研究》,部分删改))

2.3 无人机市场消费者行为分析

消费者行为是指消费者为获取、使用、处置消费物品或服务所采取的各种行动,包括先于且决定这些行动的决策过程。消费者行为是动态的,涉及感知、认知、行为以及环境因素的互动作用,也涉及交易的过程。消费者行为研究旨在研究不同消费者的各种消费心理和消费行为,分析影响消费心理和消费行为的各种因素,并揭示消费行为的变化规律。

消费者行为研究是进行营销决策和制定营销策略的基础,分析消费者购买行为是无人机市场营销中的一个重要环节。无人机市场的客户有两大类:一类是工业级无人机客户,包括工商企业、事业单位、政府机构和农业承包户,另一类是消费级无人机客户,包括普通消费者、无人机爱好者。这两类购买者在购买目的、购买方式、购买时间等购买行为方面存在很大差异,对不同类型的消费者购买行为应采取针对性的营销策略。

2.3.1 无人机消费者购买决策过程

消费者在购买一些比较重要的商品时,其购买决策往往是一个非常复杂的心理活动过程。一般消费者购买决策过程包括唤起需要、收集信息、比较选择、购买决策、购后评价五个阶段。

1. 唤起需要

消费者的需要往往是由于受到内部刺激或外部刺激而引起的。内部刺激是由于自身的生理或心理上感到缺少而产生的需要,如因为饿了要买食品。外部刺激是来自消费者外部的客观因素,如人员推销、广告、降价等的刺激,或受到周围人购买行为的影响。例如,引起消费者购买消费级无人机的原因,可能是旅游视频制作需求;引起企业、政府购买工业级无人机的原因,可能是物流运输、植物保护。

2. 收集信息

一般来讲,唤起的需要不是马上就能被满足的,消费者需要收集有关的信息。消费者信息的来源主要有以下几个方面。

(1) 经验来源:消费者在自己购买和使用产品过程中所积累的知识和经验。

(2) 人际来源:从周围的人,如家庭成员、朋友、同学、同事等处获得的有关产品的信息。

(3) 商业来源:消费者从展览会、推销员的推销、广告、促销活动中获得的信息。商业来源一般是消费者主要的信息来源。

(4) 公众来源:消费者从大众传播媒体、消费者评审组织等获得信息。

以上这些信息来源的相对影响随着产品的类别和购买者的特征而变化。一般来说，工业级无人机消费者获得信息最多的来源是商业来源，即需要无人机企业派出专业营销人员进行推销，向客户演示无人机产品使用方法等。对于消费级无人机，最有效的信息来源是人际来源和公众来源，每一信息来源对于购买决策的影响会起到不同的作用。

3. 比较选择

消费者搜集到大量的信息后，要对信息进行整理、分析和选择，以便做出购买决策，如购买品种、品牌、地点、时间等的决策。不同的消费者在购买不同的商品时，比较选择的方法和标准也各不相同，一般从以下几方面来分析。

(1) 产品属性。产品属性即产品能够满足消费者需要的特性，如计算机的储存能力、显示能力等，照相机的体积大小、摄影的便利性、成像的清晰度等。消费者根据自己的需要和偏好，确定各属性的重要权数，一般越重要的属性被赋予的权数越大，需重点考虑。

(2) 品牌信念。品牌信念是消费者对某品牌优劣程度的总的看法。由于消费者的个人经验、选择性注意、选择性记忆等的影响，其品牌信念可能与产品的真实属性并不一致。消费者根据对不同品牌的信念，分别给不同的品牌一个评价值。

(3) 其他选择因素。其他选择因素主要包括价格、质量、服务项目及水平、交货的及时性、包装、购买的方便性等。

(4) 总评。根据各属性的重要性权数及评价值，得出总评价分。由于不同的消费者给予同一商品各属性重要程度、评价值的分值是不同的，所以不同的消费者会有不同的选择。

4. 购买决策

一是决定不买，经过比较选择，目前没有找到合适的产品，暂时决定不买。二是形成指向某品牌的购买意向。选择比较后，消费者会对某品牌形成偏好，从而形成购买意向。当然，购买意向变成实际购买行为还需要具备一定条件，如消费者有足够的购买力、企业有货等。

5. 购后评价

消费者购买产品后会对产品满足其需求的情况产生一定的感受，如满意或不满意。消费者对购买商品是否满意，将影响其以后的购买行为。如果对商品满意，则在下一次购买中会继续采购该商品，并向他人宣传产品的优点；如果消费者对商品不满意，则在下一次购买中根本不考虑该商品，甚至本次要求退货。

总而言之，加强消费者的购买决策过程研究，可以让营销人员更有针对性地开展营销活动。

2.3.2 无人机消费者购买行为类型

消费者购买决策随其购买决策类型的不同而不同，如在购买一般生活日用品与购买生活耐用品时存在很大的差异，一般消费者对较为复杂的和花钱较多的决策往往会投入较多精力去反复权衡，而且会有较多的购买决策参与者。根据消费者购买介入程度和品牌间的差异程度，可将消费者购买行为划分为复杂型、求证型、多变型、习惯型四种。

1. 复杂型

复杂型购买行为是指消费者在购买商品时投入较多的时间和精力，并注意各品牌间的主要差异。一般消费者在购买花钱多、自己又不了解的商品时的购买行为属于该类行为，消费者了解商品的过程,也是学习的过程。例如,在生活中,购买个人无人机的行为就属于该类购买行为。在介入程度高且品牌差异大的产品经营中,企业的营销人员应该协助消费者学习,帮助其了解商品的性能属性和品牌间的差异,以影响消费者的购买决策。此外,营销人员还有必要利用包括印刷媒体在内的多样化媒体和叙述翔实的广告文案来描述产品的优点。

2. 求证型

消费者在购买品牌差异不大的产品时,有时也会持慎重态度,这种购买行为属于求证型。这种购买行为一般发生在购买价格虽高但品牌差异不大的产品时,消费者的购买决策可能取决于价格是否合适、购买是否方便、销售人员是否热情等。针对消费者的这种心理特点,企业应采取必要的营销策略。

(1)要合理定价。在了解市场上同类产品价格的基础上,结合企业的实际情况,制定出消费者能够接受的价格。

(2)向消费者提供细致周到的服务。例如,选择良好的销售地点,方便消费者购买。选择高素质的销售人员,耐心地回答消费者的问题,向消费者提供有关信息等,以增强消费者对产品和品牌的信任,从而影响消费者的品牌选择。特别要注意向消费者提供售后服务,以增强其品牌信念,增强购后满意感,证明其购买决策的正确性。

3. 多变型

多变型购买行为常常发生在购买价格低但是品牌差异大的商品时。例如,在饮料市场中,有不同品牌的不同产品,它们在包装、口感、营养等方面存在较大的差异。对于这类商品,消费者可能经常改变品牌选择,不是因为商品本身不好,而是由于商品品种多样化,消费者想尝试不同品牌的不同商品。对于这类商品的营销,企业要在促销上下功夫,如降价、反复做广告、让消费者试用、送赠品、抽奖等。

4. 习惯型

这种购买行为常常发生在购买价格低、经常购买且品牌差异不大的商品时。消费者往往对这类商品的购买决策不重视,购买时介入的程度很低,主要凭印象、熟悉程度和被动接受的广告信息等来进行购买。对于这类商品的营销,主要在广告上下功夫,企业可设计简短的、有特色的广告,反复刺激消费者,突出与品牌联系的视觉标志和形象,以便消费者记忆。

2.3.3 无人机消费购买行为影响因素

消费者市场是由因需要而购买物品或服务的个人或家庭所构成的市场。消费者市场是最终市场,其他市场直接或间接地为最终消费者服务。它具有购买次数多、需求差异大、需求复杂多变、可诱导性等特点。因此,消费者市场是现代市场营销的依据和主要的研究对象。消费者购买行为受到文化、社会、个人、心理特征等因素的影响很大。营销人员无法控制这些因素,为了吸引消费者,将产品销售给消费者,开展有效的市场营销活动,必须考虑分析这些影响因素。和其他产品购买行为一样,无人机潜在消费者的购买决策通常也受到文化因素、社会因素、个人因素和心理因素的影响。

1. 文化因素

(1)文化。文化是人类在长期的生活和实践中形成的语言、价值观、道德规范、风俗习惯、审美观等的综合。文化是人类欲望和行为最基本的决定因素,会对消费者的消费观念和购买行为产生潜移默化的影响。

(2) 亚文化。在一种文化中,往往还包含着一些亚文化群体,他们有更为具体的认同感。亚文化群包括民族亚文化群、宗教亚文化群、宗族亚文化群和地理亚文化群。消费者对各种商品的兴趣受其所属民族、宗教、种族、地域等因素的影响,这些因素将影响他们的食物偏好、衣着选择、娱乐方式等。

(3) 社会阶层。社会阶层是指在一个社会中具有相对同质性和持久性的群体,在一切社会中都存在着社会阶层。同一社会阶层的人有相似的价值倾向、社会地位、经济状况、受教育程度等。因此,同一社会阶层的人有相似的生活方式和消费行为。各社会阶层显示出不同的产品偏好和品牌偏好。企业的营销人员应根据不同的社会阶层,推出不同的营销策略。例如,在广告策略中,由于不同的阶层对新闻媒介的偏好是不一样的,中低阶层的消费者平时喜欢收看电视剧和娱乐晚会,而高阶层的消费者喜欢各种时尚活动或戏剧等,所以针对不同阶层的消费者,应选择不同的广告媒介来进行产品宣传。

2. 社会因素

消费者处在社会环境中,总会受到其他人的影响,主要受到相关群体、家庭等的影响。

(1) 相关群体。相关群体是指能够直接或间接影响人们的态度、偏好和行为的群体。相关群体分为所属群体和参照群体。所属群体是指人们所属并且相互影响的群体,如家庭成员、朋友、同事、亲戚、邻居、宗教组织、职业协会等。参照群体是指某人的非成员群体,即此人不是其中的成员,而该群体是其心理向往的群体,如电影明星、体育明星、社会名人等是大家崇拜和效仿的对象。

(2) 家庭。家庭由居住在一起,彼此有血缘、婚姻或抚养关系的人群所组成。家庭也是影响消费者购买行为的重要因素,具体表现在以下几方面。一是家庭倾向性的影响。例如,一个孩子长期和父母生活在一起,父母对某产品的购买倾向或多或少会对孩子以后的消费行为产生影响。二是家庭成员的态度及参与程度的影响。购买不同的产品,家庭成员的态度和参与的程度是不同的。例如,家庭购买大件物品时,大家共同参与、商量,而购买日常的生活用品可能就由母亲决定。于是根据家庭成员对购买商品的参与程度与决定作用的不同,购买行为可分为丈夫决定型、妻子决定型、子女决定型、共同决定型。三是家庭所处的生命周期阶段对消费者的影响。家庭处在不同的生命周期阶段,购买行为也是不同的。例如,家庭处在子女年幼阶段时,对玩具、婴儿用品等感兴趣;家庭处在子女独立阶段时,对保健品、健身用品及消费娱乐类产品等感兴趣。

(3) 社会角色与社会地位。每个人都会存在于多个群体中,如家庭及各类组织。群体经常会成为重要的信息来源,能够帮助人们确认行为准则。个人在群体中的位置可通过角色和地位来确定。角色由一个人应该进行的各项活动组成,每个角色都伴随着一种地位。人们购买的商品往往反映着他们的地位和在社会中实际承担的角色。营销人员必须认识到产品和品牌有可能成为地位的象征,在无人机销售中应依据无人机产品定位做好营销策划与推广宣传。

3. 个人因素

消费者的购买行为与其个人因素有较密切的联系,如个人的年龄、性别、职业、受教育程度、生活方式等。例如对无人机的需求,由于年龄、职业、受教育程度的不同,不同的消费者会选择不同性能和价位的无人机。

(1)年龄。不同年龄的消费者的购买方式也各有特点。青年人缺少经验,中老年人经验比较丰富,常根据习惯和经验购买,一般不太重视广告等商业性信息。企业应制订专门的营销计划来满足处于不同年龄段消费者的需要。

(2)经济状况。一个人的经济状况,取决于其可支配收入水平、储蓄和资产、借款能力以及对消费与储蓄的态度。由此决定的个人购买能力,在很大程度上制约着个人的购买行为。消费者需要在自己收入的范围内考虑以合理的方式安排支出,以便更有效地满足自己的需要。收入较低的客户往往比收入高的消费者更关心产品价格。例如,保健品与消费者购买力密切相关,营销人员应特别注意居民个人收入,消费者对未来经济形势、收入和物价变化的预期。

(3)个性。个性是一组显著的人类心理特质,如自信或自卑、冒险或谨慎、倔强或顺从、独立或依赖、合群或孤傲、主动或被动、急躁或冷静、勇敢或怯懦等。个性使人对环境做出比较一致和持续的反应,可以直接或间接地影响其购买行为。例如,喜欢冒险的消费者容易受广告的影响,成为新产品的早期使用者;自信或急躁的人购买决策过程较短,缺乏自信或冷静的人购买决策过程较长。营销人员通过间接了解或直接沟通,增加对消费者或潜在客户个性的认知,可帮助双方尽早进入成交环节。

(4)生活方式。生活方式是个体在成长过程中,在与社会诸因素交互作用下表现出来的活动、兴趣和态度模式,即如何生活、如何花费和如何消磨时间等。它是由过去的经历、固有的个性和现在的情境所决定的。生活方式影响消费行为的所有方面,因此要求营销人员竭力寻找其产品与不同生活方式间的关系。

(5)价值观。消费者的决策也受核心价值观的影响。核心价值观是形成态度与行为的信念体系,基本上决定着人们的长期决策与需求。因此,价值观是内在自我的体现。营销人员如果能够吸引潜在客户的内在自我,就有可能影响他们的外在自我,甚至他们的购买行为。

4.心理因素

某汽车公司曾经开发出一种适合年轻人开的跑车,投放市场后,购买的消费者除了一部分是年轻人之外,还有一些老年人。通过调查了解到,老年人购买跑车的原因是,开上跑车,仿佛自己年轻了几十岁。由此可见,心理因素也是影响人们购买行为的因素之一。影响消费者购买行为的心理因素包括动机、感觉和知觉、学习、态度等。

(1)动机。动机是引起行为、维持行为并把行为指向一个目标以满足人的需求的内在心理过程。动机是在需求的基础上产生的,是推动人们活动的内在力量。消费动机是一种升华到足够强度的需要,它能够引导人们去探求满足需要的目标。人们从事任何活动都是由一定动机引起的。引起动机的条件有内、外两类,内在条件是需要,外在条件是诱因。例如,血液中水分的缺乏会使人产生对水的需要,从而促使人喝水来满足需要。因此,需要可以直接引起动机,导致人们朝特定目标行动。

(2)感觉和知觉。消费者有了购买动机后,就要采取行动,至于采取什么行动则受到认识过程的影响。消费者的认识过程由感性认识和理性认识两个阶段组成,感觉和知觉属于感性认识过程。感觉是指人们通过感官对外界刺激形成的反应,知觉则是人脑对直接作用于感觉器官的客观事物的整体反应。

(3)学习。学习是指由于经验而引起的个人行为的改变,人类行为大都来源于学习。例如,某顾客要购买一台无人机,由于该顾客对无人机不了解,在购买之前就有一个学习的过程。对企业的营销人员来说,要为顾客学习提供方便,要耐心地回答顾客的咨询,主动向顾客介绍、传递有关产品的信息,让顾客了解和熟悉本企业的产品,来促使顾客购买本企业的产品。

(4)态度。态度是指一个人对某些事物或观念长期持有的好或坏的认识、评价、情感上的感受和行为倾向。态度一经形成,一般难以改变。因此,企业的营销人员最好使其产品与消费者的态度相一致,而不要试图去改变人们的态度。当然,如果改变一种态度所耗费的代价能得到补偿,则另当别论。

(5)情感。消费者的反应不总是理性的,多数反应是感性的并且可以唤起不同的情绪,称为情感。一个品牌或产品可能让消费者感到兴奋或自信,产品广告也可以带给消费者愉悦、反感或疑惑。因此,无人机营销人员在营销策划时不能忽视受众的情感体验。

可见,影响消费者购买行为的因素是众多的,消费者的选择是受文化、社会、个人和心理因素复杂影响和作用的结果。

习　　题

一、单选题

1. 人口、价值观念、宗教信仰、道德水平等属于(　　)。
   A. 社会文化环境　　　　B. 科学技术环境　　　　C. 人口环境　　　　D. 经济环境
2. 下列属于微观经济环境的是(　　)。
   A. 财政金融政策　　　　B. 产业结构状况　　　　C. 国民收入　　　　D. 消费偏好
3. SWOT 矩阵中的 S、W、O、T 分别代表(　　)。
   A. 劣势、优势、机会、威胁　　　　　　　　B. 优势、劣势、威胁、机会
   C. 优势、劣势、机会、威胁　　　　　　　　D. 威胁、机会、优势、劣势
4. 以下不属于一手资料调研方法的是(　　)。
   A. 面谈访问　　　　B. 邮寄访问　　　　C. 电话访问　　　　D. 文案调研
5. 消费者的反应不总是理性的,多数反应是感性的并且可以唤起不同的情绪,称为(　　)。
   A. 诱因　　　　B. 情感　　　　C. 学习　　　　D. 心理

二、多选题

1. 无人机消费者的购买行为受到一系列社会因素的影响,如(　　)等的影响。
   A. 参考群体　　　B. 家庭　　　C. 社会角色　　　D. 社会地位　　　E. 心理因素
2. 消费者购买行为类型有哪些？(　　)。
   A. 习惯性购买行为　　　　　　　　B. 减少失调的购买行为
   C. 寻求多样化的购买行为　　　　　D. 复杂的购买行为
3. 以下属于宏观环境营销因素的是(　　)。
   A. 人口　　　B. 社会文化　　　C. 经济　　　D. 科学技术　　　E. 营销中介
4. 运用系统分析的综合分析方法,将各种环境相互匹配起来加以组合,得出公司未来发展的一系列可选择策略。这些策略包括(　　)。
   A. 优势/机会策略　　　　B. 优势/威胁策略　　　　C. 劣势/机会策略
   D. 劣势/威胁策略　　　　E. 机会/威胁策略
5. 下列有关波特的五力模型说法正确的是(　　)。

A. 波特所提出的五力模型是分析行业环境的一种有效工具
B. 当一个行业有利可图时,必然会成为其他企业选择进入的对象
C. 无人机行业的进入壁垒不高,只要有利可图,就会有大量的企业涌入
D. 无人机行业的客户不具备议价的实力,因此,企业可以制定高价策略
E. 波特的五力模型有助于无人机企业深入分析行业竞争压力的来源,使之认识到本企业的优势和劣势,以及无人机行业发展趋势中的机会和威胁

三、名词解释

1. 复杂型购买行为

2. 宏观营销环境

3. PEST 分析法

4. 网络调研法

四、简答题

1. 阐述什么是无人机市场调研以及无人机市场调研的内容。

2. 分析无人机市场宏观营销环境。

3. 论述无人机消费者购买决策过程。

4. 分析无人机购买行为影响因素。

模块三　无人机市场竞争战略的选择

教学目标

【知识目标】
1. 掌握无人机竞争战略的基本类型
2. 了解市场主导者主要竞争战略
3. 掌握市场挑战者、市场跟随者和市场补缺者的竞争战略

【能力目标】
1. 能够针对不同无人机企业，选择合适的竞争战略
2. 能够判断无人机竞争者的市场反应
3. 能够识别无人机企业的主要竞争者

【素质目标】
1. 树立正确的市场营销观念
2. 培养学习能力，运用正确方法掌握新知识
3. 培养营销职业道德，树立依法经营意识

延伸阅读

无人船、无人车、无人机组成的"海陆空"展演亮相春晚

在2018年央视春晚珠海分会场上，由无人船、无人车、无人机组成的"海陆空"无人系统联合展演震撼亮相世界上最长的跨海大桥——港珠澳大桥，向全世界呈现了一场科技感十足的视觉盛宴。在波浪奔腾的珠江口海面上，一艘7.5米长的"瞭望者"号海洋无人艇带领着80条1.6米长的小型无人船，列队成海上的"离弦之箭"穿过港珠澳大桥；搭载百度Apollo开放平台的自动驾驶车队在港珠澳大桥上完成"8"字交叉跑的高难度动作；转瞬间，由零度智控和高巨创新共同组建的无人机编队变成一条3D立体的白海豚，越过烟花环绕的港珠澳大桥。此次演出是由云洲、百度、比亚迪、零度智控和高巨创新等企业组成的"海陆空"高科技阵容所打造，展现了中国对于无人智能行业的高度重视，以及科技创新的信心与决心。

（资料来源：《科技与金融》）

市场竞争是市场经济的基本特征之一，正确的市场竞争战略，是企业实现其营销目标的关键。无人机企业要想在激烈的市场竞争中立于不败之地，就必须树立营销观念，强化服务意识，制定正确的市场竞争战略，努力取得竞争的主动权。

3.1 无人机市场竞争者分析

企业在开展营销活动的过程中,仅仅了解顾客是远远不够的,还必须了解其竞争者。知彼知己,才能取得竞争优势,在商战中获胜。

3.1.1 识别企业的竞争者

竞争者一般是指那些提供的产品或服务与本企业相类似,并且所服务的目标顾客也相似的其他企业。例如,联想公司把戴尔公司作为主要竞争者;通用汽车公司把福特汽车公司作为主要竞争者。识别竞争者看来是简单易行的事,其实并不尽然。企业的现实竞争者和潜在竞争者的范围很广,从现代市场经济实践看,一个企业很可能被潜在竞争者(而不是当前的主要竞争者)替代。通常可从产业和市场两个方面来识别企业的竞争者。

1. 产业竞争观念

从产业方面来看,提供同一类产品或可相互替代产品的企业,构成一种产业,如汽车产业、医药产业等。如果某种产品价格上涨,就会引起另一种替代产品的需求增加。例如,咖啡涨价会促使消费者转而购买茶叶或其他软饮料,因为这些是可相互替代的产品,尽管它们的自然形态不同。企业要想在整个产业中处于有利地位,就必须全面了解本产业的竞争模式,以确定自己的竞争者。

2. 市场竞争观念

从市场方面来看,竞争者是指那些满足相同市场需要或服务于同一目标市场的企业。例如,从产业观点来看,打字机制造商以其他同行业的公司为竞争者。但从市场观点来看,顾客需要的是"书写能力",这种需要用铅笔、钢笔、电子计算机也可满足,因而生产这些产品的公司均可成为打字机制造商的竞争者。以市场观点分析竞争者,可使企业拓宽眼界,更广泛地看清自己的现实竞争者和潜在竞争者,从而有利于企业制定长期的发展规划。识别竞争者的关键是从产业和市场两方面将产品细分和市场细分结合起来综合考虑。

3.1.2 确定竞争者的目标与战略

确定了谁是企业的竞争者之后,还要进一步搞清每个竞争者在市场上追求的目标和实施的战略是什么、每个竞争者行为的动力是什么。可以假设,所有竞争者努力追求的都是利润的极大化,并据此采取行动。但是,各个企业对短期利润或长期利润的侧重不同。有些企业追求的是"满意"的利润而不是"最大"的利润,只要达到既定的利润目标就满意了,即使其他策略能获得更多的利润它们也不予考虑。

1. 竞争者的目标

每个竞争者都有侧重点不同的目标组合,如获利能力、市场占有率、现金流量、技术领先和服务领先等。企业要了解每个竞争者的重点目标是什么,才能正确估计对手不同的竞争行为并做出反应。例如,一个以"低成本领先"为主要目标的竞争者,对其他企业在降低成本方面的技术突破的反应,要比对增加广告预算的反应强烈得多。企业还必须注意监视和分析竞争者的行为,如果发现竞争者开拓了一个新的细分市场,那么,这可能是一个营销机会。如果发觉竞争者正试图打造属于自己的细分市场,那么应抢先下手,予以回击。

竞争者目标的差异会影响其经营模式。部分企业以追求短期利润最大化模式来经营,因为其当期业绩是由股东评价的,如果短期利润下降,股东就可能失去信心,抛售股票,以致企业资金成本上升。部分企业按市场占有率最大化模式经营,尤其当资源贫乏的时期,企业对利润的要求较低,大部分资金来源于寻求平稳的利息而不是高额风险收益的银行。追求市场占有率的企业,其资金成本要远远低于追求利润最大化的企业。因此,这部分企业会将价格定得较低,得到较高的市场渗透率。

2. 竞争者的战略

各企业采取的战略越相似,它们之间的竞争就越激烈。在多数行业中,根据所采取的主要战略的不同,可将竞争者划分为不同的战略群体。根据战略群体的划分,可以归纳出两点:一是进入各个战略群体的难易程度不同。一般小型企业适于进入投资和声誉都较低的群体,而实力雄厚的大型企业则可考虑进入竞争性强的群体。二是当企业决定进入某一战略群体时,首先要明确谁是主要的竞争对手,然后决定自己的竞争战略。除了在同一战略群体内存在激烈竞争外,在不同战略群体之间也存在竞争。这是因为:第一,某些战略群体可能具有相同的目标顾客;第二,顾客可能分不清不同战略群体的产品区别,如分不清高档货与中档货的区别;第三,属于某个战略群体的企业可能改变战略,进入另一个战略群体,如提供高档货的企业可能转产中低档货。

3. 竞争者的优势及劣势

企业需要估计竞争者的优势及劣势,了解竞争者执行各种既定战略的情报,是否达到了预期目标。为此,需收集过去几年中关于竞争者的情报和数据,如销售额、市场占有率、边际利润、投资收益、现金流量、发展战略等。在寻找竞争劣势时,要注意发现竞争者对市场或对它们自己判断上的错误。例如,有些竞争者存在错误观念,如误认为"顾客偏爱产品线齐全的企业""人员促销是唯一主要的促销方式""顾客认为服务比价格更重要"等,都会导致采用错误的战略。如果发现竞争者的主要经营思想有某种不符合实际的错误观念,企业就可利用对手这一劣势,出其不意,攻其不备。

3.1.3 判断竞争者的市场反应

竞争者的目标、战略、优势和劣势决定了它对降价、促销、推出新产品等市场竞争战略的反应。此外,每个竞争者都有既定的经营哲学和指导思想。因此,为了估计竞争者的反应及可能采取的行动,企业的营销管理者要深入了解竞争者的思想和信念。在企业采取某些措施和行动之后,竞争者会有不同的反应。

1. 从容不迫型竞争者

一些竞争者反应不强烈,行动迟缓,其原因可能是认为顾客忠实于自己的产品,也可能重视不够,没有发现对手的新措施,还可能是因缺乏资金无法做出适当的反应。

2. 选择型竞争者

一些竞争者可能会在某些方面反应强烈,如对降价竞销总是强烈反击,但对其他方面(如增加广告预算、加强促销活动等)却不予理会,因为它们认为这对自己威胁不大。

3. 凶猛型竞争者

一些竞争者对任何方面的进攻都迅速强烈地做出反应,部分实力强劲的竞争者一旦受到挑战就会立即发起猛烈的全面反击。因此,同行都避免与它直接交锋。

4. 随机型竞争者

有些企业的反应模式难以捉摸,它们在特定场合可能采取也可能不采取行动,并且无法预料它们将会采取什么行动。

3.1.4 选择企业应采取的对策

企业明确了谁是主要竞争者并分析了竞争者的优势、劣势和反应模式之后,就要决定自己的对策:进攻谁、回避谁,可根据以下几种情况做出决定。

1. 竞争者的强弱

多数企业认为应以较弱的竞争者为进攻目标,因为这可以节省时间和资源,事半功倍,但是获利较少。反之,有些企业认为应以较强的竞争者为进攻目标,因为这可以提高自己的竞争能力并且获利较大,而且即使强者也总会有劣势。

2. 竞争者与本企业的相似程度

多数企业主张与相近似的竞争者展开竞争,但同时又认为应避免摧毁相近似的竞争者,因为其结果很可能对自己不利。

3. 竞争者表现的好坏

有时竞争者的存在对企业是必要和有益的,具有战略意义。竞争者可能有助于增加市场总需求,可分担市场开发和产品开发的成本,并有助于使新技术合法化。竞争者为吸引力较小的细分市场提供产品,可导致产品差异性的增加。竞争者还会加强企业同政府管理者或同员工的谈判力量。但是,企业并不是把所有的竞争者都看成是有益的,因为每个行业中的竞争通常都有表现良好和具有破坏性两种类型。表现良好的竞争者按行业规则行动,按合理的成本定价,有利于行业的稳定和健康发展。它们激励其他企业降低成本定价或增加产品差异性,它们接受合理的市场占有率与利润水平。而具有破坏性的竞争者则不遵守行业规则,常常不顾一切地冒险,或用不正当手段(如收买贿赂买方采购人员等)扩大市场占有率等,从而扰乱了行业的均衡。

那些表现好的竞争者试图组成一个只有好的竞争者的行业。它们通过颁发许可证,选择相互关系(攻击或结盟)及其他手段,试图使本行业竞争者的营销活动限于协调合理的范围之内,遵守行业规则,凭自己的努力扩大市场占有率,彼此在营销因素组合上保持一定的差异性,从而减少直接的冲突。企业在进行市场分析之后,还必须明确自己在同行业竞争中所处的位置,进而根据自己的目标、资源和环境,以及在目标市场上的地位等来制定市场竞争战略。

3.2 无人机市场基本竞争战略

制定竞争战略的实质就是将一个企业与其所处环境建立联系。环境中的关键部分主要由企业所在的相关行业、行业结构及行业竞争状态构成。行业内部的竞争状态取决于如下基本的竞争情况：供应商和购买者讨价还价的能力、潜在竞争者的威胁、替代品的威胁，以及现有厂商之间的竞争。在此基础上进一步提出三种基本的竞争性战略，即成本领先战略、差异化战略和目标集聚战略，可以使企业成为行业中的佼佼者。

3.2.1 成本领先战略

成本领先战略主要依靠追求规模经济、专有技术和优惠的原材料等因素，以低于竞争对手或低于行业平均水平的成本提供产品和服务，来获得较高的利润和较大的市场份额。成本领先战略要求企业建立达到有效规模的生产设施，在经验基础上全力以赴降低成本，抓紧成本与管理费用的控制，最大限度地减少研究与开发、服务、推销、广告等方面的成本费用。尽管质量、服务以及其他方面也不容忽视，但贯穿这一战略的主题是使企业的成本低于竞争对手。成本领先战略在20世纪70年代由于经验曲线概念的流行而得到广泛的应用。

1. 成本领先战略的优势及潜在风险

（1）成本领先战略的优势。即便处于竞争激烈的市场环境中，处于低成本地位的企业仍可获得高于行业平均水平的收益。成本优势可以使企业在与竞争对手的争斗中受到保护，低成本意味着当别的企业在竞争过程中失去利润时，这个企业仍然可以获取利润。低成本地位有利于企业在强大的买方压力中保护自己，考虑到需方多种选择及降低购买风险的要求，购买方最多只能将价格压到效率居于其次的竞争对手的水平。低成本也有利于企业抵御来自供应商的威胁，它使企业应对供应商产品涨价具有较高的灵活性。导致低成本地位的各种因素通常也以规模经济或成本优势的形式产生进入障碍，提高了进入壁垒，削弱了新进入者的竞争力。低成本企业可以采取降低价格的办法保持、维护现有消费者，提高消费者转向使用替代品的转换成本，降低替代品对企业的冲击，为企业赢得反应时间。因此，成本领先战略可以使企业在面临竞争者的威胁时处于相对主动的地位，有效地保护企业。

（2）成本领先战略的潜在风险。采用成本领先战略的企业必须对潜在风险加以注意，加强对企业外部环境，尤其是技术环境方面的认识，降低因技术发展而可能产生的投资风险。此外，有些低成本企业将过多注意力放在成本上，忽视了客户需求的变化，在产品技术开发方面投入不足，难以生产出符合消费者需求的产品，无法使顾客满意，这对企业发展是非常不利的。如果它的产品被认为与其对手不能相比或不被顾客接受，低成本企业为了增加销售量而被迫削价以至于采用远低于竞争者的价格，将抵消掉其理想的成本地位所带来的收益，甚至会在激烈的市场竞争中被淘汰出局。

成本领先战略有一定的适用范围。当产品的市场需求具有较高的价格弹性，产生差异化的途径很少，价格是构成市场竞争的主要因素，而且购买转换成本较低时，企业可以考虑这一战略。

2. 成本领先战略的实现途径

（1）实现规模经济。根据经济学原理，在超过一定规模之前，产量越大，单位平均成本越低。因此，实现成本领先，通常应选择那些同质化程度高、技术成熟、标准化的产品进行规模化生产。

（2）做好供应商营销。所谓供应商营销就是与上游供应商如原材料、能源、零配件等厂家建立起良好的协作关系，以便获得廉价、稳定的上游资源，并在一定程度上影响和控制供应商，对竞争者建立起资源性壁垒。企业在获取供应成本优势的同时,应与供应商建立互动互利、平等的长期战略合作伙伴关系。

（3）塑造企业成本文化。一般来说,追求成本领先的企业应着力塑造一种注重细节、精打细算、讲究节俭、严格管理、以成本为中心的企业文化。企业在关注外部成本的同时,也要重视内部成本。不仅应把握好战略性成本,也要控制好作业成本,更要兼顾短期成本与长期成本。

（4）生产技术创新。降低成本最有效的办法是生产技术创新。一场技术革新和革命会大幅度降低成本,生产组织效率的提高也会带来成本的降低。

延伸阅读

拼多多的成本领先战略

成本领先战略是指企业强调以低单位成本为用户提供低价格的产品,简言之就是"低成本"和"低价格"。拼多多主打低端消费品的销售,在这个领域中,淘宝在消费者心中占有一定的分量,拼多多要想吸引消费者就必须给出比淘宝网更低的价格,并且又要保证质量,成本控制就显得尤为重要。

首先,压缩平台费用,降低销售成本。拼多多平台目前不收取任何提成,商家入驻平台及发布产品也无须提前支付保证金。这种压缩自身平台入驻费用的做法,从最根本上为商家降低了销售成本,这也是拼多多平台上的产品价格比其他平台上的产品价格低的一大原因。

其次,宣传费用最小化。由于腾讯入股了拼多多,因此腾讯旗下的社交平台完全对拼多多开放,包括我们最常用的社交软件微信和QQ。这两者是最主流的两大社交软件,自身就拥有很多的用户流量,保证了拼多多每天都有一定的浏览量,不用投入额外的费用去大力推广。而淘宝网、京东等其他购物平台,如果商家们不投钱做推广,接到的订单量就会偏少。所以同样的商品,拼多多卖的价格比淘宝、京东等其他平台低。另外,拼多多采用的是拼单团购的销售模式。在拼多多平台上的商品,单独买的价格比拼团买的价格稍高,所以消费者为了以更低的价格买到心仪的产品,就会主动把这个商品分享给自己的亲朋好友。对于拼多多商家来说,这些消费者都是免费的推广大使,他们不仅能给商家带来交易量,还能提高店铺的浏览量。此外,在传统电商中,流程为商品被动等待搜索—点击—成交,商家需花费大量成本购买广告位、关键词,将流量转换成为交易额。但在拼多多模式中,早期商品通过消费者的主动分享自发传播,几乎是以零成本转化成交。

最后,降低供应链成本。与其他电商平台不一样,拼多多联合工厂一起通过"定制化产品＋压缩供应链"控制成本,拼多多上的大多数商家都是一级厂商,销售过程是直接从生产商到消费者的过程,销售过程中减少了很多中间商,供应链成本大幅度降低。像这种产地直发的方式,将供应链压缩到了最短,能够大幅降低流通过程中的成本。拼多多联合创始人达达说过:"借助客单接力,让订单量几何式增长,把每个消费者分散的需求,变成了规模化、集约化的定制采购,进一步降低流通成本、交付成本。"

3.2.2 差异化战略

差异化是指企业就消费者广泛重视的某些方面在行业内独树一帜,使企业产品、服务或形象与众不同,以一种独特的定位满足客户的需求。企业往往因其产品独特性而获得溢价的报酬。实现差异化可以有许多方式,如产品特色、性能质量、产品风格、可维修性、产品设计、品牌形象等。理想的情况是企业在产品、服务、人员、营销渠道和形象等几个方面都实现差异化,以便企业享有品牌溢价能力所带来的利润。应当强调的是,差异化战略并不意味着企业可以忽略成本,只是此时成本不是企业的首要战略目标。

1. 差异化战略的优势及潜在风险

(1) 差异化战略的优势。差异化战略利用顾客对产品特色的偏爱和忠诚,降低了产品价格的敏感性,从而使企业可以避开价格竞争,在相关领域获得持续经营优势,使利润增加却不必追求低成本。顾客的偏爱和忠诚构成了较高的进入壁垒,竞争对手要战胜这种"独特性"需付出很大的代价。产品差异给企业带来较高的边际收益,企业可以用来应对供方威胁;顾客缺乏选择余地,使其价格敏感度下降;差异性也缓解了来自买方的压力。采取差异化战略而赢得顾客忠诚的企业,在面对替代品威胁时,其所处地位比其他竞争对手更为有利。

(2) 差异化战略的潜在风险。实现产品差异化有时会与争取占领更大的市场份额相矛盾,它往往要求企业对于这一战略的排他性有思想准备,即这一战略通常与提高市场份额两者不可兼顾。较为普遍的情况是,企业实现产品差异化意味着以高成本为代价,譬如广泛的研究、高质量的材料和周密的顾客服务等,因此实行差异化战略的企业的产品价格一般高于行业平均价格水平。但是,并非所有顾客都愿意或有能力支付企业因其独特性所要求的较高价格,从而导致目标市场较为狭窄,无形中扩展了竞争对手的市场空间和价格优势。这是企业采取差异化战略时需要特别注意的问题。

2. 差异化战略的实现途径

竞争性差异化是指企业创造一系列有意义的差异,以使本企业的产品或服务等与竞争者的产品和服务相区别的行为。它包括产品差异化、服务差异化、人员差异化、营销渠道差异化和形象差异化。

(1) 产品差异化。产品差异化主要体现在以下几方面:

① 形式。考虑到人们的审美观及实际需要,许多产品在形式上是有差异的,包括产品的尺寸、形状或者实体结构。实践表明,人们偏爱流线型外观包装的饮料,而旅行者更喜欢携带小瓶装矿泉水。

② 特色。特色是指产品基本功能的某些补充,大多数产品都提供各种不同的特色。率先推出某些有价值的特色无疑是一个最有效的竞争手段。

③ 性能质量。性能质量是指产品主要特点在运用中的水平。研究发现,在产品质量和投资回报之间存在很强的正相关性。

④ 一致性。一致性指产品的设计和使用与预定标准的吻合程度。产品保持一致性,能够为品牌个性化奠定基础。如果产品的一致性不好,顾客会对其失望,重复购买率必然降低。

⑤ 耐用性。耐用性是衡量一个产品在自然或在重压条件下的预期使用寿命的指标。购买者一般愿意为产品的耐用性支付溢价。不过,技术更新较快的产品不在此列,譬如手机。

⑥ 可靠性。可靠性是指产品不出差错的可能性。顾客往往愿意出更多的价钱来保证所购买的产品有较强的可靠性,以避免购后花费较多的时间、精力及金钱进行维修或保养。

⑦ 可维修性。可维修性是指产品出了故障或遭到破坏后可以修理的容易程度。出于便利方面的考虑,顾客总是偏好可维修性高的产品。

⑧ 风格。风格是指产品给予顾客的视觉和感觉效果。好的外形往往容易吸引顾客的注

意,他们愿意为此付出更大代价。

⑨设计。在快速变化的市场中,仅有价格和技术是不够的。设计能成为企业竞争的突破口。设计是从顾客要求出发,影响一个产品外观和性能的全部特征的组合。随着竞争日趋激烈,设计可以使公司的产品和服务差异化。

(2)服务差异化。当产品差异化不明显时,企业可以通过服务差异化来增加产品价值。

①订货。是指如何能使顾客方便地向企业订货。

②交货。是指如何将产品和服务送到顾客手中,包括送货准时性、速度和对产品的保护程度。顾客常常选择能及时送货的供应商。

③安装。是指为确保产品在预定地点正常使用而必须做的工作。

④客户培训。是指对客户单位的员工进行培训,以便使他们能正确有效地使用供应商的设备。

⑤客户咨询。是指卖方向买方无偿或有偿地提供有关资料、信息系统和建议等服务。

⑥维修保养。是指建立服务计划以帮助购买企业产品的顾客正常运作。

⑦多种服务。企业还能找到许多其他方法提供各种服务来增加价值。譬如提供一个改进的产品担保或维修合同,也可以提供一些惠顾奖励。

(3)人员差异化。雇用及培训优秀的员工可使企业获得明显的竞争优势。优秀的员工具备以下几个特征:

①礼貌。员工对顾客态度友善,充满敬意并细心周到。

②诚实。员工诚实并值得信任。

③可靠。员工能自始至终提供准确、可靠的服务。

④胜任力。员工具有良好的专业知识和技能。

⑤沟通能力强。员工能很好地理解顾客,并能准确地与顾客沟通。

⑥反应迅速。员工能对顾客的要求或问题做出迅速反应。

(4)营销渠道差异化。企业可以通过营销渠道的差异化来提高其竞争力。在营销渠道差异化过程中尤其要注意渠道的覆盖面、专业化和绩效。

(5)形象差异化。消费者往往因为企业或品牌形象的不同而做出不同的购买决策,形象能形成不同的"个性",以便消费者识别。

①个性与形象。个性是指企业期望向消费者展现的特征,而形象是指消费者对企业的看法,企业塑造个性正是为了在消费者心目中树立形象。企业在形象设计过程中要通过名称、标识、理念、公关活动等各种途径来确定产品的主要优点和市场地位,设计时还要注意情感因素,能在消费者心中引起强烈震撼。

②标志。鲜明的形象应包括便于识别企业的各种标志。

③多媒体。在企业或品牌个性的各种宣传中,应该融入已选定的标志及多媒体,这样才能让消费者印象深刻。

④公关活动。企业还可以通过各种公关活动来塑造个性。

延伸阅读

亿航的差异化战略

亿航在2014年8月才在广州正式注册成立,相比于珠三角的另外两家无人机巨头大疆和极飞科技,亿航开始做无人机的时间较晚。在这个时候,大疆已经开始在消费级无人机市场上挥斥方遒,极飞则加紧在植保领域探索和布局。亿航入局太晚,只能避其锋芒。所以亿航一路兜兜转转,总是在寻求差异化赛道。亿航找到的第一条差异化赛道,是易用性。2014年底,亿航推出手机软件操控的GhostDrone智能无人机,想要在无人机的易用性方面下更多的工夫,打开消费级市场另外的突破口,但市场回馈并不令人满意。亿航找到的第二条差异化赛道,是智慧城市管理。简单说就是为地方政府和企业提供交通管理、安防监测等软件系统。这也是亿航的前身(北京亿航创世科技有限公司)的主营业务。胡华智于2005年创立该公司,提供指挥控制系统,后承接了北京奥运会、上海世博会、广州亚运会的指挥调度系统项目,这也算是亿航的看家本领。亿航找到的第三条差异化赛道,是灯光表演。早在2017年2月,亿航在广州小蛮腰夜空上演元宵节"天幕流星·千机变"1 000架无人机灯光秀,就创下了"数量最多的无人机编队飞行表演"世界纪录。之后亿航多次打破自己创下的世界纪录,尤其是2018年4月,亿航在西安"红五月·城墙国际文化节"前夕,出动1 374架无人机进行三维空间编队,再次打破"最多无人机同时飞行"的吉尼斯纪录。在这个市场,亿航拥有很强的竞争力。亿航找到的第四条差异化赛道,是空中交通。这包含两个方面:第一,无人机物流;第二,无人机载客(AAV)。空中交通是亿航在2019年的主要收入来源,也是亿航在招股书中极力鼓吹的内容。招股书中披露,在截至2019年9月30日的9个月中,空中交通解决方案产生的营业额大幅增长至人民币4 880万元,占亿航总收入的72.7%。

(资料来源:《亿航上市背后的无人机江湖》,有删改)

3.2.3 目标集聚战略

目标集聚战略是指企业在详细分析外部环境和内部条件的基础上,针对某个特定的顾客群、产业或一组细分市场开展生产经营活动,充分发挥企业资源效力,为这个市场的消费者提供量体裁衣式的服务,赢得竞争优势。目标集聚战略有两种形式:一种是企业寻求目标市场上的成本领先优势,称为成本集聚战略;另一种是企业寻求目标市场上的差异化优势,称为差异化集聚战略。虽然成本领先与差异化战略都是要在行业范围内实现其目标,目标集聚战略的整体却是围绕着为行业内某一特定目标服务而建立的,并以这一目标为中心。

实施目标集聚战略,企业能够划分并控制一定的产品势力范围。在此范围内,其他竞争者不易与其竞争,所以市场占有率比较稳定。通过目标细分市场的战略优化,企业围绕一个特定的目标进行密集性的生产经营活动,可以更好地了解不断变化的市场需求,能够比竞争对手提供更为有效的产品和服务,提供更高的顾客价值和更好的顾客满意,从而获得竞争优势。尽管从整个市场的角度看,集聚战略未必能使企业取得低成本和差异优势,但它的确能使企业在其细分的目标市场中获得一种或两种优势地位。这一战略尤其有利于中小企业,他们利用较小的市场空隙谋求生存和发展,通过以小博大,在小市场做成大生意。

企业在实施目标集聚战略时,常常需要放弃规模较大的目标市场,否则竞争对手可以从企业目标市场中划分出更为细分的市场,并以此为目标市场来实施集聚战略,使企业在该市场的竞争优势丧失殆尽。倘若企业所集聚的细分市场非常具有吸引力,以致多数竞争对手蜂拥而入,瓜分这一市场的利润,则会使企业付出很高的代价,甚至导致企业目标集聚战略的失败。而细分市场之间差异性的减弱,会降低该目标市场的进入壁垒,从而削弱目标集聚企业的竞争优势,使之不得不面对更为激烈的竞争。

三种基本竞争战略都是可供选择的、抗衡竞争作用力的可行方案。这些方案的选取必须基于行业特点、企业的能力、限制条件及竞争状况。成功地贯彻每一类基本战略都意味着投入不同的资源、力量、组织安排以及管理风格,只有选择适合本企业的最佳战略才能取得成功。

延伸阅读

农业市场的极飞打法

人工智能的农业技术和解决方案提供商——极飞科技今日宣布完成新一轮12亿元人民币融资。这是迄今为止,中国农业科技领域最大的一笔商业融资。为什么一家农业无人机企业能够获得如此多的青睐?这和极飞科技多年来在农业领域的深耕是分不开的。

根据极飞的官方网站介绍,2014年以前,极飞还未涉足农业。2012—2013年,当时的极飞已经做了快6年飞控、4年无人机,无人机行业的竞争已经愈发激烈,于是极飞开始探索无人机在科考、巡检、搜救、农业行业的应用,但在农业领域完全没有借鉴案例。极飞为了让无人机懂植保,适应严苛的农田环境,团队在新疆探索了近两年才发布第一代植保无人机。2014年,XAIRCRAFT正式更名为"极飞科技",开始专注农业无人机的研发与制造。市场策略也变为直接为农民提供无人机植保服务,而不是直接向农民销售植保无人机。2015年,极飞发布第一款植保无人机,同时成立极飞农业服务公司,在全国各地提供农业无人机租售、培训和服务,并借此开始培养植保无人机操作员,这是一个很大胆的决定,因为投入很大,但风险不小。正是借助这一决定,极飞迅速抢占了市场。同期其实还有不少从事植保无人机研发的公司,但是都止步于植保无人机销售。2016年,极飞农业无人机获得极大进展,包括发布了第二代P20植保无人机和农业无人机飞控,加入RTK(实时动态差分)定位技术,发明了iRASS智能离心雾化技术,并开始成立极飞学院,培养未来农业精英。在市场策略上,极飞也开始推出了植保无人机租赁业务。用户只需要缴纳一定数量的押金,就能低门槛地以2.5元/亩、1.5元/亩的价格租到无人机和电池,以及其他植保相关设备。2017年,极飞公司成立极飞地理和极飞物联,推出全自主飞行的植保无人机P20,有效地降低了极飞P系列智能植保无人机的门槛。

在市场上尝试在中国农村建设RTK导航网络,让极飞测绘无人机通过自主航测,获取农田高清地图,进一步确保植保无人机实现精准植保作业。2017年最有名的案例是极飞曾调度并聚集来自全国各地的600多名植保无人机操作员,带着上千架P20植保机赶往新疆,为近200万亩辣椒进行落叶剂喷洒作业,这也开启了极飞在新疆农业的深耕。2018年,极飞在农业领域的知名度逐渐扩大,尤其是极飞在新疆开展棉花脱叶剂喷洒的大规模作业,就率先运用农田人工智能处方图技术,对棉田进行细致的作业分析与脱叶剂喷洒的参数规划,针对性地喷洒用药,实现作物管理精细化,引起圈内震动。

在产品上,极飞推出的 P30 植保无人机斩获多项国际大奖,极飞中国植保无人机市场占有率超过 50%。同时极飞云成为中国民航唯一许可的农业无人机管理系统。2019 年,极飞已在全球 38 个国家提供农业无人机设备与智慧农业解决方案,服务农户数量超过 637 万,总作业面积超过 3.1 亿亩,作业规模正在以指数级每年持续扩张。在产品上推出智能撒播模块,植保无人机升级为农业无人机,并且发布农业无人车、农机自驾仪以及智慧农业系统等。目前极飞的产品包括农业无人机、农业遥感无人机、农业无人车、农机辅助驾驶设备、农业物联网和智慧农场管理软件六大产品线,贯穿农业生产的各个环节。截至 2020 年 1 月 1 日,极飞农业无人机全球销量超过 5 万台,市场服务占比达 53%,公司制造产能达每日 200 台农业无人机设备,智慧农业技术与产品服务了超过 700 万农户、3.8 亿亩农田、42 个国家和地区。如今,极飞参与全球首批 9 大"未来农场"示范基地的运行,同时极飞预计三年内推广应用至超过 20 个国家,与超过 100 位合作伙伴一起,帮助至少 3 000 万户农户,让全球 1/4 的人口受益。

(资料来源:《解析极飞农业市场打法》,爱盈利网)

3.3 无人机市场地位与竞争地位

3.3.1 无人机市场主导者战略

市场主导者是指在相关产品的市场上占有率最高的企业。一般说来,大多数行业都有一家企业被认为是市场主导者,它在价格变动、新产品开发、分销渠道的宽度和促销力量等方面处于主宰地位,为同业者所公认。它是市场竞争的先导者,也是其他企业挑战、效仿或回避的对象,如中国家电市场的海尔集团公司、电脑市场的联想集团、消费级无人机的大疆等。这种主导者几乎各行各业都有,它们的地位是在竞争中自然形成的,但不是固定不变的。

延伸阅读

无人机行业呈现马太效应

当前无人机市场呈现明显的马太效应,即强者愈强,弱者愈弱。2017 年,大疆收入同比增长近 80%,达到近 180 亿元。其绝大部分的收入来自消费级无人机,约 80% 来自海外市场。公司最近一轮公开融资在 2018 年 5 月,最新估值达到 160 亿美元。通过品牌分析,可以发现:在 2017 年甚至还有 19 家企业在同大疆进行竞争,而到了 2018 年,这一数字降到了 7 家。大疆已在消费级无人机领域以超过 90% 的市场占有量铸就了不可撼动的地位。图 3-1 为 2017 年中国无人机市场品牌分布,图 3-2 为 2018 年上半年中国无人机市场品牌分布。

(资料来源:《Mavic Pro 无人机产品市场分析报告》,爱盈利网)

市场主导者所具备的优势包括:消费者对品牌的忠诚度高,营销渠道的建立及其高效运行,以及营销经验的迅速积累,等等。市场主导者如果没有获得法定的垄断地位,必然会面临竞争者的无情挑战。因此,必须保持高度的警惕并采取适当的战略,否则就很可能丧失领先地位。为此,市场主导者通常可采取三种战略:一是扩大市场需求总量,二是保护市场占有率,三是提高市场占有率。

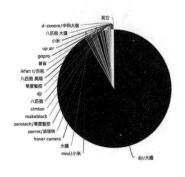

类目	销售额	占比
1 dji/大疆	428,437,959	91.65%
2 miui/小米	7,993,040	1.71%
3 大疆	7,596,735	1.63%
4 hover camera	4,655,482	1%
5 parrot/派诺特	4,290,675	0.92%
6 zerotech/零度智控	2,917,770	0.62%
7 makeblock	2,464,037	0.53%
8 simtoo	1,444,367	0.31%
9 八匹狼	1,152,009	0.25%
10 dji	1,016,661	0.22%
11 零度智控	991,984	0.21%
12 八匹狼 昊翔	919,748	0.2%
13 lefan t/乐帆	675,507	0.14%
14 普宙	516,100	0.11%
15 gopro	342,928	0.07%
16 up air	338,319	0.07%
17 小米	307,017	0.07%
18 八匹狼 大疆	297,176	0.06%
19 d-zooom/中科大智	295,963	0.06%
20 j.me	245,918	0.05%
21 其它	561,164	0.12%

图 3-1　2017 年中国无人机市场品牌分布

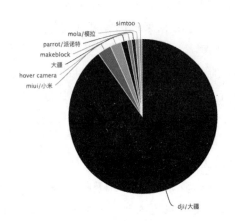

类目	销售额	占比
1 dji/大疆	20,653,639	90.09%
2 miui/小米	678,244	2.96%
3 hover camera	540,448	2.36%
4 大疆	315,807	1.38%
5 makeblock	211,055	0.92%
6 parrot/派诺特	201,013	0.88%
7 mola/模拉	181,621	0.79%
8 simtoo	143,441	0.63%

图 3-2　为 2018 年上半年中国无人机市场品牌分布

> 延伸阅读

市场主导者大疆的海外营销

大疆作为海外市场上一骑绝尘的中国无人机品牌,以无人机市场主导者的身份在营销方面做出了表率。为了扩大市场需求,提高市场占有率,大疆在海外营销中有以下几大绝招。

1. 与顶级网红合作,吸引社媒关注

在出海过程中,大疆一直以来坚持的营销方式就是与领域内的顶级网红展开合作,他们或是邀请 YouTube 上顶级网红制作高质量的短视频,或是邀请他们进行最新产品的测评。对于科技品牌而言,网红不仅可以吸引到来自不同社媒上的粉丝,而且其产生的影响力比传统意义上的明星更具真实性,他们可以更大程度地推动消费者产生消费欲望。数据显示,60%的YouTube粉丝会听从社媒网红的建议,选择合适的产品和购买地点。

2. 借助粉丝力量,打造特色 UGC(User Generated Content,用户生成内容)社区

每位消费者都可以通过无人机拍摄出美丽的照片和视频,这对于大疆来讲,绝对是免费且高效的宣传方式。在社媒 Instagram 上,大疆开创了名为 djicreator(大疆创意师)的标签,鼓励来自全球的无人机粉丝上传自己通过机器拍摄的美丽佳片。如果照片质量高的话,大疆还会通过自己的官方账号进行投放和宣传。这样一来,来自全球的拍摄爱好者都开始上传自己的得意之作。不论是神奇的动物迁徙视频,还是情侣之间的搞怪视频,任何视频都有机会登上大疆的官方账号。有如此之大的吸引力,那尝试一下又有何不可呢?

3. 打造社区概念,强化粉丝社群属性

为了强化粉丝的归属性,大疆打造了一个航拍的分享社区,旨在为航拍爱好者构建一个交流航拍技巧和展示航拍作品的社群。目前全球使用无人机进行航拍的用户人数超过了130万。而这个社群从创立之初到现在也已经积累了上万名用户,每个人都会分享1.5个作品。打造这样的社区,一方面可以获得更多来自航拍爱好者的精美图片;另一方面,航拍爱好者可以在这个社群中收获更多的归属感,从而在潜移默化的过程中加强消费者对于品牌的忠诚度。

4. 发布超级宣传片,瞬间引发购买欲望

每当进行新品发布会的时候,大疆都会制作十分神秘的预告短片。在视频中,震撼的土地、清晰的动态摄影以及神秘的产品轮廓,吊足粉丝的胃口。大疆推出的官方超级宣传片包括《大疆精灵4激发你的创意》《大疆精灵4最强大的技术》《大疆精灵4极速飞行》《大疆精灵4荒野救生》和《大疆精灵4空中步伐》。这几部视频全方位地展现了无人机在飞行、拍摄和救援方面的特性。随后,这几部视频在不同的社媒上得到了疯狂的传播,让更多的海外消费者为之沸腾。

5. 邀请专业媒体,进行权威媒体测评

除了邀请前文所提到的网红拍摄博主进行测评之外,大疆也会邀请国外的主流媒体对新推出的产品进行测评。The Verge、《华尔街日报》以及 PCMag 等都对产品进行了全方位的测评。另一方面,科技论坛上也有很多文章对产品进行测评。它们从新特点概述、外形、独特功能、价格、实际体验等多个方面对产品进行解读,结合实际测试,展示出了新产品的性能,并进行了优缺点的综合评价。

(资料来源:跨境知道)

1. 扩大市场需求总量

当一种产品的市场需求总量扩大时,受益最大的是处于领先地位的企业。一般说来,市场主导者可从三个方面扩大市场需求量。

(1)发现新用户。开发新顾客包括三种途径。一是转变未使用者,即说服那些尚未使用本企业产品的人使用,把潜在顾客转变为现实顾客。二是进入新的细分市场。企业在原细分市场的需求饱和后可设法进入新的细分市场,扩大原有产品的适用范围,说服新细分市场的顾客使用本产品。三是扩展新的营销区域,将产品拓展至尚未使用本产品的地区。如近年来,电商企业市场下沉,逐步由城市市场向农村市场拓展。

(2)寻找产品的新用途。寻找产品的新用途指设法找出产品的新用法和新用途以增加销量。例如尼龙材料,每当尼龙进入产品生命周期的成熟阶段,生产尼龙的公司就会设法找出其新用途。尼龙首先是用作降落伞的合成纤维,然后是用作女袜的纤维,接着成为衬衫的主要原料,再后来成为汽车轮胎、沙发椅套和地毯的原料。每项新用途都使产品开启一个新的生命周期,这一切都归功于该公司为发现新用途而不断进行的研究和开发。顾客也是发现产品新用途的重要人选,如凡士林刚问世时是用作机器润滑油的,但在使用过程中,顾客发现凡士林还有许多用途,如用作润肤脂、药膏和发蜡等。因此,公司必须留心注意顾客对本公司产品的使用情况。

(3)增加顾客的使用量。增加顾客的使用量主要可以采取三种方法。一是提高使用频率。企业应设法使顾客更频繁地使用产品。例如,牙膏生产厂家劝说人们每天不仅要早晚刷牙,最好饭后也要刷牙,这样就提高了牙膏的使用频率。二是增加每次使用量。例如,销售洗发膏的公司就提醒顾客,每次洗发时,洗两遍比只洗一遍效果更好。三是增加使用场所。例如,彩电生产企业宣传有条件的家庭在客厅和卧室等房间分别安装彩电更方便观看,可避免家庭成员产生冲突。

2. 保护市场占有率

处于市场领先地位的企业,必须时刻防备竞争者的挑战,保卫自己的市场阵地,这些挑战者都是很有实力的,主导者不注意就可能被取而代之。因此,市场主导者任何时候都不能满足于现状,必须在产品的创新、服务水平的提高、分销渠道的畅通和降低成本等方面,真正处于该行业的领先地位。主导者应该在不断提高服务质量的同时,抓住对手的弱点主动出击。军事上有一条原则:进攻是最好的防御。市场主导者如果不发动进攻,就必须严守阵地,不能有任何疏漏。防御战略的目标是,减少受攻击的可能性,使攻击转移到危害较小的地方,并削弱其攻势。有六种防御战略可供市场主导者选择。

(1)阵地防御战略。阵地防御就是在现有阵地周围建立防线。这是一种静态的防御,是防御的基本形式,但是不能作为唯一的形式。如果将所有力量都投入这种防御,最后很可能导致失败。对企业来说,单纯采用消极的静态防御,只保卫自己目前的市场和产品,是一种"营销近视症"。阵地防御战略是指围绕企业目前的主要产品和业务而建立牢固的防线,根据竞争对手在产品、价格、渠道、促销方面可能采取的进攻战略来制定自己的预防性营销战略,并在竞争对手发起进攻时坚守原有的产品和业务阵地。主要措施有:防御性地增加规模经济效应;差别营销;培养顾客忠诚度;封锁营销渠道入口;提高顾客的转换成本;延伸产品线;占领技术制高点;等等。

(2)侧翼防御战略。侧翼防御是指市场主导者除保卫自己的阵地外,还应建立某些辅助性的基地作为防御阵地,或必要时作为反攻基地。特别是注意保卫自己较弱的侧翼,防止对手乘虚而入。侧翼防御战略是指企业在自己主阵地的侧翼建立辅助阵地以保卫自己的周边和前沿,并在必要时将其作为反攻基地的营销战略。采取侧翼防御战略的企业,一般都会努力填充相关产品或服务的空白点,不让竞争对手从侧面有机可乘。

(3)先发防御战略。这是种"先发制人"式的防御,即在竞争者进攻之前,先主动攻击它。这种战略主张预防胜于治疗,事半功倍。具体做法是,当竞争者的市场占有率达到某一危险的高度时,就对它发动攻击,或者是对市场上的所有竞争者全面攻击,使人人自危。有时,这种以攻为守注重的是心理攻击,并不一定付诸行动。如市场领导者可发出市场信号,迫使竞争对手取消攻击。一家大型制药厂是某种药品的市场领导者,每当它听说某个竞争对手要建立新厂生产这种药时,就放风说自己正在考虑将这种药降价,并且考虑扩建新厂,以此吓退竞争对手。当然,企业如果享有强大的市场资产——品牌忠诚度高、技术领先等,面对竞争对手的挑战,可以沉着应战,不轻易发动进攻。

(4)反攻防御战略。当市场主导者遭到对手发动降价促销攻势、改进产品、占领市场阵地等进攻时,不能只是被动应战,应主动反攻入侵者的主要市场阵地,可实行正面反攻、侧翼反攻,或发动钳形攻势,以切断进攻者的后路。当市场主导者在它的本土遭到攻击时,一种很有效的方法是进攻攻击者的主要领地,以迫使其撤回部分力量守卫其本土。

(5)运动防御战略。这种战略不仅要防御目前的阵地,而且要扩展到新的市场阵地,作为未来防御和进攻的中心。市场扩展可通过两种方式实现:市场扩大化和市场多角化。市场扩大化就是企业将其注意力从目前的产品转到有关该产品的基本需要上,并全面研究与开发有关该项需要的科学技术。例如,把"石油"公司变成"能源"公司就意味着市场范围扩大了,不限于一种能源,而是要覆盖整个能源市场。市场扩大化必须适度,否则将产生"营销远视症"。市场多角化即向无关的其他市场扩展,实行多角化经营。

(6)收缩防御战略。在所有市场阵地上全面防御有时会得不偿失,在这种情况下,最好是实行战略收缩,即放弃某些疲软的市场阵地,把力量集中用到主要的市场阵地上。

3.提高市场占有率

市场主导者设法提高市场占有率,也是增加收益、保持领先地位的一个重要途径。研究表明,市场占有率是与投资收益率有关的最重要的变量之一。市场占有率越高,投资收益率越大。因此,许多企业要求产品在市场上都占据第一或第二位,否则便撤出该市场。但是,也有些研究者对上述观点提出不同意见。对某些行业的研究发现,除了市场主导者以外,有些市场占有率低的企业,依靠物美价廉和专业化经营,也能获得很高的收益。只有那些规模不大不小的企业收益最低,因为它们既不能获得规模经济效益,也不能获得专业化竞争的优势。另一项研究显示,收益率的增长不仅取决于市场占有率的提高,还要取决于为提高市场占有率所采取的市场营销策略。因此,企业提高市场占有率时应考虑以下三个因素。

(1)引起反垄断活动的可能性。许多国家有反垄断法,当企业的市场占有率超过一定限度时,就有可能受到指控和制裁。这种风险的存在,会削弱企业通过追求市场份额获利的意愿。

延伸阅读

违反反垄断法,腾讯、阿里等多家企业被罚!

2022年7月10日,市场监管总局根据《中华人民共和国反垄断法》(简称《反垄断法》)对二十八起未依法申报违法实施经营者集中案件作出行政处罚决定。现依法将行政处罚决定书予以公告。本次公开案件均为过去应当申报而未申报的交易。随着反垄断常态化监管的深入推进,企业经营者集中申报意识不断提高,积极自查历史交易,主动报告涉嫌未依法申报行为并积极配合调查。市场监管总局坚决贯彻落实党中央、国务院决策部署,全力支持企业发展,正依法加快完成存量案件清理工作,助力企业轻装上阵,推动企业和行业持续健康发展。其余案件处罚决定书将陆续公开。

以阿里巴巴投资有限公司收购百世集团股份有限公司股权案行政处罚决定书为例,阿里巴巴收购百世集团,行政处罚为50万元。市场监管总局于2021年3月11日对阿里巴巴投资有限公司（Alibaba Investment limited，简称阿里投资）收购百世集团股份有限公司（Best Inc.，简称百世集团）股权涉嫌未依法申报违法实施经营者集中案进行立案调查。本交易系股权收购。2017年9月19日，阿里投资认购百世集团新发股份10 000 000股，并获得百世集团超级投票权的股份，交易后阿里投资及其关联方合计持有百世集团27%的股份，对应46.2%的投票权。2017年9月22日，交易完成交割。根据《反垄断法》第二十一条规定"经营者集中达到国务院规定的申报标准的，经营者应当事先向国务院反垄断执法机构申报，未申报的不得实施集中"。2017年9月22日，交易完成交割，在此之前未向市场监管总局申报，违反《反垄断法》第二十一条，构成未依法申报违法实施的经营者集中。

市场监管总局就阿里投资收购百世集团股权对市场竞争的影响进行了评估，评估认为，该项经营者集中不会产生排除、限制竞争的效果。此外基于上述调查情况和评估结论，市场监管总局决定给予阿里投资50万元罚款的行政处罚。

（资料来源）：《市场监管总局发布未依法申报违法实施经营者集中案行政处罚决定书》，国家市场监管总局网站

（2）为提高市场占有率所付出的成本。当市场占有率达到一定水平时，再要求进一步地提高就要付出很大代价，结果可能得不偿失。一项研究表明，企业的最佳市场占有率是50%。因此，有时为了保持市场领先地位，甚至要在较疲软的市场上主动放弃一些份额。

（3）争夺市场占有率时所采用的营销组合战略。有些营销手段对提高市场占有率很有效，却不一定能增加收益。只有在以下两种情况下市场占有率同收益率成正比：一是单位成本随市场占有率的提高而下降；二是在提供优质产品时，销售价格的提高大大超过为提高质量所投入的成本。

总之，市场主导者必须善于扩大市场需求总量，保卫自己的市场阵地，防御挑战者的进攻，并在保证收益增加的前提下，提高市场占有率。这样才能持久地占据市场领先地位。

3.3.2　无人机市场挑战者战略

市场挑战者和市场跟随者是指那些在市场上处于次要地位（第二、第三甚至更低地位）的企业。这些处于次要地位的企业可采取两种战略：一是争取市场领先地位，向竞争者挑战，即市场挑战者；二是安于次要地位，在"共处"的状态下求得尽可能多的收益，即市场跟随者。每个处于市场次要地位的企业，都要根据自己的实力和环境提供的机会与风险，决定自己的竞争战略是"挑战"还是"跟随"。市场挑战者如果要向市场主导者和其他竞争者挑战，首先必须确定自己的战略目标和挑战对象，然后选择适当的进攻战略。

1. 确定战略目标和挑战对象

战略目标同进攻对象密切相关，对不同的对象有不同的目标和战略。一般说来，挑战者可在下列三种情况中进行选择。

（1）攻击市场主导者。这种进攻对象风险很大，然而吸引力也很大。挑战者需仔细调查研究领先企业的弱点和失误；有哪些未满足的需要，有哪些使顾客不满意的地方。找到主导者的弱点和失误，就可作为自己进攻的目标。此外，还可开发出超过领先企业的新产品，以更好的产品来夺取市场的领先地位。例如，锐澳之所以获得成功，就是因为该公司瞄准了那些追求高品质生活的都市人，以预调鸡尾酒为开发重点，而这一市场在以前却被忽视了。此外，通过产品创新，以更好的产品来夺取市场也是可选择的战略。

(2)攻击与自己实力相当者。挑战者对一些与自己势均力敌的企业,可选择其中经营不善发生亏损者作为进攻对象,设法夺取它们的市场阵地。

(3)攻击地方性小企业。对一些地方性小企业中经营不善、财务困难者,可夺取它们的顾客,甚至这些小企业本身。例如,部分啤酒公司能形成较大规模,靠的就是吞并一些小型啤酒公司,"蚕食"小块市场。

总之,战略目标决定于进攻对象,如果以主导者为进攻对象,其目标可能是夺取某些市场份额;如果以小企业为对象,其目标可能是将它们逐出市场。但无论在何种情况下,如果要发动攻势,进行挑战,就必须遵守一条原则:每一项行动都必须指向一个明确的、肯定的和可能达到的目标。

2. 选择进攻战略

确定了战略目标和挑战对象之后,挑战者还需要考虑采取什么进攻战略。这里有五种战略可供选择。

(1)正面进攻。正面进攻就是集中全力向对手的主要市场阵地发动进攻,即进攻对手的强项而不是弱点。在这种情况下,进攻者必须在产品、广告、价格等主要方面大大超过对手,才有可能成功,否则不可采取这种进攻战略。正面进攻的胜负取决于双方力量的对比。正面进攻的另一种措施是投入大量研究与开发经费,使产品成本降低,从而以降低价格的手段向对手发动进攻,这是持续实行正面进攻战略最可靠的基础之一。

(2)侧翼进攻。侧翼进攻就是集中优势力量攻击对手的弱点,有时可采取"声东击西"的战略,佯攻正面,实际攻击侧翼或背面。这又可分为两种情况:一种是地理性的侧翼进攻,即在全国或全世界寻找对手力量薄弱地区,在这些地区发动进攻;另一种是细分性侧翼进攻,即寻找领先企业尚未为之服务的细分市场,在这些小市场上迅速填空补缺。侧翼进攻符合现代营销观念,发现需要并设法满足它。侧翼进攻也是一种最有效和最经济的战略形式,比正面进攻有更多的成功机会。

(3)包围进攻。包围进攻是一种全方位、大规模的进攻策略,它是在几个战线发动全面攻击,迫使竞争对手在正面、侧翼和后方同时全面防御。挑战者可向市场提供竞争对手能供应的一切甚至比对方还多,使自己提供的产品无法被拒绝。当挑战者拥有优于竞争对手的资源,并确信围堵计划可以打败竞争对手时,这种策略才能奏效。

(4)迂回进攻。这是一种最间接的进攻战略,完全避开对手的现有阵地而迂回进攻。具体办法有三种:一是发展无关的产品,实行产品多元化经营。二是以现有产品进入新市场,实现市场多元化。三是通过技术创新和产品开发,替换现有产品。

(5)游击进攻。游击进攻主要适用于规模较小、力量较弱的企业,目的在于通过向对方的不同地区发动小规模的、间断性的攻击来骚扰对方,使之疲于奔命,最终巩固永久性据点。游击进攻可采取多种方法,包括有选择地降价,强烈的、突袭式的促销行动,等等。应予以指出的是,尽管游击进攻可能比正面进攻或侧翼进攻开支更少,但如果想打倒竞争对手,光靠游击进攻不可能达到目的,还需要发动更强大的攻势。

市场挑战者的进攻策略是多样的,一个挑战者不可能同时运用所有策略,也很难单靠某一种策略就取得成功,通常需要设计出策略组合,通过整体策略来改善自己的市场地位。

3.3.3　无人机市场跟随者战略

产品模仿有时像产品创新一样有利,因为一种新产品的开发者要花费大量投资才能取得成功,并获得市场领先地位。而其他企业(市场跟随者)从事仿造或改良这种产品,虽然不能取代市场主导者,但因不需大量投资,也可获得很高的利润,其盈利率甚至可超过全行业的平均水平。

1. 确定战略目标和跟随对象

市场跟随者与挑战者不同,它不是向市场主导者发动进攻并图谋取而代之,而是跟随在主导者之后自觉地维持共处局面。这种自觉共处状态,在资本密集且产品同质的行业(钢铁、化工等)中是很普遍的现象。但是,这不等于说市场跟随者就无所谓战略。每个市场跟随者都必须懂得如何保持现有顾客,并争取一定数量的新顾客;必须给自己的目标市场带来某些特有的利益,如地点、服务、融资等;还必须尽力降低成本并保持较高的产品质量和服务质量。

2. 选择跟随战略

市场跟随者也不是被动地单纯追随主导者,它必须找到一条不致引起竞争性报复的发展道路。以下是三种可供选择的跟随战略。

(1)紧密跟随。这种战略是在各个细分市场和营销组合方面,尽可能仿效主导者。这种跟随者有时好像是挑战者,但只要它不从根本上侵犯到主导者的地位,就不会发生直接冲突,有些甚至被看成是靠拾取主导者的残余谋生的寄生者。

(2)距离跟随。这种跟随者是在主要方面,如目标市场、产品创新、价格水平和分销渠道等方面都追随主导者,但仍与主导者保持若干差异。这种跟随者可通过兼并小企业而使自己发展壮大。

(3)选择跟随。这种跟随者在某些方面紧跟主导者,而在另一些方面又自行其是。也就是说,它不是盲目跟随,而是择优跟随,在跟随的同时还要发挥自己的独创性,但不进行直接的竞争。这类跟随者之中有些可能发展成为挑战者。

此外,还有一种特殊的跟随者在国际市场上十分猖獗,即"冒牌货"。这些产品具有很强的寄生性,它们的存在对许多国际知名的大公司是一个巨大的威胁,已成为新的国际公害,因此必须制定对策,以清除和击退这些"跟随者"。

3.3.4　无人机市场补缺者战略

在现代市场经济条件下,每个行业几乎都有些小企业,它们专心关注市场上被大企业忽略的某些细小部分,在这些小市场上通过专业化经营来获取最大限度的收益,也就是在大企业的夹缝中求得生存和发展。所谓市场补缺者就是指精心服务于市场的某些细小部分,而不与主要的企业竞争,只是通过专业化经营来占据有利的市场位置的企业。这种市场位置(补缺基点)不仅对于小企业有意义,对某些大企业中的较小部门也有意义,它们也常设法寻找一个或几个这种既安全又有利的补缺基点。

1. 补缺基点的选择

一个良好的补缺基点应具有以下特征。

(1)有足够的市场潜力和购买力。

(2)利润有增长的潜力。
(3)对主要竞争者不具有吸引力。
(4)企业具备占有此补缺基点所必要的资金和能力。
(5)企业既有的信誉足以对抗竞争者。

选择市场补缺基点时,多重补缺基点比单一补缺基点更能减少风险、增加保险系数。因此,企业通常选择两个或两个以上的补缺基点,以确保企业的生存和发展。

2. 专业化市场营销

取得补缺基点的主要战略是专业化营销。具体来讲,就是在市场、顾客、产品或渠道等方面实行专业化。下面是几种可供选择的专业化方案。

(1)最终用户专业化。专门致力于为某类最终用户服务,如计算机行业有些小企业专门针对某一类用户(如诊所、银行等)进行营销。

(2)垂直层面专业化。专门致力于分销渠道中的某些层面,如制铝厂专门生产铝锭、铝制品或铝质零部件。

(3)顾客规模专业化。专门为某种规模(大、中、小)的客户服务,如有些小企业专门为那些被大企业忽略的小客户服务。

(4)特定顾客专业化。只对一个或几个主要客户服务,如有些企业专门为具体公司供货。

(5)地理区域专业化。专为国内外某一地区或地点服务。

(6)产品或产品线专业化。只生产大类产品,如美国的绿箭公司只生产口香糖一种产品,现已发展成为一家世界著名的跨国公司。

(7)客户订单专业化。专门按客户订单生产预订的产品。

(8)质量和价格专业化。专门生产经营某种质量和价格的产品,如专门生产高质高价产品或低质低价产品。

(9)服务项目专业化。专门提供某一种或几种其他企业没有的服务项目,如有银行专门承办电话贷款业务,并为客户送款上门。

(10)分销渠道专业化。专门服务于某一类分销渠道,如专门生产适于超级市场销售的产品,或专门为航空公司的旅客提供食品。

3. 市场补缺者的任务

市场补缺者要完成三个任务。

(1)创造补缺市场。市场补缺者要积极适应特定的市场环境和市场需要,努力开发专业化程度很高的新产品,从而创造出更多需要这种专业化产品的市场需求者。

(2)扩大补缺市场。市场补缺者在开发出特定的专业化产品、赢得在特定市场的竞争优势之后,还要进一步提高产品组合的深度,努力增加新的产品项目,以迎合更多具有特殊需要的市场购买者的偏好,提高市场忠诚度和市场占有率。

(3)保护补缺市场。市场补缺者还要注意竞争者的动向。如果有新的竞争者闻声而至,仿制企业产品,争夺市场阵地,市场补缺者必须及时采取相应对策,未雨绸缪,防患于未然,全力以赴保住在特定市场的领先地位。

习 题

一、单选题

1.（　　）是指企业将所拥有的全部资源都集中于最具优势或最为看好的某种产品或服务上，力求将其做大做强。

　　A. 一体化增长战略　　B. 密集化增长战略　　C. 多元化增长战略　　D. 市场领先者战略

2.（　　）是指企业将现有产品或服务打入新的地区市场或开发新的顾客群体，扩大市场覆盖面来得到更多的顾客，从而增加企业的产品销量、扩大经营规模，提高收入水平和盈利水平的一种营销战略。

　　A. 产品开发战略　　B. 市场开发战略　　C. 市场渗透战略　　D. 市场利基战略

3. 市场领先者扩大总需求的途径不包括（　　）。

　　A. 开发产品的新顾客　　　　　　B. 寻找产品的新用途

　　C. 增加顾客的使用量　　　　　　D. 保持现有的市场份额

4.（　　）是一种全方位、大规模的进攻策略，它在几个战线发动全面攻击。

　　A. 正面进攻　　B. 包围进攻　　C. 迂回进攻　　D. 侧翼进攻

二、多选题

1. 市场挑战者可选择采取（　　）战略。

　　A. 正面进攻　　B. 侧翼进攻　　C. 包围进攻

　　D. 游击进攻　　E. 迂回进攻

2. 差异化战略的风险主要包括（　　）等。

　　A. 差异化优势的丧失　　　　　　B. 差异化优势无法弥补成本劣势

　　C. 丧失成本领先地位　　　　　　D. 成本优势无法弥补差异化的劣势

　　E. 差异化容易造成利润损失

3. 作为市场补缺者的企业，取得补缺的主要战略是在（　　）等方面实行专业化经营。

　　A. 市场　　B. 顾客　　C. 产品　　D. 渠道　　E. 管理

4. 市场主导者战略可选择采取（　　）战略。

　　A. 阵地防御战略　　B. 侧翼防御战略　　C. 先发防御战略

　　D. 反攻防御战略　　E. 运动防御战略

三、名词解释

1. 成本领先战略

2.差异化战略

3.目标集聚战略

四、简答题

1.无人机基本竞争战略包括哪些?

2.无人机市场主导者战略包括哪些?

3.无人机企业选择竞争策略应考虑哪些因素?

模块四　无人机目标市场确定

教学目标

【知识目标】
1. 了解无人机市场细分的含义和必要性
2. 掌握无人机市场细分的依据
3. 掌握无人机目标市场选择策略及需考虑的因素
4. 了解市场定位的含义
5. 掌握市场定位的方法

【能力目标】
1. 能够对无人机市场进行细分
2. 能够为无人机企业选择合适的目标市场
3. 能够对无人机企业进行有效市场定位

【素质目标】
1. 树立正确的市场营销观念
2. 培养学习能力，运用正确方法掌握新知识
3. 培养营销职业道德，树立依法经营意识

企业试图"征服"所有市场是不现实的，也是不明智的，所以企业应当选择适合自己的目标市场。目标市场营销战略是指企业在细分市场的基础上，结合自身的资源与优势，选择其中最有吸引力和最有把握的细分市场作为目标市场，并设计与目标市场的需求特点相匹配的营销战略。目标市场指企业要瞄准的那部分市场。制定目标市场营销战略主要包括三个步骤：市场细分（Market Segmenting）、目标市场选择（Market Targeting）、市场定位（Market Positioning），又被称为STP战略。

4.1　无人机市场细分

4.1.1　无人机市场细分的含义

市场细分是指营销者通过市场调研，依据消费者的需要和欲望、购买行为和购买习惯等方面的差异，把某一产品的市场整体划分为若干消费者群的市场分类过程。每一个消费者群都是一个细分市场，每一个细分市场都是由具有类似需求倾向的消费者构成的群体。市场细分

的概念由美国市场学家温德尔·R·史密斯(Wendell R. Smith)于1956年最早提出。市场细分的好处已经被众多企业的营销实践所证实。不论是消费者市场还是产业市场，开展市场细分工作都需要依据一定的细分变量，而且市场细分必须满足一定的条件才是有效的。

无人机市场细分，是指无人机企业按照特定的细分变量，把整个无人机市场细分为若干个需要不同的产品和市场营销组合的市场部分或子市场的过程。每一个由具有可识别的相同欲望、购买能力、地理位置、购买态度和购买习惯的人群所组成的子市场都可成为一个细分市场。

4.1.2 无人机市场细分的必要性和意义

1. 无人机市场细分的必要性

(1) 无人机消费需求的异质性是市场细分的内在依据。客户需求的千差万别且不断发展，使客户需要的满足方式呈现差异性。在保障供给的前提下，依据消费者需求的差异性，对无人机市场进行分类，并且分析各子市场的消费特征和购买行为，能有效加强市场营销的针对性。

(2) 无人机市场的规模巨大是市场细分的外部驱动力。受益于行业发展及国家政策的大力支持，中国民用无人机取得了高速发展，逐渐成为全球无人机行业重要的板块之一。中商产业研究院数据显示，我国民用无人机市场规模由2017年的294.46亿元增至2020年的599.05亿元，复合增长率为26.7%，2022年我国民用无人机市场规模将达到1 195.95亿元。面对这么巨大的一个市场需求，任何企业都难以满足。无人机企业只有根据自己的市场细分要求选择合适的细分市场来进行针对性的营销，才能在满足无人机消费者需求的同时实现组织的目标。

2. 无人机市场细分的意义

(1) 有利于无人机企业发掘新的市场机会。市场机会，即市场上客观存在的，但尚未得到满足或未能充分满足的需求。通过市场细分，无人机企业可以了解并分析各类消费者的情况，准确识别哪类消费者的需求已经得到满足，哪类需求尚未有合适的产品去满足，哪类需求满足的程度还不够，等等；在各个细分市场上，哪些需求竞争很激烈，哪些需求较平缓，哪些需求还有待发展，等等，进而结合企业情况，选择恰当的目标市场。尤其对于实力不强的中小无人机企业来说，市场细分更为关键。中小无人机企业的人力、物力、财力等相对较弱，往往难以在整个市场或较大的子市场上同大型无人机企业抗衡。但是中小无人机企业可以通过市场调查研究和市场细分，发现某些大企业力所不及或不愿涉足的市场，推出适当的产品，并采用与之匹配的市场营销策略，从而使自身在日益激烈的市场竞争中求得生存和发展。

(2) 有利于无人机企业增强应变能力和竞争能力。进行市场细分之后，无人机企业在目标市场上开展营销工作时，范围相对缩小，服务对象具体明确，这增强了调研的针对性，便于无人机企业更精准地认识和掌握消费者的需求特点，快速了解消费者对不同营销手段反应的差异性；这也有利于无人机企业及时、准确地调整产品结构、产品价格、营销渠道及促销策略，从而以适销对路的产品、合理的价格、恰当的服务方式去更好地满足消费者的需求。同时，在选定的目标市场上，无人机企业可以更清楚地认识和分析各个竞争者的优势和不足，扬长避短，有针对性地开展经营活动，从而提高市场竞争力。

(3) 有利于无人机企业取得良好的经济效益。无人机企业进行市场细分后，结合企业自身状况，选择恰当的目标市场，可以避免在整体市场上分散使用力量，使企业有限的人力、物力、财力等资源集中用于一个或几个细分市场,取得局部市场优势,从而为获取投入低、产出高的经济效益奠定基础。

4.1.3 无人机市场细分的依据

无人机市场必须依据科学指标进行分类,无人机市场可以分为无人机消费市场和生产者市场,因为生产者和消费者在购买动机和行为上有部分差别,因此细分依据需要分开陈述。

1. 无人机消费市场细分变量

一般一种产品的整体市场之所以可以被细分,是因为消费者或用户的需求存在差异性。引起消费者需求差异的变量很多,实际中,企业一般组合运用有关变量来细分市场,而不是单一采用某一变量。概括起来,细分消费者市场的变量主要有四类,即地理变量、人口变量、心理变量和行为变量。以这些变量为依据来细分市场就产生出地理细分、人口细分、心理细分和行为细分四种基本形式(如表4-1所示)。

表4-1 消费者市场细分

细分标准	细分变量
地理细分	国家、地区、城市规模、气候、人口密度、地形地貌
人口细分	性别、年龄、收入、职业与教育、家庭生命周期
心理细分	社会阶层、生活方式、个性
行为细分	消费者状况、购买时机、使用数量、购买阶段、品牌忠诚度、态度

(1)地理细分。所谓地理细分就是企业按照消费者所在的地理位置以及其他地理变量(包括城市农村、地形气候、交通运输等)来细分消费者市场。地理细分的主要理论根据是:处在不同地理位置的消费者,他们对企业的产品各有不同的需要和偏好,他们对企业所采取的市场营销战略,对企业的产品价格、分销渠道、广告宣传等市场营销措施也各有不同的反应。市场潜量和成本费用会因市场位置不同而有所不同,企业应选择那些本企业能最好地为之服务、效益较高的地理市场为目标市场。

地理变量易于识别,是细分市场应该考虑的重要因素。但值得注意的是,处于同一地理位置的消费者需求仍会有很大差异。比如,在我国的一些大城市,如北京、上海等,流动人口众多,这些流动人口本身就构成一个很大的市场,而这一市场有许多不同于常住人口市场的需求特点。因此,仅仅以某地理特征区分市场,不一定能真实地反映消费者的需求共性与差异,无人机企业在选择目标市场时,还需结合其他细分变量予以综合考虑。

(2)人口细分。按人口变量,如性别、年龄、收入、职业与教育、家庭生命周期等为基础细分市场。消费者的需求、偏好与人口变量有着很密切的关系,如收入水平偏高的消费者才可能成为消费级无人机的买主。企业经常以它作为市场细分的重要依据。

①性别。由于生理上的差别,男性与女性在商品需求与偏好上有很大不同,如在服饰、发型、生活必需品等方面均有差别。例如,一些汽车制造商,过去只是迎合男性需求设计汽车,现在,随着越来越多的女性参加工作和拥有自己的汽车,汽车制造商才开始研究设计能吸引女性消费者的汽车。

②年龄。不同年龄的消费者有不同的需求,如青年人对服饰的需求与老年人的差异较大,青年人需要鲜艳、时髦的服饰,老年人需要端庄素雅的服饰。

③收入。高收入消费者与低收入消费者在商品选择、休闲时间的安排、社会交际与交往等方面都会有所不同。从无人机行业看,不同收入的消费者对无人机的要求也不相同,或是外出旅游,在交通工具以及食宿地点的选择上,高收入者与低收入者会有很大的不同。正因为收入是引起需求差异的一个直接而重要的因素,企业在诸如服装、化妆品、旅游服务等领域中根据收入细分市场是相当普遍的。

④职业与教育。这是指按消费者职业的不同、所受教育的不同以及由此引起的需求差别来细分市场。例如由于消费者的受教育程度不同,其审美具有很大的差异,不同消费者对装修用品的颜色等会有不同的偏好。

⑤家庭生命周期。一个家庭的生命周期,按年龄、婚姻和子女状况,可被划分为九个阶段。在不同阶段,家庭成员对商品的需求与偏好会有较大差别。

延伸阅读

家庭生命周期

(1)单身阶段:处于单身阶段的消费者一般比较年轻,几乎没有经济负担,消费观念紧跟潮流,注重娱乐产品和基本的生活必需品的消费。

(2)新婚夫妇:经济状况较好,具有比较大的需求量和比较强的购买力,购买耐用消费品的数量多于其他阶段消费者的购买量。

(3)满巢期(Ⅰ):指最小的孩子在6岁以下的家庭。处于这一阶段的消费者往往需要购买住房和大量的生活必需品,常常感到购买力不足,对新产品感兴趣并且倾向于购买有广告的产品。

(4)满巢期(Ⅱ):指最小的孩子在6岁以上的家庭。处于这一阶段的消费者一般经济状况较好但消费慎重,已经形成比较稳定的购买习惯,极少受广告的影响,倾向于购买大规格包装的产品。

(5)满巢期(Ⅲ):指夫妇已经上了年纪但是有未成年子女需要抚养的家庭。处于这一阶段的消费者经济状况尚可,消费习惯稳定,倾向于购买耐用消费品。

(6)空巢期(Ⅰ):指子女已经成年并且独立生活,但是家长还在工作的家庭。处于这一阶段的消费者经济状况最好,可能购买娱乐品和奢侈品,对新产品不感兴趣,也很少受到广告的影响。

(7)空巢期(Ⅱ):指子女独立生活,家长退休的家庭。处于这一阶段的消费者收入大幅度减少,消费更趋谨慎,倾向于购买有益健康的产品。

(8)鳏寡就业期:尚有收入,但是经济状况不好,消费量减少,集中于生活必需品的消费。

(9)鳏寡退休期:收入很少,消费量很小,主要需要医疗产品。

(3)心理细分。所谓心理细分就是按照消费者社会阶层、生活方式、个性等心理变量来细分消费者市场。消费者的欲望、需要和购买行为,不仅受人口变量影响,而且受心理变量影响,所以还要进行心理细分。

①社会阶层。社会阶层是指在某一社会中具有相对同质性和持久性的群体。处于同一阶

层的成员具有类似的价值观、兴趣爱好和行为方式,不同阶层的成员则在上述方面存在较大的差异。很显然,识别不同社会阶层的消费者所具有的不同的特点,将为诸多产品的市场细分提供重要的依据。

延伸阅读

当前我国社会各阶层的消费倾向——从生存性消费到发展性消费

通过中国社会科学院社会学研究所调查得到的中国社会状况综合调查(CSS)数据对我国社会各阶层消费倾向进行分析,发现当前我国社会结构的轴心阶层结构的变化,导致了消费市场的显著分化。农民阶层、工人阶层和老中产阶层的平均消费倾向较高;但受收入约束,农民阶层和工人阶层边际消费倾向较低。

采用阶层结构视角,从生存性消费和发展性消费的层级特征出发,显示的趋势是:农民阶层和工人阶层生存性消费的边际弹性较大;老中产阶层既有较强的生存性消费弹性,也有较强的发展性消费冲动;新中产阶层已将主要消费动力转移到发展性消费方面;业主阶层(拥有产业并雇佣他人劳动的阶层)这一新富阶层的消费可能已超越了发展性消费阶段,而达到了较高的享乐型阶段,将主要消费目标设定在某些特殊的服务类商品上(享乐消费也应属于发展性消费)。由此可见,在居民消费的供给侧结构性改革时,需要在生存性消费上瞄准农民阶层、工人阶层和老中产阶层,在发展性消费上瞄准新中产阶层和业主阶层。

(**资料来源**:张翼,《当前我国社会各阶层的消费倾向——从生存性消费到发展性消费》)

②生活方式。来自相同的亚文化群、社会阶层、职业的人可能各有不同的生活方式。生活方式不同的消费者对商品各有不同的需要;一个消费者的生活方式一旦发生变化,就会产生新的需要。越来越多的企业按照消费者的不同生活方式来细分消费者市场,并且按照生活方式不同的消费者群来设计不同的产品和安排市场营销组合。企业在进行生活方式细分时,可以借助"AIO"模型(也叫"AIO"尺度)来测量消费者的生活方式,即:活动(activities),如消费者的工作、业余消遣、休假、购物、体育、款待客人等活动;兴趣(interests),如消费者对家庭、服装的流行式样、食品、娱乐等的兴趣;意见(opinions),如消费者对社会、政治、经济、产品、文化教育、环境保护等问题的意见。企业可派出调查人员去访问一些消费者,详细调查消费者的各种活动、兴趣、意见,然后用电脑分析处理调查资料,从而发现生活方式不同的消费者,即按照生活方式来细分消费者市场。

③个性。企业还按照消费者的不同个性来细分消费者市场。这些企业通过广告宣传,试图赋予其产品与某些消费者的个性相似的品牌个性,树立品牌形象。个性是个体较稳定的心理倾向与心理特征,会导致个人对所处环境做出相对一致和持续不断的反应。通常,个性会通过自信、自主、支配、顺从、保守、适应等性格特征表现出来。因此,个性可以按这些性格特征进行分类,从而为企业细分市场提供依据。不少企业常常使用性格变量来细分市场,它们为自己的产品赋予品牌个性,以契合相应消费者个性。不同性格的消费者的消费需求特点如表4-2所示。

表 4-2 不同性格的消费者的消费特点

性格	消费需求特点
习惯型	偏爱、信任某些熟悉的品牌,购买时注意力集中,定向性强,反复购买
理智型	不易受广告等外来因素影响,购买时头脑冷静,注重对产品的了解和比较
冲动型	易受产品外形、包装或促销的刺激而购买,对产品的评价以直观感受为主,购买前并没有明确目标
想象型	感情丰富,善于联想,重视产品造型、包装及命名,以自己丰富的想象力去联想产品的意义
时髦型	易受相关群体、时尚趋势的影响,以标新立异、赶时髦为荣,会购买引人注意或能显示身份和个性的产品
节俭型	对产品价格敏感,力求以较少的钱买到较多的产品,购物时精打细算、讨价还价

(4)行为细分。所谓行为细分就是企业按照消费者购买或使用某种产品的时机、消费者所追求的利益、使用者情况、消费者对某种产品的使用率、消费者对品牌(或商店)的忠诚程度、消费者待购阶段和消费者对产品的态度等行为变量来细分消费者市场。

①时机。消费者在不同时机所购买和使用的产品是不同的,这就为企业提供了一种根据时机来细分市场的方法。例如,某种产品或服务项目专门用于满足像春节、中秋节等节假日的需求。在现代市场营销实践中,许多企业往往通过时机细分,扩大消费者使用本企业产品的范围。

②利益。消费者往往因为所追求的利益不同而购买不同的产品和品牌。如有些消费者购买物流配送工业级无人机,主要是部分物流公司为了解决物流配送"最后一公里"问题;有些消费者购买消费级航拍无人机,则主要是为了个人摄影和视频制作。企业可根据自己的条件,权衡利弊,选择其中某一个追求某种利益的消费者群为目标市场,设计和生产出适合目标市场需要的产品,并且用适当的广告媒体和广告信息,把这种产品的信息传达到追求这种利益的消费者群。

③使用者。许多商品的市场都可以按照使用者情况,如非使用者、以前曾经使用者、潜在使用者、初次使用者和经常使用者等来细分。大公司资源丰富,市场占有率高,一般都对潜在使用者这类消费者群发生兴趣,它们着重吸引潜在使用者,以扩大市场阵地;小企业资源薄弱,往往看重吸引经常使用者。当然,企业对潜在使用者和经常使用者要酌情运用不同市场营销组合,采取不同的市场营销措施。

④使用率。许多商品的市场还可以按照消费者对某种产品的使用率,如少量使用者、中量使用者、大量使用者来细分。这种细分战略又叫作数量细分。大量使用者往往在实际和潜在购买者总数中所占比重不大,但他们所消费的商品数量在商品消费总量中所占比重却很大。研究表明,某种产品的大量使用者往往有某些共同的人格心理特征和广告媒体习惯,企业掌握了这种市场信息,就可据以合理定价、撰写适当的广告词和选择适当的广告媒体。

⑤忠诚度。企业还可以按照消费者对品牌的忠诚程度来细分消费者市场。所谓品牌忠诚是指由于价格、质量等诸多因素的吸引力,使消费者对某一品牌的产品情有独钟,形成偏爱并长期地购买这一品牌产品的行为。

⑥待购阶段。任何时候,人们都处于购买某种产品的不同阶段。在某种产品的潜在市场上,有些消费者根本不知道有这种产品;有些消费者知道有这种产品;有些消费者已得到信息;有些消费者已发生兴趣;有些消费者想购买;有些消费者正决定购买。企业之所以要按照消费者待购阶段来细分消费者市场,是因为企业对处在不同待购阶段的消费者,必须酌情运用适当的市场营销组合,采取适当的市场营销措施,才能促进销售,提高经营效益。

⑦态度。企业还可以按照消费者对产品的态度来细分消费者市场。消费者对某企业的产品的态度有五种:热爱的、肯定的、不感兴趣的、否定的和敌对的。企业对这些持不同态度的消费者群,也应当酌情分别采取不同的市场营销措施,例如,企业对那些不感兴趣的消费者,要通过适当的广告媒体,大力宣传介绍本企业的产品,使他们转变为感兴趣的消费者。

2. 生产者市场细分的依据

许多用来细分消费者市场的标准,同样可用于细分生产者市场,如根据地理、需要的满足和使用率等变量加以细分。然而,由于生产者与消费者在购买动机与行为上存在差别,因此,在进行生产者市场细分时,无人机企业除了运用前述消费者市场细分标准外,还可以依据一些新的变量来细分生产者市场,如表4-3所示。

表4-3 生产者市场细分变量

细分标准	细分变量
地理环境	自然资源、气候条件、社会环境、企业地理位置、生产力布局、交通运输
用户状况	行业、规模、购买能力
需求特点	购买目的、商品用途、质量、功能、价格要求、使用频率、交易方式
购买方式	追求利益的重点、购买量、周期、付款方式、采购制度与手段

(1)地理环境。任何一个国家或地区,由于自然资源、气候条件、社会环境等原因,会形成若干的产业地区,如我国的山西煤矿、江浙丝绸、四川柑橘等。这就决定了生产者市场比消费者市场更为集中,企业按照地理环境来细分市场,选择较为集中的地区作为自己的目标市场,不仅联系方便,而且可以降低营销费用。

(2)用户规模。用户规模是生产者市场细分的重要变量。用户的经营规模决定了其购买力大小。大用户尽管数量少,但其生产和经营规模大,购买的数量大,花费的金额多。小用户尽管数量多,分散面广,但其购买数量和金额却很有限。无人机企业针对大客户,适宜直接联系,直接供应,在价格、信用等方面给予更多优惠;而对众多的小客户,则适宜使产品进入商业渠道,由批发商或零售商去组织供应。

(3)需求特点。需求特点也是生产者市场细分的标准之一。工业品用户购买产品,一般都是供再加工之用,对所购产品通常都有特定的要求。企业此时应根据用户要求,将要求大体相同的用户集合成群,并据此设计出不同的营销策略组合。

(4)购买方式。购买的主要方式包括直接重购、修正重购及新任务购买。不同的购买方式的采购程度、决策过程等各有不同,因而可将整体市场细分为不同的小市场群,采取不同的营销策略。

4.1.4 无人机市场有效细分的标志

企业可根据单一标准或多个标准对市场进行细分。选用的细分标准越多,相应的子市场也就越多,每一子市场的容量相应就越小。相反,选用的细分标准越少,子市场就越少,每一子市场的容量则相对较大。寻找合适的细分标准,对市场进行有效细分,在营销实践中并非易事。一般而言,成功、有效的市场细分应遵循以下基本原则。

1. 可测量性

可测量性即细分后的子市场的大小及其购买力的数据资料应能够加以测量和推算,否则将不能作为制定市场营销方案的依据。比如在我国无人机市场上,在重视产品质量的情况下,有多少人更注重价格,有多少人更注重续航时间,有多少人更注重外观,或兼顾几种特性。比如在某个地理区域内人口的数量、不同年龄分类人口的数量,以及其他社会和人口统计学的特征往往是容易获得的,利用它们可以具体地测出细分市场的大小。在我国各地不同种类和品种的无人机市场上,市场的基本容量是可以使用统计手段进行客观评判和预测的。

2. 可进入性

可进入性即企业细分后的子市场应能够借助营销努力达到进入的目的,企业的营销组合策略等能够在该市场上发挥作用。譬如,通过适当的营销渠道,产品可以进入所选中的目标市场;通过适当的媒体可以将产品信息传达到目标市场,并使有兴趣的消费者通过适当的方式购买到产品;等等。

3. 可盈利性

可盈利性是指细分出来的市场,其容量或规模要大到足以使企业获利。进行市场细分时,企业必须考虑细分市场中消费者的数量,以及他们的购买能力和购买产品的频率。如果细分工作烦琐,成本耗费多,企业获利少,就不值得去细分。

4. 对营销策略反应的差异性

对营销策略反应的差异性是指各细分市场中的消费者对同一市场营销组合方案会有差异性反应,或者说对同一营销组合方案,不同细分市场会有不同的反应。如果不同细分市场中的消费者对产品的需求差异不大,行为上的同质性远大于其异质性,此时,企业就不必致力对市场进行细分。此外,对于细分出来的市场,企业应当分别制定营销方案。如果无法制定出这样的方案,或其中某几个细分市场对是否采用不同的营销方案不会有大的差异性反应,则不必进行市场细分。

4.2 无人机目标市场的选择

市场细分是选择目标市场的基础。市场细分后,企业由于内外部条件的制约,并非要把所有的细分市场都作为目标市场。企业可根据产品的特性,自身的生产、技术、资金等实力的大小和竞争能力,在众多的细分市场中,选择一个或几个有利于发挥企业优势、最具吸引力,又能达到最佳或满意的经济效益的细分市场作为目标市场。

4.2.1 目标市场选择模式

企业在对不同细分市场进行评估后,就必须对进入哪些市场和为多少个细分市场服务作出决策。一般来说,可采用的目标市场选择模式有五种。

1. 单一市场集中化

单一市场集中化又称产品市场集中化,即企业选择一个细分市场,集中力量为之服务,较小的企业通常以这种模式填补市场的某一部分,如图4-1所示。集中营销可使企业深刻了解该细分市场的需求特点,采用有针对性的产品、价格、分销渠道和促销策略,从而获得有利的市场地位和良好的声誉,但它同时隐含着较大的经营风险。对某些特定的细分市场,一旦消费者在该细分市场上的消费意愿下降或其他竞争者进入该细分市场,那么企业将面临很大的风险,如高等教育类书店只出售高等教育类图书等。

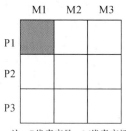

注:P代表产品,M代表市场

图4-1 单一市场集中化

延伸阅读

制造业单项冠军:深耕细分领域,以工匠精神雕镂制胜王冠

从目前培育遴选出的848家"制造业单项冠军"来看,他们聚焦实业,做精主业,创新能力强,引领带动性强,广泛分布在产业链重要环节和领域,是制造强国建设的坚强支撑力量。这些企业在各自领域营造了良好的企业发展生态环境,促进生产要素合理流动和高效集聚,推动中国各细分行业在全球化竞争中持续发展壮大,成为中国经济高质量和可持续发展的重要支撑力量,是产业链现代化的重要组成部分。根据统计数据,基于企业数量表征的整体单项冠军所属产业类型,可分为三大板块:第一大板块企业数量占比达到64.87%,从主营产品上看,整体技术密集程度相对较高,包括通用设备制造业、化学原料和化学制品制造业、计算机、通信和其他电子设备制造业、专用设备制造业、电气机械和器材制造业、金属制品业以及汽车制造业等领域;第二大板块企业数量占比为26.1%,主营产品的技术密集程度相对次之,包括科技推广与应用服务业、纺织业、非金属矿物制品业等;第三大板块企业数量仅占9.03%,多以传统制造业为主。

单项冠军企业具有明显共性,具备"专用、专业、专注、专家"的特征,秉持"坚持、长久、内敛"的理念。单项冠军企业对客户群体和产品品类精准定位,执着研发生产,长时间专注于细分领域。同时,根据市场需求不断升级,以自己的节奏推进企业的成长,最终成为所属行业中的冠军企业。业内专家表示,这种"专"需要以工匠精神为积淀。单项冠军企业致力于生产和研发单一的专项产品,并极力促使这类产品面向全球销售或应用于更多行业中。

单项冠军企业都是各自行业中的佼佼者,领域不同但有着五大共性优势。

(1)经济效益好。单项冠军企业的利润率达7%~19%,远远高于制造业3%~5%的平均水平,一半以上的单项冠军企业近三年的平均利润增长率超过10%。

(2)市场占有率高。68.9%的单项冠军企业全球市场占有率第一,88.8%的企业连续三年保持国内市场占有率第一。

(3)创新能力强。单项冠军企业平均研发强度5.34%,97.3%的企业获国家高新技术企业认定;研发人员占比达19.3%,约为高新技术企业认定标准的2倍;平均拥有有效专利398项,远超一般制造业企业水平。

(4)发展潜力大。51.7%的企业目前正在承担本产业链关键环节强链补链项目,占据全球产业链的重要地位。

(5)从事时间长。848家制造业单项冠军企业中,60%的企业从事产品领域超过20年,25.7%的企业从事产品领域超过30年,有一些企业从事产品领域超过50年甚至100年。

制造业始终是国家富强、民族振兴的坚强保障。当前,我国制造业正处于由大变强、爬坡过坎的关键阶段。制造业单项冠军代表行业细分领域的全球最高水平,对引领产业链创新、推动高质量发展具有重大意义。"培育壮大中国的单项冠军企业是一项系统工程。在新发展阶段,我们更应汇聚多方力量,打造越来越多的活跃在各个细分市场上的单项冠军。"浙江大学管理学院教授邬爱其表示。

(**资料来源**:中国产业经济信息网)

2.产品专门化

产品专门化是指企业集中生产一种产品,并向所有消费者销售这种产品,如图4-2所示。例如,显微镜生产商向大学实验室、政府实验室和工商企业实验室销售显微镜,向不同的消费者群体销售不同种类的显微镜,而不去生产实验室可能需要的其他仪器。企业采用这种模式可以凭借工业化在某个产品领域树立起很好的声誉。但是如果产品被某种全新的产品所代替,企业就会面临危机。

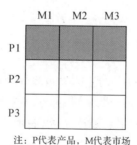

注:P代表产品,M代表市场

图4-2 产品专门化

3.市场专门化

市场专门化是指企业集中满足特定消费者群体的各种需求,如图4-3所示。企业专门为某个消费者群体服务并争取树立良好的信誉,企业还可以向这类消费者群体推出新产品,使之成为有效的新产品销售渠道。但如果由于种种原因,这类消费者群体的支付能力减弱,企业就会出现效益下滑的危险。例如,企业可为大学实验室提供系列产品,包括显微镜、示波器、化学烧瓶等。企业专门为这类消费者群体服务而获得良好的声誉,并成为这类消费者群体所需各种新产品的销售代理商。但如果大学实验室的经费预算突然削减,它们就会减少从这个市场专门化企业购买仪器的数量,这就会使该企业面临危机。

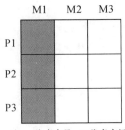

图 4-3 市场专门化

4. 选择性专门化

选择性专门化是指企业选择几个细分市场,每一个细分市场对企业的目标和资源利用都有一定的吸引力,但各细分市场彼此之间只有很少或根本没有任何联系,如图 4-4 所示。这种模式能分散企业的经营风险,即使其中某个细分市场失去了吸引力,企业还能在其他细分市场盈利。

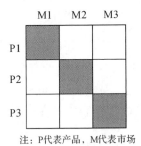

图 4-4 选择性专门化

5. 完全覆盖市场化

完全覆盖市场化是指企业力图用各种产品满足各种消费者群体的需求,即以所有的细分市场作为目标市场,如图 4-5 所示。一般来说,只有实力较强的大企业才可能采用这种模式,例如,可口可乐公司在饮料市场开发了众多产品,以满足各种消费需求。

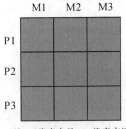

图 4-5 完全覆盖市场化

4.2.2 目标市场选择策略

无人机企业在精准评估细分市场的基础上,确定某一个或某些细分市场作为生产和经营目标的决策,称为无人机目标市场选择策略。无人机企业决定为多少个子市场服务,即确定其目标市场涵盖策略时,有三种选择:无差异市场营销、差异性市场营销和集中性市场营销策略,如图4-6所示。

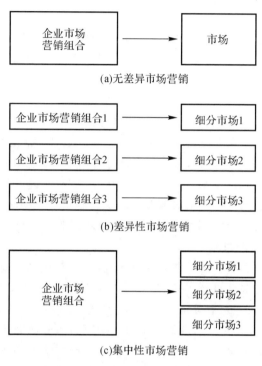

图 4-6 三种目标市场策略

1. 无差异市场营销

无差异市场营销是指企业在市场细分之后,不考虑各子市场的特性,而只注重子市场的共性,决定只推出单一产品,运用单一的营销组合,力求在一定程度上适合尽可能多的顾客的需求。这种战略的优点是产品的品种、规格、款式简单,有利于标准化与大规模生产,有利于降低生产、存货、运输、研究、促销等成本费用。其主要缺点是单一产品要以同样的方式广泛销售并受到所有购买者的欢迎,这几乎是不可能的。特别是当同行业中有几家企业都实行无差异市场营销时,在较大的子市场中的竞争将会日益激烈,而在较小的子市场中的需求将得不到满足。由于较大的子市场内的竞争异常激烈,往往是子市场越大,利润越低。这种追求最大子市场的倾向叫作"多数谬误"。充分认识这一谬误,能够促使企业增强进入较小子市场的兴趣。

无差异营销战略的适用范围:首先,各细分市场之间的需求本身不存在实质性差别的基本生活资料和主要工业原料,如天然气、自来水、电、煤炭等,由于消费者对此类产品的选择余地不大,需求欲望、兴趣爱好也大致相同,为了降低经营成本和管理成本,企业可采取无差异营销策略。其次,对市场上竞争不激烈的同类产品或处在导入期和成长期的产品,为了降低经营成本和管理成本,企业可采取无差异营销策略。

2. 差异性市场营销

差异性市场营销是指企业决定同时为几个子市场服务,设计不同的产品,并在渠道、促销和定价方面都加以相应的改变,以适应各个子市场的需要。企业的产品种类如果同时在几个子市场都占有优势,就会提高消费者对企业的信任感,进而提高重复购买率;而且,通过多样化的渠道和多样化的产品线进行销售,通常会使总销售额增加。差异性市场营销的主要缺点是会使企业的生产成本和营销费用(如产品改进成本、生产成本、管理费用、存货成本、促销成本等)增加。

差异性市场营销的适用范围:市场需求差别大、消费者挑选性强、规模等级复杂的产品;竞争者实力强,并且实行无差异营销策略时;市场竞争激烈而又处在成长期和成熟期的产品。

延伸阅读

无人机定制营销

定制营销是指企业为消费者提供量身定制的产品。定制营销指企业考虑到每个消费者的特殊性,时时刻刻站在消费者的角度,针对不同消费者的不同需求,分别提供有针对性的产品。无人机行业也产生了定制营销。2022年4月24日,山西元工通用航空技术有限公司总工程师刘智勇和团队成员正在优化一款定制无人机的技术细节。"有几个来自四川、天津等地的无人机意向订单,我们得根据客户需求把定制方案及时赶出来。"刘智勇说。

深耕细分领域 坚持精益求精

通用航空产业是山西省"十四五"期间着力打造的14个战略性新兴产业集群之一。无人机是通用航空产业发展的重要驱动力。"在一些工作场景中,和用人工、航空动力伞、直升机相比,无人机的优势非常明显。"刘智勇说。在电力线路架设现场,架一档长约500米的线,靠人工作业,有时需要一支由20至30名施工人员组成的电力工程队合力才能完成,搭支撑脚架、挪移钢管,一截一截搭,工时少则一天,多则两天。同一施工现场,架同一档线,用无人机,往返只需5分钟。即使遇到沟壑、大山、铁路、高速公路等障碍,原本人工很难完成的架线任务,无人机也能轻松完成。

无人机外表相似,但"核"不同。目前,山西元工通用航空技术有限公司研发了5款不同无人机,其中一款用于应急救援。"带喊话器、抛投器、照明灯、30倍可见光变焦相机等,它检测到的视频图像能及时远程回传到指挥中心,现场能携带5公斤重的物品……"刘智勇说,这款无人机已经在灵石等地的应急救援中派上用场。"无人机行业细分程度越来越高,我们会在电力、应急救援等工业垂直领域深度挖掘、坚持精益求精。"刘智勇的想法是:"要做就把它做到极致。"

立足用户需求 提供定制服务

走进太原市职工智创空间,许多人的目光会停留在山西元工通用航空技术有限公司的展位前,他们好奇地掂一掂无人机的重量。"没想到这么轻。"人们啧啧称奇。核心竞争力往往隐藏在肉眼不可见之处。"碳纤维机架,能让人们感受到无人机机身轻,但人们不易看出的是它的一体成型技术。"刘智勇说,一体成型技术,让公司产品经得起货比三家。"今年,已经向省科技厅申报了一次成型关键技术研究的重点研发项目,目前,这一技术正应用于无人机机架的生产中。"截至目前,山西元工通用航空技术有限公司的无人机已取得13项专利。虽然无人机屡见不鲜,但是"山西制造"的无人机还很少,可覆盖无人机研发、生产、销售产业链的山西企业更是寥寥无几。在今后5年到10年,无人机产业会有很大的发展空间。"公司会持续在工业无人机领域精耕细作,生产出性能卓越的'山西制造无人机',服务于电力、铁路之外的更多行业,在行业用无人机领域,飞出'山西高度'。"刘智勇说。

（资料来源：《太原日报》，《立足用户需求提供定制服务　飞出无人机的"山西高度"》）

3. 集中性市场营销

集中性市场营销是指企业集中所有力量,以一个或少数几个性质相似的子市场作为目标市场,试图在较少的子市场上拥有较大的市场占有率。实行集中性市场营销的企业,一般是资源有限的中小企业,或是初次进入新市场的大企业。由于服务对象比较集中,对一个或几个特定子市场有较深的了解,而且在生产和营销方面实行专业化,可以比较容易地在这一特定市场占据有利地位。此外,由于目标市场集中,可以大大节省营销费用。因此,如果子市场选择得当,企业可以获得较高的投资收益率。但是,实行集中性市场营销有较大的风险,因为目标市场范围比较狭窄,一旦市场情况突然变坏,企业可能陷入困境。因此,采用该策略的无人机企业必须密切注意市场动向,做好充分的应变准备。

集中性营销战略的适用范围：首先是高档产品,要求高、需求差别大的产品。其次,进入衰退期的产品,有助于维持和延长产品的生命周期,减少损失。最后,资金基础薄弱、规模较小、资源有限的中小型企业。

4.2.3　选择目标市场策略需考虑的因素

上述三种目标市场策略各有利弊,企业在选择时需考虑五方面的主要因素,即企业资源、产品同质性、市场同质性、产品所处的生命周期阶段、竞争对手的目标市场涵盖策略等。

1. 企业资源

企业实力是选择目标市场策略时要考虑的首要因素。企业实力涵盖企业的生产能力、设备条件、技术力量、资金实力等。如果企业技术强、设备好、生产能力大、资金充足,就可采取差异性或无差异营销策略,占领较大的市场。反之,如果企业实力弱,特别是小型企业,无力兼顾整个市场,则应采用集中性营销策略。

2. 产品同质性

产品同质性是指产品在性能、特点等方面的差异性的大小。对于同质产品或需求上共性较大的产品,一般宜实行无差异市场营销。反之,对于异质产品,则应实行差异性市场营销或集中性市场营销。

3. 市场同质性

如果市场上所有顾客在同一时期偏好相同,购买的数量相同,并且对营销刺激的反应相同,则可视为同质市场,宜实行无差异市场营销。反之,如果市场需求的差异较大,则为异质市场,宜实行差异性市场营销或集中性市场营销。

4. 产品所处的生命周期阶段

企业应随着产品所处的生命周期阶段的变化而更换其市场营销策略。对于处在投入期和成长期的新产品,这时竞争者尚少,营销重点是启发和巩固消费者的偏好,最好实行无差异市场营销或针对某特定子市场实行集中性市场营销。当产品进入成熟期时,市场竞争激烈,消费者需求日益多样化,可改用差异性市场营销策略以开拓新市场,满足新需求,延长产品生命周期。产品进入衰退期后,企业为了维持和延长生命周期,集中力量对付竞争者,则宜采用集中性市场营销策略。

5.竞争对手的目标市场涵盖策略

一般说来,企业的目标市场策略应与竞争者有所区别,反其道而行之。如果强大的竞争对手实行的是无差异市场营销,企业则应实行集中性市场营销或更深一层的差异性市场营销。如果企业面临的是较弱的竞争者,必要时可采取与之相同的策略,凭借实力击败竞争对手。无人机企业目标市场策略选择的影响因素如表4-4所示。

表4-4 无人机企业目标市场策略选择的影响因素

目标市场营销策略	企业资源	市场同质性	产品同质性	产品生命周期	竞争者策略	竞争者数量
无差异市场营销策略	多	高	高	导入期 成长期	无差异/差异	少
差异性市场营销策略	多	低	低	成长期 成熟期	无差异	多
集中性市场营销策略	少	低	低	导入期 衰退期	差异	多

4.3 无人机市场定位

4.3.1 市场定位的含义

市场定位,就是确定产品在市场中的位置,即根据客户对某种产品属性的重视程度,给本企业的产品创造并培养一定的特性,树立一定的市场形象,在为数众多的产品概念中,发现或形成有竞争力的、差别化的产品特色及重要因素。其实质是取得目标市场的竞争优势,确定产品在客户心目中的适当位置并给客户留下深刻的印象,以便吸引更多的客户。简而言之,市场定位是在消费者心目中为某种产品或品牌建立有别于竞争者的形象。

市场定位可以划分为产品定位、品牌定位和企业定位三个层次。产品定位表现出来的特征是产品的"高质量"和企业的"技术先进";品牌定位体现的是企业成功营销的结果,当提到某一品牌时,它会赋予消费者某种具体的联想;企业定位处于定位阶梯的最高层,企业往往通过产品和品牌的定位来建立企业形象、进行企业定位,成功的企业定位往往会产生长期效益。

市场定位对现代企业的生存和发展至关重要。因此,企业在制定市场定位策略时,一定要从实际出发,必须把市场定位建立在摸清、摸准国情、行情(市场情况)、厂情(企业情况)、心情(消费者心理)的基础之上。换言之,准确的环境、市场和产品的调研及系统分析,是产品准确定位的前提和基础。

4.3.2 市场定位的原则

市场定位的原则被营销学家看作市场定位成功与否的关键,在定位理论发展中起着决定性的作用,归纳起来主要有以下几个。

1. 受众导向原则

受众导向原则的主要观点是,企业不仅要制定有效的定位策略,还要有效地与一般受众和目标受众沟通这些策略内容,即突破传播障碍,有效地使定位信息进入受众的心里。能否达成以上目的,取决于两个方面:一是企业如何将定位信息有效地传达给消费者,二是定位信息是否与消费者需求相吻合。

2. 差别化原则

差别化原则的主要出发点是,在当今社会成千上万的产品信息中,要达成将产品信息固定于消费者心中这一目的,重复显然是徒劳的,唯有实现差别化,追求与众不同,使消费者易于将你的产品与其他产品明确区别出来,方有可能占据其心中一隅。目标消费者和竞争者是定位的依据,企业在此基础上将自己的产品定位得与众不同,并能使这种差别化的特定信息有效传达至消费者,从而使消费者注意品牌、产品,并产生联想。当定位所体现的差别化与消费者的需要相吻合时,品牌或产品就能留在消费者心中。

3. 动态调整原则

企业系统是社会系统的子系统,它的经营活动自然受到环境的制约。抛弃过去传统的以静制动、以不变应万变的静态定位思想,在环境中不断调整市场定位及其策略。

4.3.3 市场定位的步骤

市场定位的关键是企业要塑造自己的产品比竞争者更具有竞争优势的特性。竞争优势有两种基本类型:一是价格竞争优势,即在同等质量的条件下比竞争品价格更低;二是偏好竞争优势,即能提供确定的特色来满足顾客的特定偏好。因此,企业市场定位的全过程可以通过以下三大步骤来完成:确认本企业的竞争优势,准确地选择相对竞争优势,明确显示独特的竞争优势。

1. 确认本企业的竞争优势

这一步骤的中心任务是要回答以下三大问题:

(1) 竞争对手的产品定位如何?

(2) 目标市场上足够数量的顾客欲望满足程度如何以及还需要什么?

(3) 针对竞争者的市场定位和潜在顾客真正需要的利益要求,企业应该和能够做些什么?

要回答这三个问题,企业必须通过一切调研手段,系统地设计、搜索、分析并报告有关上述问题的资料和研究结果。通过回答上述三个问题,企业就可以从中确定自己的竞争优势。

2. 准确地选择相对竞争优势

相对竞争优势表明企业能够胜过竞争者的现实和潜在能力。准确地选择相对竞争优势是一个企业各方面实力与竞争者的实力相比较的过程。通常的方法是分析、比较企业与竞争者在下列七个方面的优势与劣势来准确地选择相对竞争优势。

（1）经营管理方面，主要考察领导能力、决策水平、计划能力、组织能力以及个人应变的经验等指标。

（2）技术开发方面，主要分析技术资源（如专利、技术诀窍等）、技术手段、技术人员能力和资金来源是否充足等指标。

（3）采购方面，主要分析采购方法、物流配送系统、供应商合作以及采购人员能力等指标。

（4）生产方面，主要分析生产能力、技术装备、生产过程控制以及职工素质等指标。

（5）营销方面，主要分析销售能力、分销网络、市场研究、服务与销售战略、广告及营销人员的能力等指标。

（6）财务方面，主要考察长期资金和短期资金的来源及资金成本、支付能力、现金流量以及财务制度与人员素质等指标。

（7）产品方面，主要考察可利用的特色、价格、质量、支付条件、包装、服务、市场占有率、信誉等指标。

3. 明确显示独特的竞争优势

这一步骤的主要任务是企业要通过一系列的宣传促销活动，将其独特的竞争优势准确传播给潜在顾客，并在顾客心目中留下深刻印象。为此，企业首先应使目标顾客了解、知道、熟悉、认同、喜欢和偏爱本企业的市场定位，在顾客心目中建立与该定位相一致的形象。其次，企业通过一切努力保持目标顾客的了解，稳定目标顾客的态度和加深目标顾客的感情来巩固与市场定位相一致的形象。最后，企业应注意目标顾客对其市场定位理解出现的偏差或由于企业市场定位宣传上的失误而造成的目标顾客模糊、混乱和误会，及时纠正与市场定位不一致的形象。

4.3.4 市场定位的依据和方法

1. 市场定位的依据

在营销实践中，企业可以根据产品的属性、利益、价格、质量、用途、使用者、档次、竞争局势等多种因素或其组合进行市场定位。具体来讲，市场定位的主要依据包括：

（1）产品特色定位。突出具体产品特色，如某企业推出酒味浓醇、苦味适度的啤酒，用来满足那些不喜欢又苦又浓的啤酒消费者的需要。

（2）顾客利益定位。突出产品能给予顾客某一方面更多的利益，如一些连锁超市强调"天天平价"，吸引了很多精于计算的顾客。

（3）使用者定位。针对不同的产品使用者进行定位，从而把产品引导给某一特定顾客群。比如有的企业将性质温和的婴儿洗发露推荐给留长发而且天天洗头的年轻人。

（4）使用场合定位。一些产品可以有多种不同的使用场合，如小苏打可以作为冰箱除臭剂，也可以作为调味汁和卤肉的配料，不同的企业可以据此进行不同的定位。

（5）竞争局势定位。突出本企业产品与竞争者同档产品的不同特点，通过评估选择，确定对本企业最有利的竞争优势加以开发。

2. 市场定位的方法

无人机市场定位策略,对于无人机企业的新品研发、市场开拓以及树立良好的企业形象都是一种行之有效的方法。企业开展市场定位的主要思维方式和常用方法有以下几种。

(1) 初次定位。指新企业初入市场,企业新产品投入市场,或产品进入新市场时,企业必须从零开始,运用所有的营销组合,使产品特色确定符合所选择的目标市场。但是,企业要进入目标市场时,往往是竞争者的产品已经上市或形成了一定的市场格局。这时,企业就应认真研究同一产品竞争对手在目标市场的位置,从而确定本企业产品的有利位置。

(2) 重新定位。指企业变更产品特色,改变目标顾客对其原有的印象,使目标顾客对其产品形象有一个重新认识的过程。市场重新定位对于企业适应市场环境、调整营销战略是必不可少的。企业产品在市场上的定位即使很恰当,但在出现下列情况时也需考虑重新定位:一是竞争者推出的产品定位于本企业产品的附近,侵占了本企业品牌的部分市场,使本企业品牌的市场占有率有所下降;二是消费者偏好发生变化,从喜爱本企业某品牌转移到喜爱竞争对手的某品牌。企业在重新定位前,尚需考虑两个主要因素:一是企业将自己的品牌定位从一个子市场转移到另一个子市场时的全部费用;二是企业将自己的品牌定在新位置上的收入有多少,而收入多少又取决于该子市场上的购买者和竞争者情况,取决于在该子市场上销售价格能定多高等。

(3) 对峙定位。指企业选择靠近于现有竞争者或与现有竞争者重合的市场位置,争夺同一个顾客群体,彼此在产品、价格、分销及促销等各个方面差别不大。选择对峙定位的企业竞争者,与市场上居于支配地位的竞争者"对着干",力求与之平起平坐甚至取而代之。企业采用这种定位策略,必须具备下列条件:目标市场还有很大的需求潜力;目标市场未被竞争者完全垄断;

企业具备进入市场的条件和与竞争者"平分秋色"的营销能力。采用这种市场定位策略的企业自身实力一般都比较强。

(4) 避强定位。避强定位策略是指企业力图避免与实力强大的竞争者直接竞争,而是另辟蹊径,根据自身条件及相对优势,在尚未被竞争者发现或关注的目标市场上突出自身产品与众不同的特色,以确立相对的竞争优势的市场定位策略。采用避强定位策略,企业可避开与实力强劲的竞争者的正面交锋,因而风险较小,适用于实力有限的中小企业。例如,吉利汽车在创立之初,致力于提供"中国人坐得起的汽车",因价格较低,迎合了不少囊中羞涩又拥有汽车梦想的消费者的需求。由于定位准确,吉利汽车最终大获成功。

延伸阅读

DOBBY 口袋无人机的"昙花一现"

针对目前用户所需的轻巧便携,满足日常旅游拍摄需求,零度智控于 2016 年 5 月 25 日于贵阳数博会发布了一款小型智能无人机——"DOBBY 口袋无人机",整机只有一部 iPhone6 手机的大小,重量还不足 200 克,真正做到一款属于口袋里的无人机。搭载了高通骁龙芯片及

SMART智能无人机整体解决方案,DOBBY不仅体积小巧,还将多项前沿科技和创新功能集于一身。此款设计,避开了当时大疆主打的"精灵Phantom"系列无人机。在零度智控的设想中,DOBBY可以做无人机里的小米,依靠低廉的价格降低消费者入手门槛,所以DOBBY一上架,销量很快过10万架。

但同年9月,大疆就推出了"御Mavic"系列。区别于精灵Phantom系列,和DOBBY一样,御Mavic也走轻便路线,无人机身能够折叠,重量734g,续航27分钟。但零度智控忽视了无人机非必需的商品因素:虽然御Mavic体积大、价格高,但在续航、图传和飞控上的表现也好很多,在有需求的消费者看来,有限的便携优势并不能抵消性能的落后部分。

大疆的这种以技术为底蕴,翻书页一样快速进行产品迭代的能力市场上无人可与之匹敌。遗憾的是,零度智控在与大疆的竞争中很快败下阵来,因为资金链断裂,其第二代产品胎死腹中,不得不面临裁员和融资的难关。现在零度智控已经转型行业级无人机,专注于安防、测绘、巡检和物流的解决方案,顺便"兼职"无人机编队飞行表演。

(资料来源:《大疆的困境和出路》)

总之,市场定位策略是企业在选择目标市场的基础上,研制开发并推出适合目标市场需求的产品,并为产品培养一定的特色,树立一定的市场形象,进而使消费者在心目中形成一种特殊偏爱,以保障市场地位的有效手段。

习 题

一、单选题

1.(　　)是指企业选择一个细分市场,集中力量为之服务。
   A.产品专门化　　B.市场专门化　　C.选择性专门化　　D.单一市场集中化

2.(　　)是指面对已经细分的市场,企业选择两个或者两个以上的子市场作为目标市场,分别为每个子市场提供有针对性的产品、服务以及相应的销售措施。
   A.差异性市场策略　　　　　　B.无差异市场策略
   C.集中性市场策略　　　　　　D.专门化市场策略

3.消费者市场的四个细分标准是(　　)。
   A.行为细分、利益细分、人口细分、心理细分
   B.地理细分、人口细分、心理细分、行为细分
   C.时机细分、态度细分、人口细分、利益细分
   D.气候细分、收入细分、态度细分、个性细分

4.无人机企业从各方面赋予产品一定的特色,树立产品鲜明的市场营销形象,以求在消费者心目中形成一种稳定和特殊的偏好,这种做法就是(　　)。
   A.市场细分　　B.市场定位　　C.市场选择　　D.市场补缺

5.采用无差异营销策略的最大优点是(　　)。
   A.市场占有率高　　　　　　　B.能够降低成本
   C.市场适应性强　　　　　　　D.能够满足消费者的个性化需求

二、多选题

1. 有效的市场细分必须具备以下条件(　　　)。
   A. 可衡量性　　B. 市场个性化　　C. 可操作性　　D. 足量性　　E. 同质性
2. 对无人机消费者市场细分的变量包括(　　　)。
   A. 地理变量　　B. 人口变量　　C. 心理变量　　D. 行为变量　　E. 性格变量
3. 无人机企业确定目标市场后,根据不同的目标市场可以采取不同的市场营销策略,目标市场营销策略一般有(　　　)。
   A. 无差异市场营销　　　　B. 集中性市场营销　　　　C. 大众营销
   D. 差异性市场营销　　　　E. 大客户营销
4. 无人机市场定位的策略包括(　　　)。
   A. 竞争定位　　　　　　　B. 集中性市场营销　　　　C. 大众营销
   D. 差异性市场营销　　　　E. 大客户营销
5. 市场定位可以划分为(　　　)这三个层次。
   A. 情感定位　　　　　　　B. 服务定位　　　　　　　C. 产品定位
   D. 品牌定位　　　　　　　E. 企业定位

三、名词解释

1. 市场细分

2. 目标市场

3. 市场定位

四、简答题

1. 选择无人机目标市场策略需考虑的因素。

2. 论述无人机市场细分的必要性。

3. 论述无人机市场定位的方法。

模块五　无人机产品策略

教学目标

【知识目标】

1. 掌握关于产品和产品整体概念的有关理论
2. 掌握产品分类及产品组合的相关概念
3. 掌握产品组合策略
4. 掌握产品生命周期的有关理论
5. 掌握包装、装潢与包装策略
6. 掌握新产品开发的有关理论

【能力目标】

1. 提升对目标产品的全局性认识
2. 加强在产品营销过程中的市场分析能力

【素质目标】

1. 能因时因地制宜地将产品策略应用到无人机营销当中
2. 培养良好的价格观念

产品是企业市场营销组合中的重要因素,是实现产品价值交换的基础。产品通常有广义和狭义之分。狭义的产品一般是指生产者生产出来的、用于满足消费者物质需要的有形实体。它主要由产品的物质属性和实体部分构成。而广义的产品是指人们通过购买而获得的能够满足某种需求和欲望的总和,从这个角度来说,产品不仅包括具有物质形态的实体产品,还包括非物质形态的利益,这也是市场营销学所提出的整体产品的含义。

企业的营销活动是以满足消费者需求为核心,而需求的满足只能通过提供产品和服务来实现。因此,企业的成功与否关键在于能在多大程度上满足消费者的需要,以及产品策略的正确与否。

前一章节我们学习了企业如何选取目标市场。在目标市场确定以后,企业需要根据目标市场的相关需求来开发和生产产品,制定相应的品牌包装策略,同时还需要利用合理的产品组合及各种营销策略,从而达到满足消费者需求、产销两旺的目的。

5.1 无人机产品层次与分类

5.1.1 整体产品的含义

人们通常理解的产品是指具有某种特定物质形状和用途的物品,是看得见、摸得着的。从现代营销学的角度看,产品是一个整体性的概念,是人们通过购买而获得的能满足特定需求和欲望的物品的总和,它既包括具有物质形态的产品实体,也包括非物质形态的利益。例如,无人机只是一个载体,它所承载的电力巡检、影像航拍等功能才是消费者所真正需要和追求的。

营销学家菲利普·科特勒将产品分为五个层次(见图5-1),即核心产品、形式产品、期望产品、附加产品和潜在产品,国内学者在此基础上将产品简化分为三个层次,分别是核心产品、形式产品和附加产品。

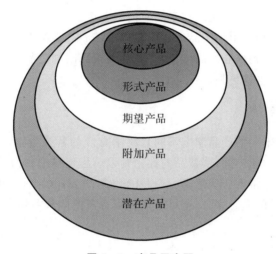

图5-1 产品层次图

1. 核心产品

消费者购买产品,并不是为了占有或获得产品本身,而是为了获得满足自身某种需要的服务或利益。核心产品就是指消费者购买某种产品时所追求的利益和效用,是产品中的第一个层次,也是整体产品概念中最基本、最主要的部分。也就是说,核心产品是指产品的实用价值,是消费者真正需要的东西。如人们购买无人机并不是为了买到多种元器件的组合物,而是为了利用无人机的航拍等功能,满足其工作、娱乐的需求。

因此,营销人员在形式上是出售产品,但在本质上是出售消费者可获得的核心利益或服务。核心产品在形式上是无形的,它不能以独立于产品实体或服务的活动方式而存在。只有当人们使用或消费某种产品时,才能够体现出来。因此,合格的营销人员应当具有善于发现消费者购买产品时所追求的真正的核心利益的能力,从而增加自身产品的吸引力。这方面工作做得好,将会产生无数关于企业新产品的"创意",挖掘更多有利的市场机会。

2. 形式产品

形式产品是指产品的基本形式,是核心产品的载体。形式产品通常由产品的品质、特征、式样、品牌、商标和包装等要素组成。消费者通过购买形式产品而获得所需的"核心产品"才是其真正的购买目的,但不能因此否认形式产品对消费者购买行为的重要影响。例如,国内知名品牌无人机DJI Mavic系列产品的目标客户是中高收入、消费冲动的年轻人群,产品设计外观时尚,能够迅速抓住目标消费群体的眼球。而DJI Phantom系列产品主要面向影视创作者,外观设计中规中矩,但是产品性能稳定。

3. 附加产品

附加产品是指消费者在购买产品时所得到的全部附加服务和利益。通常,对于实体产品来讲,这些附加利益并不包含在实体产品里,而是以一种附加方式或活动提供的,如免费安装、运送、调试、保养等售后服务及质量保证等。

就目前产品同质化严重的市场竞争环境来说,越来越多的产品竞争体现在附加产品层次。美国学者西奥多·莱维特指出:"新的竞争不是发生在各个公司的工厂生产什么产品,而是发生在其产品能提供何种附加利益。"营销人员在出售产品时,如果不提供附加利益,消费者也可以享用核心产品。附加产品的意义就在于能使消费者更好地享受核心产品或增加消费者购买产品时所得到的利益。因此,附加产品虽然不是得到核心产品必须具备的条件,即消费者不一定要通过附加产品才能得到核心产品,但消费者如果得到附加产品,就能够更好地享用核心产品,该产品的市场竞争力也就更强。

5.1.2 产品的分类

市场营销需要根据不同的产品制定不同且科学有效的营销策略,如针对工业品的促销一般采取人员推销的方式。相应的,消费品的促销则以广告促销形式为主。因此,将产品按照一定的标准进行分类具有非常重要的意义。产品的分类方法有很多,既可以按照产品的使用目的来分,也可以按照产品的形态来分,还可以按照消费者的购买习惯来分。下面介绍几种主要的产品划分方式。

1. 按照购买者购买产品的用途来划分

按照购买者购买产品的用途,可将产品划分为消费品和产业用品。消费品是消费者为了满足自身及他人的需要而购买的产品,而产业用品则是指以营业或生产为目的而购买的产品。根据使用目的的不同,产业用品又可以分为材料和部件、资本品、辅助品和服务。消费品和产业用品两者在购买目的、购买方式、购买数量等方面均存在较大差异。因此,对于这两类不同的产品,企业的营销策略也必须区别对待。

2. 按照产品是否有形来划分

产品可以分为有形产品和无形产品。有形产品是指占有物理实体空间的产品,也就是我们常说的实体产品。与之相对应的是我们看不到实体形态的无形产品,如各类服务等。有形产品和无形产品有很大的不同,前者看得见、摸得着,而后者只能靠消费者的体验来感知,并且消费与生产活动同时进行。

3. 按照产品是否耐用来划分

按照是否耐用来划分,产品可分为耐用品和非耐用品。耐用品是指可供消费者使用较长时间的有形产品,价格较昂贵或者体积较大,如住房、汽车、彩电、冰箱等,消费者在购买此类产品时都非常谨慎,重视产品的质量、品牌,对产品的附加产品要求也比较高。非耐用品是指仅能供消费者使用一次或几次的有形产品,如零食、洗发水、纸巾等。它的特点是一次性消耗或使用时间很短,因此消费者需要经常购买且希望能方便及时地购买。

4.按照消费者的购买习惯来划分

消费品可以进一步分为便利品、选购品、特殊品和非渴求品。便利品是指消费者频繁购买或者需要随时购买的产品,且购买时不用花时间比较和选择,如口香糖、牙膏、矿泉水等;选购品是指消费者在购买过程中,需要对适用性、质量、价格和款式等方面花费较长时间做出比较和分析的商品,如家具、服装、手机、电脑、家电等;特殊品是指对某些消费者来说,他们愿意付出大量的时间和精力去购买的、具有独一无二的特性或品牌标识的产品,如特定品牌和款式的汽车、某品牌的香水、供收藏的特殊邮票和钱币等;非渴求品是指消费者不想主动了解或即使知道也不想主动购买的产品,如专业性很强的书籍等。

以无人机为例,按照不同的维度,也可以划分多种不同的类型(如表5-1所示)。

表5-1 无人机类型划分

从技术角度划分	无人固定翼机、无人垂直起降机、无人飞艇、无人直升机、无人多旋翼飞行器、无人伞翼机等。
从应用领域角度划分	可分为军用与民用。军用方面,无人机分为侦察机和靶机。民用方面,在航拍、农业、植保、自拍、快递运输、灾难救援、观察野生动物、监控传染病、测绘、新闻报道、电力巡检、救灾、影视拍摄等领域均有应用。
从价格角度划分	可以划分为高端机、中端机和低端机。

5.2 无人机产品生命周期策略

5.2.1 产品生命周期的含义

产品生命周期是产品经过一定时间的成长、逐渐成熟,接着慢慢衰退,直至最后退出市场,呈现一个从产生到消亡的过程。它是产品从进入市场到被市场淘汰的整个过程,一般经历引入期、成长期、成熟期和衰退期四个阶段,如图5-2所示。在产品生命周期的各个阶段,产品的销量和利润都会发生规律性的变化,因此,企业需要制定不同的营销策略。

产品的引入期是新产品投入市场的初级阶段,销量的增长速度比较缓慢,利润一般为负;产品进入成长期后,市场销量迅速增长,企业开始盈利;市场销量在成熟期到达顶峰,但此时的增长率较低,利润在成熟期的后期开始下降;之后,产品的销量和利润显著下降,产品将退出市场,这时产品就处于最后的衰退期。

需要注意的是,产品生命周期的划分不是绝对的。理论上,产品生命周期的四个阶段的划分是以产品的销量和利润的变化情况为依据的,但实际上各种产品生命周期的曲线形状是有差异的。有的产品进入市场就快速成长,而迅速跳过引入期,有的产品则可能越过成长期直接进入成熟期。因此,产品生命周期各个阶段的划分是相对的。

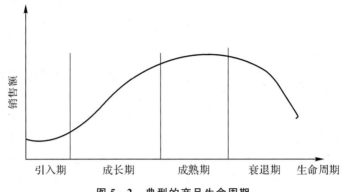

图 5-2　典型的产品生命周期

5.2.2　不同产品生命周期阶段的特点及营销策略

1. 引入期的特点及营销策略

引入期是产品首次投入市场的最初阶段,也称接入期或诞生期。该阶段的主要特点是:消费者对产品不太了解,产品销量低、单位生产成本较高、利润少,甚至亏损,产品质量不太稳定,还没有建立起稳定的分销渠道,分销和促销费用高,一般没有直接竞争者。

在产品引入期,企业一方面应尽量完善产品的技术性能,尽快形成批量生产能力,另一方面应采取有效的市场营销组合策略来缩短该阶段的时间。最常见的方法是从价格和促销活动两个方面来设计营销策略,由此形成快速撇脂、缓慢撇脂、快速渗透和缓慢渗透四种营销策略。

这四种营销策略的划分依据是促销活动投入的多少和价格的高低。如果对投入期的新产品采取多促销活动、高价格的营销策略,我们就称之为快速撇脂策略,它的适应条件是:市场上具有较大的需求潜力,目标客户具有较强的求新求异心理,急于购买新产品并愿意为此付出高价。如果采取多促销活动、低价格的营销策略,我们就称之为快速渗透策略,它的适应条件是:产品的市场容量相当大,但消费者对产品不够了解且对价格敏感,同时产品成本可以随着产销量的扩大而下降。如果采取少促销活动、高价格的营销策略,我们就称之为缓慢撇脂策略,它的适应条件是:市场规模较小,竞争威胁不大,且消费者对价格不敏感。如果采取少促销活动、低价格的营销策略,我们就称之为缓慢渗透策略,其适应条件是:市场容量大,顾客对产品较了解且对价格敏感,存在潜在竞争者。

2. 成长期的特点及营销策略

在引入期之后,产品品质不断完善,产量和销量迅速增长,此时就进入了产品生命周期的第二个阶段——成长期,又称为畅销期。该阶段的主要特点是:产品性能趋于稳定,产品的质量、功能、优点已逐渐为消费者所接受,市场逐步扩大;消费者已了解该产品,销量迅速增长;生产规模扩大,随着量的增长,单位产品生产成本和促销费用下降,利润迅速增长;产品分销渠道也已建立;大批竞争者加入,市场上的同类产品增多,竞争开始加剧,同类产品供给量增加,价格也随之下降。

针对成长期的特点,大力组织生产、扩大市场份额和提高利润是这一阶段的营销重点,可以采取以下几种策略。

(1)不断提高产品质量和性能,改善产品品质。为适应市场需求,企业应该集中必要的人、才、物资源,不断改进和完善生产工艺,提升产品质量,增加新的功能和花色品种,逐步形成本企业的产品特色,提升产品的竞争力,增强产品对消费者的吸引力。

(2)努力寻求和开拓新的细分市场,开辟新的分销渠道。通过市场细分,找到新的、尚未被满足的市场,根据需要组织生产,并迅速进入新的市场。

(3)适当改变广告目标。企业的广告目标应从介绍和传达产品信息、提高产品知名度转移到树立企业和品牌形象、说服和引导消费者接受和购买产品上来,使消费者形成品牌偏好。

(4)在适当的时机降低价格。企业应当在适当的时机降低价格,以刺激那些对价格敏感的潜在消费者产生购买动机并采取购买行动,从而扩大产品市场份额,增加产品的销量。

3. 成熟期的特点及营销策略

在成长期之后,产品进入生命周期的第三个阶段——成熟期。该阶段的主要特点是:销量增长缓慢且在高水平上逐步稳定,产品利润开始下降;市场竞争十分激烈,各种品牌的同类产品和仿制品不断出现;绝大多数属于消费者的重复购买,只有少数迟缓消费者进入市场。成熟期一般是产品生命周期中最长的一个阶段。企业在这个阶段不应满足于保持既得利益和地位,而是要积极进取。其营销重点是延长产品的生命周期、巩固市场占有率,这就需要采取以下两种策略。

(1)市场改良策略。市场改良策略不是要改变产品本身,而是要发现产品的新用途、改变推销方式。产品销量主要受购买人数和重复购买频率的影响。因此,企业要提高产品的销量,可以从两个方面入手:增加购买人数和刺激消费者重复购买,同时还可以开发新市场,这里的新市场是相对于产品原市场而言的。通过开发新市场,可以再次获得新的潜在客户群体,从而增加产品购买人数。

(2)产品改良策略。产品改良策略也称为产品再推出策略,即将产品的某一部分给予显著变革来满足消费者不同需要,以便吸引新顾客、留住老顾客。产品改良可以从以下四个方面入手:一是改善产品的功能和特性;二是增加产品的新特点;三是改变产品的款式、配料和包装等;四是改良附加产品,为消费者提供更好的服务等。

4. 衰退期的特点及营销策略

衰退期又称滞销期,指产品不能适应市场需求,逐步被市场淘汰的阶段。这一阶段的主要特点是:产品销量急剧下降;价格已经难以维持原有水平,利润也迅速下降直至零甚至出现亏损;消费者的消费习惯发生改变或持币待购;新产品进入市场,市场竞争转为激烈的价格竞争,很多竞争者退出市场。

产品进入衰退期以后,企业应视自身经营实力和产品是否具有市场潜力,对衰退的产品及时、谨慎地做出放弃或保留的决策。在衰退期,企业可以选择的营销策略有以下几个。

(1)放弃策略。放弃策略就是放弃那些迅速衰退的产品,将企业的资源投入其他有发展前途的产品。企业既可以选择完全放弃,也可以选择部分放弃。但企业在使用该策略时应妥善处理现有消费者的售后服务问题,否则企业停止生产经营该产品,现有消费者服务需要得不到满足,会影响他们对企业的忠诚度。

(2)维持策略。在衰退期,由于有些竞争者退出市场,市场出现一些空缺,这时留在市场上的企业仍然有盈利机会。具体的维持策略包括:继续沿用过去的营销策略;将企业资源集中于最有利的细分市场;维持对老产品的集中营销。

(3)重新定位策略。企业通过对产品重新定位,为产品找到新的目标市场和新的用途,使处于衰退期的产品再次焕发生机,从而延长产品的生命周期,甚至使它成为一个新的产品。这种策略成功的关键就是要找到产品的新用途。

5.3 无人机产品组合策略

5.3.1 产品组合的含义

产品组合又称产品搭配,是指一家企业生产和销售的全部产品线和产品项目。在这里,产品线是指一组密切相关的同类产品,又称产品大类或产品系列。所谓密切相关,是指它们或者功能相似,或者面向同类消费者,或者通过同样的渠道销售,或者价格在同一范围内。产品项目是指在同产品线或产品大类中各种不同型号、规格、质量、档次和价格的产品。企业的产品组合包括四个维度,分别是宽度、深度、长度和关联度。

1. 产品组合的宽度

产品组合的宽度,又称产品组合的广度,是指企业产品组合包含的产品线的数目。产品线越多,产品组合就越宽。产品组合的宽度表明了一家企业经营种类的多少和经营范围的大小。例如,大疆创新的主打产品是无人机,同时还为客户提供飞行模拟、大疆司空、地面站、农业服务平台以及开发者软件支持等服务,这表明大疆的产品组合宽度至少为6。

2. 产品组合的深度

产品组合的深度是指企业产品组合某一产品线中产品项目的多少。一般来说,产品组合的深度能够体现企业某个产品线的专业化程度,对于满足目标市场消费者的多样化需求具有重要的意义。

大疆旗下目前有针对个人消费者的多种类型无人机产品,如表5-2所示。

表5-2 大疆消费级无人机产品

产品	示意图	产品特性
DJI Mavic 系列	御Mavic 2	入门级的小型无人机,轻巧便携可折叠。
DJIAir 系列	DJI Air 2S	前后避障,抗风能力强,玩法丰富。

续表

产品	示意图	产品特性
DJI Mini 系列	Mavic Mini	性价比较高,机身重量轻,续航能力强。
DJI Phantom 系列	Phantom 4	准专业级航拍摄影系统,性能成熟,但是体积较大。
DJI Spark 系列	Spark	掌上无人机,新潮时尚,低空低续航。
DJI Inspire 系列	悟Inspire 2	高端定位的专业影视拍摄,能够视觉跟踪识别被拍物。

从上表可以看出,该公司的消费级无人机产品组合的深度为6,也就是说该公司生产了6种不同类型的消费级无人机来满足不同的消费者需要。

3. 产品组合的长度

产品组合的长度是指企业产品组合所包含的产品项目的总和。例如,某无人机公司的消费级无人机产品项目数为2个,工业级无人机产品项目数为6个,工农业服务平台产品项目数为6个,飞行模拟产品项目数为3个,则这家无人机企业的产品组合的长度为2+6+6+3=17(个)。一般来说,产品组合的长度越长,企业的产品品种和规格就越多,市场的覆盖面也就越广。

4. 产品组合的关联度

产品组合的关联度是指企业产品组合中各条产品线在最终用途、生产技术、分销渠道或其他方面的相互关联度。企业产品组合的关联度越高,越有利于共享资源,从而充分发挥协同作用,提高企业竞争力。

5.3.2 产品组合策略

产品组合策略是指企业根据企业资源、市场需求和竞争状况对产品组合进行适时调整,以配置最佳的产品组合。企业在进行产品组合时,需要对涉及的三个层次的问题作出抉择:是否增加、修改或删除产品项目;是否扩展、填充和删除产品线;哪些产品线需要增设、简化或者淘汰。企业在对以上三个问题进行抉择时应该遵循既有利于促进销售、又有利于增加企业总利润这个基本原则。目前,可供企业选择的产品组合策略主要有以下三种。

1. 扩大产品组合策略

扩大产品组合策略包括拓宽产品组合的宽度、加深产品组合的深度和增加产品组合的长度,也就是增加产品线或项目、生产经营更多的产品、扩大经营范围以满足市场的需求。扩大产品组合策略可以使企业充分利用人力、物力和财力资源,有助企业规避风险,增强竞争实力。对生产企业而言,扩大产品组合主要有三种方式。

(1)平行式扩展。平行式扩展是指生产企业在设备和技术力量允许的条件下,充分发挥生产潜能,向工业化和综合性方向扩展。这种方式的特点是在产品线层次上进行平行延伸,增加产品线,扩大经营范围。

(2)系列式扩展。系列式扩展是指企业产品向多规格、多型号、多款式方向发展。通过增加产品项目,使产品组合在产品项目层次上向纵深发展,从而为更多的细分市场提供产品,满足更广泛的市场需求。

(3)综合利用式扩展。综合利用式扩展是指企业生产与原有产品系列不相关的产品,通常与综合利用原材料、处理废物、防治环境污染结合进行。这种方式的目的主要是充分利用企业资源,获得综合的经济效益。

2. 缩减产品组合策略

在市场不景气,特别是原料和能源供应紧张时,许多企业趋向于采用缩减产品组合策略,即通过减少产品线或减少产品项目的方式,从产品组合中剔除那些获利甚微或已经没有获利希望的产品线和产品项目,以便集中资源经营那些获利较多或经营前景较好的产品线或产品项目。

3. 产品线延伸策略

每个企业的产品都有自己的市场定位。例如,大疆生产的不同品种的消费级无人机都有属于自己的目标客户,Inspire 系列面向影视制作者、Mavic 系列面向航拍初学者等。产品线延伸策略是指将现有产品线加长,提高企业的经营档次并扩大经营范围,部分或全部改变企业原有产品线的市场定位。采用产品线延伸策略的主要目的是满足不同层次的消费者需求和开拓新的市场。产品线延伸策略可以分为三种形式:向下延伸、向上延伸和双向延伸。

(1)向下延伸。向下延伸是指企业增加更低档次的产品的生产。企业采用向下延伸策略的主要原因有:企业发现其高档产品增长缓慢,不得不将产品线向下延伸以开拓新的市场;企业的高档产品遇到了激烈的竞争,进入低档市场能缓解企业的竞争压力;企业当初进入高档市场是为了建立质量形象,在目的达到的情况下,向下延伸可以扩大产品的范围;企业向下延伸是为了填补空隙,否则低档产品会成为竞争者的机会。当然,企业采取这种策略也存在一定风险,包括可能受到经销商的反对,也可能损害企业在消费者心中的形象。

(2) 向上延伸。向上延伸是指企业增加更高档次的产品的生产。采用这一策略的主要原因是高档产品的市场潜力大,有较大的利润空间,而竞争者实力较弱,且企业在技术和市场营销能力方面已具备进入高档产品市场的条件;或者是企业想发展各个档次的产品,使自己成为产品种类全面的企业,形成完整的产品线。此策略存在的风险是消费者不相信,经销商不愿经营。

(3) 双向延伸。双向延伸是指原生产中档产品的企业在取得市场优势后,决定同时向产品线的上、下两个方向延伸,一方面增加高档产品的生产,另一方面增加低档产品的生产,力争全方位占领市场。延伸成功后,企业能大幅度提高市场占有率,占据市场上的领导者地位。采用这策略最大的风险是随着产品项目的增加,市场风险加大,经营难度也会增大。

5.4 无人机产品开发策略

根据产品生命周期理论,所有产品最终都将进入衰退期。因此,企业必须不断开发新产品,以替代生命力较差的产品。

5.4.1 新产品开发概述

1. 新产品的含义及分类

营销意义上的新产品与科学技术领域中的新产品含义有所不同,前者不仅是指发明创造出前所未有的产品,只要产品在功能或形态方面得到改进而与原有的产品产生差异,或者采用新技术原理和新设计构思,从而显著提高产品性能或扩大使用功能,并能为消费者带来新的利益,在营销领域都可被视为新产品。营销学中的新产品大致可以分为以下四种类型。

(1) 全新产品。全新产品是指采用新原理、新技术和新材料研制出来的市场上从未有过的产品,如无人机、汽车、电话、计算机、手机等第一次出现时都属于全新产品。全新产品的创新程度最高,具有其他类型的新产品所不具备的经济、技术上的优势。可取得发明专利权,享有独占权利。全新产品能通过其明显的新特征与新用途改变传统的生产、生活方式,取得全新的市场机会,创造需求。但全新产品的研制是相当困难的,需要技术、资金、时间的保证,还要承担巨大的投资风险。

(2) 换代新产品。换代新产品是指采用新材料、新元件、新技术,使原有产品的性能有飞跃性提高的产品。换代新产品的技术含量比较高,是在原有产品基础上的新发展,因此它是企业进行新产品开发、提升竞争力的重要创新方式。现代科学技术的进步和消费者日益多变的需求,为企业对产品进行更新换代创造了良好的条件和环境。

(3) 改进新产品。改进新产品是指从不同侧面对原有产品进行改进创新而创造出的产品,下列情况均属这种类型:采用新设计、新材料改变原有产品的品质,降低成本,但产品用途不变;采用新式样、新包装、新商标改变原有产品的外观而不改变其用途;把原有产品与其他产品或原材料加以组合,使其增加新功能;采用新设计、新结构、新零件增加其新用途。

改进新产品的技术含量低或不需要使用新技术,是较容易设计的新产品类型。它可以增强竞争能力、延长产品生命周期、减少研制费用和风险、提高经济效益。

(4)仿制新产品。仿制新产品是指企业模仿市场已有产品而生产出的产品。仿制是开发新产品最便捷的途径,风险也较小。只要有市场需求,又有生产能力,企业就可以借鉴现成的产品和技术来开发本企业的新产品。日本小汽车、家电产品走向世界,它们的第一步是从仿制开始的,但仿制不能违反专利法等法律法规,还需对原有产品进行适应性修正。

2.新产品的开发途径

新产品的开发途径主要有自主开发、合作开发和引进开发三种。

自主开发就是依靠自身力量,自行研究和设计新产品,这是条非常重要的途径。因为有些新技术、新设备是无法外取的,如芯片制造技术等。

合作开发指的是企业与其他科研机构、高等院校及外部企业合作研究、开发新产品。这种途径的投入相对自主开发要少些,研发能力也更强,但协调起来会更困难,而且有些新产品因保密要求,也不便与外界合作开发。

引进开发即通过引进先进技术来开发新的产品。当企业自身的研发实力不足时,引进开发对企业来说是种非常有效的新产品开发途径。

3.新产品开发风险

新产品开发是现代企业面临的最重要的挑战之一。企业的持续发展越来越多地依赖于新产品的开发。面对日益激烈的市场竞争,企业必须预先为已经进入衰退期的产品寻找替代品。但新产品开发难度大、失败率高,为此,企业必须了解新产品开发存在的风险,尽力提高新产品开发的成功率。新产品开发的风险是相当大的,有资料显示,新产品开发中消费品的失败率为40%、工业品为20%、服务业产品为18%。新产品开发失败率较高的原因如下。

(1)产品本身存在缺陷。可能是产品技术判断失误,产品无特色或性能、质量不佳。

(2)忽视市场需求。企业主要从技术优势出发,过分强调产品技术,忽视市场需求或者需求预测失误。

(3)成本估计出现严重偏差。新产品的价格制定是关键,价格过高或过低对新产品的推广都会产生影响。

(4)竞争对手的抗衡。企业低估了竞争对手的力量,不了解竞争对手的营销策略,在竞争中处于劣势。

(5)营销组合策略选择和运用不当。例如,渠道不合适、促销不恰当。

(6)目标市场不明确。

5.4.2 新产品的开发程序

新产品开发是一项艰苦的系统工程,有些甚至需要举国之力才能开展,如研发飞机的发动机等项目。为了提高新产品开发的成功率,企业必须遵循科学的程序。一般来说,新产品的开发始于创意,最终追求的结果是批量上市。在这个过程中,一般要经历以下七个阶段,如图

5-3所示。

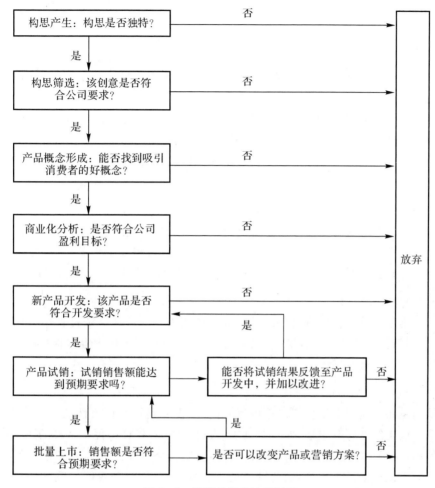

图 5-3　新产品开发决策过程

1. 创意

创意是开发新产品的设想,是新产品开发的起点。提出新产品的设想方案,产生一个好的新产品构思或创意是新产品成功的关键。任何一个新产品的诞生,都离不开大胆而独特的创意。虽然创意并非都能实现,但寻求更多的创意能为开发新产品提供更多的机会。因此,企业务必要高度重视创意,积极寻求新的创意。新产品的创意来源有很多,如消费者、中间商、科研机构、高校、营销情报机构、咨询公司,乃至竞争对手等。

寻找创意的主要方法有:产品属性列举法,即将现有产品属性一一列出,寻求改良这种产品的方法;强行关联法,列出多种不同的产品或物品,考虑它们之间的关系,从中启发更多的创意;调查法,即向消费者调查使用某种产品时出现的问题或值得改进的地方,整理意见,转化为创意;头脑风暴法,选择专长各异的人员进行座谈,集思广益,以发现新的创意。

2. 筛选创意

在获取一定的创意之后,企业还要对这些创意进行评估,以筛选出与企业战略目标相一致且企业具备开发能力的创意。筛选时需要考虑两个重要因素:构思的新产品是否符合企业的目标,如利润目标、销售稳定目标、企业总体经营目标等;企业是否具备足够的实力来开发构思的新产品。

3. 形成产品概念

所谓产品概念,是指企业从消费者的角度对产品创意所做的详尽的描述,即创意具体化,描述出产品的性能、具体用途、形状、优点、价格、提供给消费者的利益等。我们可以通过一个例子来进行说明。例如,某无人机公司研发出一款新的消费级无人机,企业就需要对该无人机从消费者的角度进行构思,告知消费者这款无人机的主要用途是个人航拍和娱乐,产品特点是外形小巧、操作便利、功能体验感强、价格低廉、性价比较高,并通过各种途径将这种产品概念传达给消费者。

4. 商业化分析

商业化分析就是企业对新产品概念进行财务方面的分析,企业在此阶段需要考虑的问题有:产品结构、目标市场、消费行为以及新产品在市场上应该树立的形象;产品定价、销售渠道策略;对销售额的估计、对成本和利润的估计等,以判断该产品的开发是否有利可图。

5. 产品开发

产品开发实际上就是将形成的产品概念最终转化为产品。在这个过程中,研究与开发部门、工程技术部门及生产部门需要通力合作。这一阶段的具体工作内容包括样品或模型试制、消费者实验、产品价格制定等。

6. 市场试销

市场试销是在产品小批量生产出来以后,将产品投放到具有代表性的小范围市场上进行的销售活动。试销的方式有很多,如免费试用、人员推销、不做任何促销活动的正常售卖等,其目的不是盈利,而是了解消费者对新产品的反应,以便为今后改进产品及制定营销策略提供必要的依据。如果试销结果不理想,企业则要进一步分析原因,看是否能够改进,否则就应终止新产品开发程序。

7. 批量上市

在市场试销之后,企业可以根据试销情况做出最终的经营决策。如果市场反应符合预期,企业就可以正式批量生产产品并全面推向市场。此时,该产品进入生命周期中最初的引入期。新产品上市往往需要支出大量的营销费用,所以企业一定要制定周密的市场开发策略和营销组合策略,解决好何时、何地、向谁、如何推出新产品的问题。

5.5 无人机产品品牌策略

5.5.1 品牌概述

1. 品牌的含义

美国市场营销协会这样定义品牌:"品牌是产品的一个名词、符号、象征、设计或其组合,用以识别一个或一群出售者的产品或劳动,使其与同行业其他企业的同类产品相区别。"营销专家菲利普·科特勒认为,品牌就是用于区别一种产品或服务的生产者或销售者的名称、标志、符号、设计或者以上几种因素的组合。概括来说,品牌就是由文字、标记、符号、图案、颜色、设计等要素或要素组合构成,用以识别企业的产品或服务,并将其与竞争者的同类产品或服务区分开来。品牌是一个集合概念,通常包括品牌名称、品牌标志和商标等部分。

2.品牌的特征

(1)品牌代表产品特色和质量。在营销活动中,品牌并非是符号、标记等的简单组合,而是产品的一个复杂的识别系统。品牌实质上代表着卖方对交付给购买者的一系列产品的特征、利益和服务的一贯性的承诺。在大部分消费者心目中,提到无人机最先想起来的一个品牌就是大疆,大疆这个无人机品牌就代表着它的高科技、高质量,能够得到消费者的信赖。

(2)品牌是企业重要的无形资产。品牌是有价值的,良好的品牌形象可以给其拥有者带来巨大的收益。品牌资产是一种无形资产,必须通过一定的载体才能体现价值,直接载体是品牌元素,间接载体是品牌知名度和美誉度。一些全球著名品牌如海尔、格力等,其品牌价值几乎超过了企业所拥有的有形资产。但品牌资产的收益具有不确定性,企业需要对品牌进行持续投资并精心维护,以防品牌贬值。

(3)品牌具有一定的个性。品牌具有一定的个性。例如,我国知名品牌的品牌个性就很突出,如旺旺象征着幸福、团圆、快乐;农夫山泉代表着纯净、优质、健康。因此,在创造品牌的过程中,企业一定要注意对品牌个性的塑造,赋予品牌一定的文化内涵,满足广大消费者在文化品位方面的需求。

(4)品牌具有专有性。品牌成为知名品牌后,特别是品牌商标一经注册成为注册商标后,便具有维护专用权利的防御性作用,品牌的拥有者就对该品牌享有专有权,其他企业不得再用。一件产品可以被竞争者模仿,但品牌却是独一无二的。品牌在其经营过程中,通过良好的质量、优质的服务建立起良好的信誉,这种信誉一经消费者认可,很容易形成品牌忠诚,这从另一个方面强化了品牌的专有性。

3.品牌的作用

(1)品牌对消费者的作用。①识别功能。品牌有助于消费者识别产品的来源,识别同类产品,保护其合法权益。《中华人民共和国消费者权益保护法》规定:"消费者因购买、使用商品或者接受服务受到人身、财产损害的,享有依法获得赔偿的权利。"消费者通过品牌很容易识别产品的来源和品牌拥有者。一旦消费者权益受损,可以运用法律武器维护自身的合法权益。

②契约功能。品牌有助于消费者形成品牌偏好,方便重复购买。享有良好声誉的品牌,能让消费者更好地感受到购买该产品所带来的好处或利益,从而形成品牌偏好。同品牌的产品原则上具有相同的品质,使消费者易于消除对新产品的疑虑,促使其重复购买。

③降低购买风险功能。品牌有助于消费者规避购买风险,降低购买成本。品牌代表着产品的品质和特色,是产品质量和服务的保证。消费者购买品牌产品,不仅能够有效规避买到伪劣产品的风险,还能省去购买行为过程中的搜寻信息、制定购买决策等一系列活动,从而大大降低购买的精力成本和时间成本等。

(2)品牌对企业的作用。①品牌有利于产品的销售和占领市场。品牌一旦形成一定的知名度和美誉度,企业就可利用品牌优势扩大市场,促进消费者形成品牌忠诚。品牌忠诚能使企业在竞争中得到某些保护,并使企业在制定市场营销策略时具有较强的控制能力。知名品牌代表了一定的质量和其他性能,比较容易吸引新的消费者,从而降低营销费用。

②品牌有利于企业更好地占领细分市场。企业可以在不同的细分市场推出不同的品牌以适应消费者的个性差异,从而更好地满足消费者的需求。不少企业采用多品牌战略,基于产品的特性、品质、功能等因素为每类或每件产品赋予不同的品牌,使每个品牌都能在相应的细分市场上拥有独一无二的形象。

③品牌是企业开展竞争的一种重要工具,增强企业竞争力。高价值品牌能为企业带来许多竞争优势,产品能够借助品牌优势,赢得消费者的品牌偏好,提高市场占有率。企业还能够借助品牌的良好声誉,为产品制定较高的价格,在取得高额利润的同时,避开与竞争者的价格大战。

④品牌有利于维护企业的经济利益。品牌经过注册获得专有权,受法律的保护,其他企业未经许可不得再使用相同或类似品牌,因此品牌可防止企业产品被竞争者抄袭、模仿或假冒,从而能保护企业的正当权益。

(3)品牌对社会的作用。①强化社会的创新精神。品牌形象建立的过程,实际上就是创新的过程。企业只有不断地进行创新活动,才能不断地向市场推出新品牌或巩固老品牌的地位,从而使市场上的产品更加丰富多彩。

②促进产品质量不断提高。由于购买者可以按照品牌购买产品,所以生产者非常关心品牌声誉。这也将促使企业重视产品质量,从而使全社会的产品质量水平得到不断提高。

5.5.2 常见的品牌策略

品牌策略是如何合理使用品牌和发挥其积极作用的方法和对策,包括企业有关品牌的一切决定和策略,是增强企业产品的市场竞争力的重要策略之一。选择正确的品牌策略是做好市场营销、提高企业经济效益的一个重要前提。常见的品牌策略主要有以下几种。

1. 品牌有无策略

顾名思义,品牌有无策略是指企业是否对产品冠以品牌的策略,一般包括两种:品牌化策略和非品牌化策略。

当前越来越多的企业意识到了品牌的重要性,如原材料、蔬菜、水果等过去几乎不使用品牌的产品,也被很多企业冠以品牌销售,如现在农副产品市场上知名的盱眙龙虾、8424西瓜等。品牌化策略的优点主要有:使企业的产品特色受到法律保护;便于企业处理订单和管理存货;帮助企业更好地进行市场细分;有助于吸引更多的品牌忠诚者;品牌具有排他性,能够与竞争者的产品区别开来,从而帮助企业树立良好的产品和企业形象。无人机行业进入者众多,产品质量参差不齐,大疆创新、昊翔等企业均是通过品牌化策略,让自己的产品与市场上的质量低劣的产品有效区别开来。

尽管品牌化策略具有上述优点,但仍有一些企业采用非品牌化策略。因为要使一个品牌成功地打入市场,企业就要在建立、维持、宣传推广和保护品牌等方面花费较多的费用,从而会导致成本增加。而且一旦经营失利,还会影响企业的声誉。因此,对于一些使用品牌意义不大的产品,企业可以采用非品牌化策略。一般来说,下列情况可以使用非品牌化策略。

(1)产品本身同质性很高、在加工过程中无法形成一定的特色,这类产品主要包括那些未经加工的原料产品、农产品,如电力、原油、木材、棉花等。

(2)生产简单、选择空间不大、消费者在购买时只看重产品的式样和价格而常常忽视品牌的产品,主要是一些小产品,如火柴、纸张、针线等。

(3)企业临时性或一次性生产经营的产品,如疫情期间一些纺织企业临时加班加点生产的一次性医用口罩等。

2. 品牌归属策略

品牌归属策略又称品牌使用者策略,涉及品牌的所有权是归制造商还是中间商或二者同时所有的问题。一般来说,企业有以下三种可选择的策略。

(1)制造商品牌策略,也叫企业品牌或生产者品牌策略,即制造商拥有产品品牌。在我国,无人机行业的知名品牌大都为制造商品牌,如大疆、昊翔、亿航等。采用制造商品牌策略,制造商可以有效地控制产品质量并获得品牌所带来的利益。

(2)中间商品牌策略,即制造商将其产品大批量卖给中间商,中间商再用自己的品牌将产品销售出去。这种品牌策略也叫渠道品牌策略、经销商品牌策略、私人品牌策略等。运用此种策略,中间商可以更好地控制价格,降低进货成本,但同时广告宣传费会大幅提升,且必须大量订货,导致资金被占用。

(3)混合品牌策略,即制造商的有些产品使用自己的品牌,有些产品使用中间商品牌。

一般来说,制造商在拥有良好的市场声誉、较大市场份额的条件下,应多使用制造商品牌,无力经营自己品牌的中间商只能接受制造商品牌。相反,当中间商品牌在某一市场领域中拥有良好的声誉及庞大的、完善的销售体系时,利用中间商品牌也是有利的。因此进行品牌策略选择时,企业要结合具体情况,充分考虑制造商与中间商的实力,以求客观地做出决策。

3. 品牌统分策略

企业决定所有的产品使用一个或多个品牌,还是不同产品分别使用不同的品牌,就是品牌统分策略。品牌统分策略大致包括四种:个别品牌策略、统一品牌策略、分类品牌策略、个别品牌名称与企业名称并用策略。

(1)个别品牌策略也称为品牌多样化策略,即企业决定每个产品分别使用不同的品牌。企业采用个别品牌策略,为产品寻求不同的市场定位,有利于增加销量和对抗竞争者,还可以分散风险,使企业的整体声誉不会因某种产品表现不佳而受到影响。这种品牌策略在日用品行业应用较多,例如,宝洁公司在中国的洗衣液品牌有汰渍、碧浪,牙膏品牌有佳洁士,洗发水品牌有海飞丝、飘柔和潘婷等。

个别品牌策略的主要优点是:便于区分高、中、低档各类产品,以满足市场上不同消费者的需求;某一产品的失败不会影响其他产品,可提高企业整体在市场竞争中的安全感。个别品牌策略的主要缺点是:增加了产品的促销费用,使企业有限的资源分散,在竞争中处于不利地位;每一个品牌都需花费大量的设计及命名、注册与续展、宣传和推广费用,会增加企业的营销成本;企业品牌过多,不利于企业创立名牌。

(2)统一品牌策略也称家族品牌策略,是指企业的所有产品都使用同一品牌,各种产品都以统一的品牌进入市场,如大疆公司生产的不同系列产品都用"DJI"作为品牌名称。现有声誉、形象良好的企业采用这种品牌策略不仅可以利用原产品在市场上好的影响,带动新产品上市,节省大量推广费用,而且可以强化消费者对该品牌的印象。而现有声誉、形象一般或较差的企业不宜采用这种策略。另外,一种品牌代表了具有一定品质的产品,品质相差悬殊的产品亦不宜采用此策略,否则会导致品牌的市场形象模糊,不利于树立鲜明的市场形象。

统一品牌策略的主要优点是：企业可以运用多种媒体集中宣传一个品牌，充分利用品牌效应；有助于新产品快速进入目标市场，而不必为建立消费者对新品牌的认知和偏好花费大量的广告费。但是，采用统一品牌策略的各种产品应具有相同的质量水平，否则会影响品牌声誉，特别是有损质量较好产品的声誉。

（3）分类品牌策略是指企业生产经营的各类产品使用不同的品牌进入市场，这样就很好地解决了企业生产经营品种截然不同的产品的品牌问题。企业使用这种策略，一般是为了区分不同大类的产品，使一个产品大类下的产品使用共同的品牌，以便在不同的大类产品领域中树立各自的品牌形象。

（4）个别品牌名称与企业名称并用策略是指企业对不同类别的产品分别使用不同的品牌，且在各种产品的品牌前冠以企业的名称或公司的商号。例如，海尔的海尔"大力神"冷柜、海尔"小神童"洗衣机；江中制药厂的江中健胃消食片、江中复方草珊瑚含片、江中博洛克、江中痔康片。

采用这种品牌策略的出发点是企业希望兼有统一品牌和个别品牌两种策略的优点，既可以使新产品享受企业的声誉、节省广告费用，又可以使各品牌保持自己的特点和相对独立性。企业的声誉很好时，采用这种品牌策略有助于迅速推广产品，其缺点是任一产品的失败或事故均可能严重影响整个企业的品牌声誉。

4. 品牌延伸策略

品牌延伸策略也称为品牌拓展策略，是指企业利用已具有市场影响力的成功品牌来推出改良产品或新产品的一种策略。例如，以雀巢咖啡成名的"雀巢"商标，被扩展使用到奶粉、巧克力、饼干等产品上。品牌延伸策略并非只借用表面上的品牌名称，而是对整个品牌资产的策略性使用。

品牌延伸策略的优点是可以利用现有品牌的无形资产获得更大的收益。新产品使用企业原有的成功品牌，不仅能够降低市场推广费用，而且更容易被消费者接受和认可，从而降低新产品的市场风险。实施品牌延伸策略时，企业要注意以下几点：一是避免把品牌延伸到与之毫不相干或互不相容的新产品上。例如，将某汽车品牌延伸至食品上，就会给人一种不伦不类的感觉；二是要避免把强势品牌延伸到与原有产品在档次和质量上相差悬殊的新产品上，这样做会破坏品牌在原有市场上的良好形象。因此企业运用品牌延伸策略时，一定要根据具体情况谨慎行事。

5. 多品牌策略

多品牌策略是指企业在同类别产品上同时使用两个或两个以上相互竞争的品牌，这种策略由宝洁公司首创。多品牌策略的优点是：企业可深入多个不同的细分市场，从而提高市场占有率，降低市场风险；借助不同品牌的产品特性满足不同消费者的需求；有利于促进企业内部不同品牌之间的竞争，增强企业活力。该策略的缺点是增加了品牌推广的成本，造成企业资源的浪费，同时也增加了品牌管理难度。

6. 更换品牌策略

更换品牌策略是指企业在提供的产品或服务不变的情况下，用新品牌替代老品牌的一种营销策略。企业实施更换品牌策略的原因是多方面的，但主要有以下四点：一是老品牌已不能反映企业现有的发展状况；二是为了使品牌适应新的观念、新的时代、新的环境、新的需求；三是消费者需求偏好转移；四是原品牌产品出现问题，如质量缺陷等。

7. 合作品牌策略

合作品牌策略也称为双重品牌策略，是指将两个或两个以上品牌在一件产品上联合起来使用，每个品牌都期望另一个品牌能强化产品的整体形象或消费者的购买意愿。现在很多企业与其他知名品牌开发联名款产品面向市场销售，例如火遍全网的锐澳鸡尾酒＋六神花露水、旺旺＋塔卡沙、李宁＋红旗、安踏＋可口可乐等。芯片巨头英特尔与全球知名计算机制造商在品牌方面进行合作，在这些品牌计算机上标识"Intel Inside"的标识即属于此种策略。

8. 新品牌策略

新品牌策略是指企业为新产品设计出一种新的品牌，使之更适合产品的形象或功能。当企业推出新产品线而现有品牌对新产品并不合适时，企业要确立新品牌。例如，原来生产保健品的养生堂开发饮用水时，使用了更好的品牌名称"农夫山泉"。现如今，农夫山泉这个品牌已经应用在9款水类产品中，是该企业旗下非常成功的一个子品牌。

延伸阅读

十大"国之重器"品牌重磅揭晓：华为和中国移动等入选

由中央广播电视总台举办的第二届"中国品牌强国盛典"于2022年2月份播出。本次活动推选出十大"国之重器"品牌、十大"国品之光"品牌等。

具体来看，中远海运、中国一汽、中国三峡集团、中国邮政、中国建筑、中国移动、中国船舶、中粮、华为、招商局获选十大"国之重器"品牌；中国银联、飞鹤奶粉、宁德时代、吉利控股、安踏、京东集团、贵州茅台、娃哈哈、格力电器、海尔成为十大"国品之光"品牌。

央视财经评论称，中国移动勇登珠峰，让5G信号覆盖峰顶，让中国真正成为全球移动通信领域的引领者；华为的鸿蒙系统和麒麟芯片横空出世，用科技的独立自主写就产业报国的决心；一汽集团作为共和国汽车长子，守正创新，续写家国情怀，实现汽车强国梦；中国动力电池制造商宁德时代，以前瞻眼光抢立潮头，以占比利润五分之一的研发投入，连续四年实现全球动力电池装机量排名第一，占据全球三分之一的市场份额，让中国动力供应全球；吉利控股在全球汽车产业大变革时代，打造硬核"科技生态"，赋能极氪科技，深耕芯片领域，实现对"卡脖子"技术的突破。

（资料来源：《十大"国之重器"品牌重磅揭晓：华为和中国移动等入选》，网易）

5.6 无人机产品包装策略

商品需要包装再进入流通领域，实现其价值和使用价值。设计良好的包装，能为消费者创造方便价值，为生产者创造促销价值。因此，许多营销人员把包装化（packaging）称为4P理论之后的第5个P。

5.6.1 包装及其分类

包装是为商品设计、制作容器或外部包扎物的系列活动，是产品策略的重要内容，有着识别、便利、美化、增值和促销的功能。包装是使产品转化为商品并被销售的最后一道手续，它是对产品的容器及包装结构和外观进行的设计,使其在运输和售卖时有一个与其内容相符的外壳,具有一个完整而动人的形象,目的是适合人的需要。包装有两方面的含义:一是指为产品设计、制作包装物的活动过程,二是指包装物。包装有多种类型。

1. 按包装的不同层次划分

包装可以包括多达三个层次的材料,例如,一般牛奶要先装于无菌砖中(首要包装),再装于纸盒(次要包装),最后装于瓦楞纸箱(装运包装)中。

(1)首要包装,即产品的直接包装,如牙膏皮、啤酒瓶。

(2)次要包装,即保护首要包装的包装物,如包装一定数量牙膏的纸盒或纸板箱。

(3)装运包装,即为了便于储运、识别某些产品的外包装,也叫大包装。

2. 按包装在流通过程中的不同作用划分

(1)运输包装。运输包装主要用于保证产品安全和数量完整,又分为单件运输包装和集合运输包装。单件运输包装指采用箱、桶、袋、包、坛、罐、篓、笼、筐等容器进行的包装,按其使用的包装材料又分纸、木、金属、塑料、化学纤维、棉麻织物等制成的容器和绳索。集合运输包装指为了适应运输、装卸现代化的要求,提高工作效率,将若干单件包装组合成一件大包装。这是一种新的包装方法,货物整批包装可降低成本。目前常用的集合运输包装有集装包(或集装袋)托盘和集装箱。

(2)销售包装。销售包装又称小包装,它随同产品进入零售环节,和消费者直接见面,实际上是零售包装。除要求保护产品外,更重要的是必须具备适于直接销售的各项条件,在造型结构、装潢画面和文字说明等方面都有较高的要求。

不过,在消费级无人机行业,由于产品的特殊性,在运输过程中要求包装的承载能力强、抗压强固、防震防水防火,所以对包装材料要求较高。一般无人机的包装材料由铝合金、工程板材、铝板、强固五金配件、防震棉等加工组合而成,且销售包装和运输包装实现一体化。

5.6.2 包装在营销中的作用

1. 保护产品

保护产品质量安全和数量的完好无损,是产品包装最原始、最基本的目的。保证产品在生产过程结束后,转移到消费者手中直至被消费掉以前,产品实体不致损坏、散失和变质。如易腐、易碎、易燃、易蒸发的产品,有了完善的包装,就能保护使用价值。这是包装的基本功能。无人机产品包装最突出的作用就在于保护产品不致损坏。

2. 促进销售

产品采用包装以后,首先进入消费者视线的往往不是产品本身,而是包装。包装具有识别、美化和便利的功能。包装是产品的延伸,是整体产品的一部分。独特的包装可使产品与竞争品产生区别。优良的包装,多经精心设计与印制,不易被仿制、假冒、伪造,有利于保持企业信誉。在产品陈列中,包装是货架上的广告,是"沉默的推销员",良好的包装,能够凸显出品牌独具特色的个性,在同类产品中脱颖而出,从而引起消费者注意,激发购买欲望。在产品销售中,包装是传递信息、争取顾客的重要工具。科学合理的包装,还可以方便顾客携带和保管。

因此,企业在销售产品之前,必须要考虑到产品进入市场之后,包装承担了很多推销任务,吸引消费者注意力,说明产品特色,给消费者以信心,形成一个有力的总体印象。企业必须对产品包装加以重视。大疆 Mavic 系列无人机面向入门级玩家,包装简洁明了,能够迅速传达产品信息,起到了激发购买欲望的作用。

3. 增加利润

优良的包装不仅可使好的产品与包装相得益彰,避免"一等产品,二等包装,三等价格",而且往往能提升产品价值,超出的价格高于包装的附加成本,且为顾客所乐意接受。包装产品的存货管理也较单纯和方便。完善的包装可使产品损耗率降低,使运输、储存、销售各环节的劳动效率提高,从而增加企业的盈利。

5.6.3 包装设计与要求

1. 包装设计

包装设计应依据科学、经济、牢固、美观和适销的原则,从以下方面进行创造或选择。

(1) 包装形状。主要取决于产品的物理性能,如固体、液体,其包装形状各不相同。包装外形应能美化产品,对用户有吸引力,方便运输、装卸和携带等。

(2) 包装大小。产品包装的尺寸主要受目标顾客购买习惯、购买力大小及产品的有效期等因素影响,应力求让消费者使用方便、经济。过大过小、过重过轻、过多过少都不利于销售,甚至影响企业利润。企业应尽量避免过度包装。

(3) 包装构造。产品包装的构造设计,一方面要突出产品的特点,另一方面要具有鲜明的特色,使产品外在包装和内在性能完美地统一,给用户留下深刻印象。

(4) 包装材料。包装材料的选用,其要求有三点:能充分地保护产品,如防潮、防震、隔热等;有利于促销,开启方便,便于经销商贮存和陈列等;节约包装费用,降低售价。

(5) 文字说明。产品的包装说明是包装的重要组成部分,它在宣传产品功效、争取消费者了解、指导人们正确消费方面有重大作用。应根据不同产品的特点,文字说明既要严谨,又要简明扼要。文字说明主要包括产品名称、数量、规格、成分、产地、用途、使用与保养方法等。

2. 包装设计的要求

把包装作为一种营销工具或手段来考虑,其设计要考虑满足不同对象的要求。

(1) 消费者的要求。由于社会文化环境的不同,不同国家和地区的消费者对包装的要求也是不同的。包装决策时应该分析消费者的特性,使包装的形状、图案、颜色、语言等都适应目标市场的要求。无人机产品的包装设计也应遵循这一要求。

(2) 运输商的要求。运输部门主要考虑能否以最少的费用将产品安全运达目的地。满足这个要求,必须采用有效的包装方法。因此,企业需要通过了解货物运往哪里、是否需要堆积、露天堆放还是仓库堆放、装卸方式是什么等问题,并据此确定包装设计方式。

(3) 分销商的要求。分销商要求商品包装既符合运输包装又符合销售包装的要求。

(4) 政府的要求。政府对包装的要求通常与标签有关。标签是指附着或系挂在商品上和商品包装上的文字、图形、雕刻及印制的说明。为了防止冒名顶替和欺瞒顾客,把包装内商品的数量如实地告诉消费者,便于消费者进行比较。许多国家制定了商品标志条例,规定商品标签应记载某些指定的项目,有的国家还要求两种语言的标签,不同国家对度量要求的单位不同。例如,对于无人机消费者来说,他们需要重点关注政府提出的相关禁飞要求,因此无人机厂家应该在包装设计上将此要点考虑进去。

延伸阅读

市场监管总局发布新版限制商品过度包装国家标准

市场监管总局(标准委)近期批准发布 GB 23350—2021《限制商品过度包装要求 食品和化妆品》强制性国家标准,将于 2023 年 9 月 1 日正式实施。

新标准是在 2009 年版《限制商品过度包装要求 食品和化妆品》的基础上进行修订的,主要针对目前食品和化妆品包装层数过多、空隙率过大、成本过高等过度包装问题,规定了包装空隙率、包装层数和包装成本要求,以及相应的计算、检测和判定方法。具体内容包括:一是规范了 31 类食品、16 类化妆品的包装要求;二是极大地简化了商品过度包装的判定方法;三是严格限定了包装层数要求。食品中的粮食及其加工品不应超过三层包装,其他食品和化妆品不应超过四层包装。

有研究表明,我国包装废弃物约占城市生活垃圾的 30%至 40%,在这些包装废弃物中,大部分是过度包装产生的。市场监管总局标准技术司副司长陈洪俊表示,商品过度包装既浪费了资源能源,又增加了消费者负担,产生的包装废弃物更是对环境造成了污染,新标准有利于引导绿色生产和消费,也有利于实现有效监管。

(资料来源:《市场监管总局发布新版限制商品过度包装国家标准》,中国经济网)

5.6.4 包装策略

现代包装与生产和消费有着密切的关系。从消费方面来说,由于收入增长,健康与卫生水平提高,对包装产品的要求会提高;包装产品便于商店陈列,也便于消费者选购;特定的包装产品可以使顾客免于错买粗劣的仿冒品。著名的杜邦定律提出,大约 63%的消费者是根据商品的包装和装潢进行购买决策的。从生产方面来说,新包装材料的出现,包装机械的开发、改善,使包装设计的改良成为可能,规格化的包装产品有利于大批量生产。

1. 类似包装

类似包装也称产品系列包装或统一包装。企业将其生产的各种产品,在包装外形上采用相同的图案、近似的色彩、共同的特征,使顾客容易辨认。特别是新产品上市,能利用企业信誉消除消费者对新产品的陌生感。采用类似包装可节省设计费用。国内无人机公司消费级无人机系列产品的包装就是采用此种包装策略。

2. 等级包装

将产品分成若干等级,高档优质采用优等包装,一般产品采用普通包装,使包装的价值和质量相称、表里一致,方便购买力不同的消费者按需选购。

3. 配套包装

也称集聚包装和组合包装,把数种有关联的产品放在同一容器中,如工具包、文具盒、救急箱等,方便购买、携带和使用。新产品与老产品配装,会使消费者在不知不觉中接受新设想、新概念,逐步习惯新产品,有利于新产品上市和普及,而且有利于同时满足同一消费者的多种需求,扩大销售。

4. 双重用途包装

也称再使用包装或复用包装。产品用完后,包装物可移作他用。虽增加了成本与售价,但顾客感到值得。例如,杯状玻璃容器可用作酒杯、茶杯等,糖果、点心的金属包装盒可以改作文具盒或针线盒。此种包装策略利用消费者一物多用的心理,使他们产生好感,另一方面使刻有商标的容器发挥广告效用,引起重复购买。

5. 附赠品包装

附赠品包装有两种形式,一种是包装品本身是一个附赠品,多为精美、多用途的外包装,赠送对象一般是售货员。另一种是包装里面附有赠品,如小玩具或小工具,以激发消费者的购买欲望。赠品包装对中等收入以下的妇女和儿童最有影响力,极易引起他们的重复购买。附赠品包装还可用作介绍新产品,进行市场调查。

6. 变更包装

新工艺、新技术和新包装材料的应用,人们消费习惯的改变,会推动包装不断更新,包装策略往往随着市场需求的变化而变化。改进更新包装的方式,通常有以下几种。

(1)剧变式。即给原来的包装一个剧烈的变化,改变其原来的面貌,以一个全新的态势展现在消费者面前。

(2)改良式。保持原来合理的部分,通过改变"欠缺"带来新意,让消费者仍觉得"虽生犹熟"。

(3)渐变式。经常对原设计作些小改进,在消费者不易察觉的情况下,调整结构、文字排列等,乍一看还是原来的风格,但以更加协调、新颖的面貌出现在消费者面前。

企业制定包装策略,应综合运用各种包装策略,拟定应对竞争的最佳方案,并在运行中灵活机动,适时调整。

习 题

一、单选题

1. 为消费者提供产品的基本效用或利益的是( )。
    A. 附加产品　　　　B. 核心产品　　　　C. 期望产品　　　　D. 形式产品
2. 某品牌的牙膏有4种规格、6种口味,请问该产品线的深度是( )。
    A. 4　　　　　　　B. 6　　　　　　　C. 10　　　　　　　D. 24

3. 在产品生命周期的各个阶段中,哪一阶段的利润最高?(　　)。
　　A. 引入期　　　　　B. 成长期　　　　　C. 成熟期　　　　　D. 衰退期
4. 以高价格和低促销水平推出新产品的策略属于(　　)。
　　A. 快速撇脂策略　　　　　　　　　　　B. 缓慢撇脂策略
　　C. 快速渗透策略　　　　　　　　　　　D. 缓慢渗透策略
5. 企业在产品进入衰退期时,不主动放弃该产品,继续沿用以往营销策略,保持原有的市场销售渠道,直至产品完全退出市场,属于什么策略?(　　)。
　　A. 放弃策略　　　　　　　　　　　　　B. 维持策略
　　C. 重新定位策略　　　　　　　　　　　C. 集中策略

二、多选题

1. 以下属于新产品分类的有(　　)。
　　A. 全新产品　　　B. 改进新产品　　　C. 仿制新产品　　　D. 换代新产品
2. 企业的产品组合包含哪些维度?(　　)。
　　A. 深度　　　　　B. 长度　　　　　　C. 宽度　　　　　　D. 关联度
3. 扩大产品组合策略包括(　　)。
　　A. 平行式扩展　　B. 系列式扩展　　　C. 综合利用式扩展　D. 双向扩展
4. 包装有哪些功能?(　　)。
　　A. 保护功能　　　B. 便利功能　　　　C. 销售功能　　　　D. 盈利功能

三、判断题

1. 在市场不景气,特别是原料和能源供应紧张时,许多企业趋向于采用缩减产品组合的策略。(　　)
2. 根据产品生命周期理论,所有产品都将进入衰退期。因此,企业必须不断开发新产品,以替代生命力较差的产品。(　　)
3. 改进新产品是指采用新材料、新元件、新技术,使原有产品的性能有飞跃性提高的产品。(　　)
4. 延伸品牌策略是指企业为新产品设计出一种新的品牌,使之更适合产品的形象或功能。(　　)
5. 双重用途包装指的是产品用完后,包装物可移作他用。(　　)

四、名词解释

1. 品牌延伸策略

2. 核心产品

3.产品生命周期

4.品牌化策略

5.类似包装

五、简答题

1.不同产品生命周期阶段存在哪些特点？

2.常见的包装策略有哪些？

3.新产品开发包括哪些程序？

4.简述包装的功能。

5.简述产品组合。

模块六　无人机价格策略

教学目标

【知识目标】
1. 了解影响价格的因素
2. 掌握价格制定策略
3. 掌握价格制定方法

【能力目标】
1. 具备分析价格影响因素的能力，能准确选择价格制定方法
2. 能根据无人机企业策略制定价格策略且可以选择合适的价格调整策略。

【素质目标】
1. 拓展学生在经济学领域的知识
2. 培养学生正确的市场价格竞争观念
3. 建立现代营销价格组合思维
4. 树立客观评价价格制定策略的意识

延伸阅读

平台前台产品价格不一致，背后到底是谁在搞猫腻？

前段时间，有很多用户曝出自己在某平台上买一个商品，但是用两个手机的不同账号打开后发现，价格不一样。其中一位用户购买的商品是某品牌的女士奶粉，商家是平台第三方卖家，两个账号下查看的商品价格差了将近50块。

很多做过电商产品的人可能都知道，商品前台价格是会有多种类型的，并不是我们理解的所有商品统一价。同一个商品，不同平台、不同卖家、不同地域、不同渠道、不同用户身份以及不同促销策略，都会产生价格差异。

我们从价格更低的商品详情页看到一个"疯狂促销"的活动标，是平台已有的一种促销活动类型，商家报名参加后，对应SKU(Stock Keeping Unit，最小库存单位)会显示这个标，并且价格会调整为商家让利价。

至于为什么不同手机和账号下看到的前台产品价格不一致，其实也是根据不同的用户人群进行的差异化价格展示。电商用户都会有自己的属性标签，平台会根据不同用户的属性标签进行不同促销策略的展示。比如，新用户和老用户对应的价格可能就不一样。多个电商平台的产品中都会有"新人价"，平台新用户首次下单，往往能获得一个比较优惠的价格，这也是

平台拉新的重要手段。

所以,上面提到的同一个 SKU 价格有差异,实际上就是平台根据不同用户属性计算出来的价格差异。

在这个案例里,其实也体现了电商系统中一套比较复杂的子系统——价格系统。

我们作为用户能看到的价格只是一个数字或者一个区间,而实际上后台有一套复杂的系统来专门对商品价格进行设置。比如前面提到的新人价,除此之外还有预售价、限制价、渠道价、会员价、区域价等。如果按照用户属性进行区分定价,既可以按照地域、购买频次、新老用户定价,也可以按照某一类特殊用户进行定价。

电商系统非常复杂,一个小小的价格也能单独设计一套系统,可见其他的促销系统、商品系统、仓储物流系统有多么复杂。

回到前面的问题,同一个用户在不同账号下看到不同的价格,是谁在搞猫腻?其实谈不上猫腻,这本质上就是一种商业行为。

(资料来源:前瞻网)

6.1 无人机价格及定价依据

6.1.1 价格的含义

价格是商品或服务的货币表现形式,是市场营销组合中的一个重要策略。当然,由于它涉及企业和消费者最核心的利益问题,因此也是最复杂、最敏感的市场因素之一。

在当前的市场经济条件下,市场调节经济的机制主要是通过价格调节供求关系来实现的,且价格对市场营销组合中其他三大策略也有较大影响,因此,价格策略是企业营销管理中至关重要的一个问题。

6.1.2 无人机产品定价依据

一般来讲,当企业要将其新产品投入市场时,或者将某些产品通过新的途径投入市场时,或者竞争投标时,都必须给其产品制定适当的价格。为了有效地开展市场营销活动,促进销售收入的增加和利润的提高,还需对已经制定的基本价格进行修改。价格是市场营销组合因素中十分敏感而又难以控制的因素,它直接关系着市场对产品的接受程度,影响着市场需求和企业利润的多少,涉及生产者、经营者、消费者等各方面的利益。因此,定价策略是企业市场营销组合策略中一个极其重要的组成部分。

影响产品定价的因素是多方面的,常见的定价依据包括定价目标、成本、市场供求、产品自身特征、市场竞争。

1. 定价目标

定价目标是指企业通过特定水平价格的制定或调整所达到的预期目标。任何企业都不能孤立地制定价格,而必须按照企业的目标市场战略及市场定位战略的要求来进行。假设企业经过慎重考虑,决定为收入水平高的消费者设计、生产一种高质量的豪华版无人机,这种目标市场和定位就决定该产品的价格要高。此外,企业还要制定一些具体的经营目标,如利润额、销售额、市场占有率等,这些都对企业定价具有重要影响。企业的定价对其利润、收入、市场占有率也均有不同的含义。

（1）企业生存目标。维持生存通常是企业处于不利环境中实行的一种定价目标。如果企业产量过剩，或面临激烈竞争，则需要把维持生存作为主要目标。为了确保工厂继续开工和使存货出手，企业必须制定较低的价格，并希望市场对价格敏感。此时利润比起生存来要次要得多。许多企业通过大规模的价格折扣，来保持企业活力。只要其价格能弥补可变成本和一些固定成本，企业的生存便可得以维持。

（2）企业利润最大化。利润是企业从事经营活动所追求的主要目标，也是企业生存发展的源泉。因此有些企业希望制定一个能使当期利润最大化的价格。它们估计需求和成本，并据此选择一种价格，使之能产生最大的当期利润、现金流量或投资回报率。当企业或产品在市场上声誉较高，在竞争中也处于有利地位，企业就可以将利润最大化作为自己的定价目标。

（3）市场占有率最大化。有些企业想通过定价来取得控制市场的地位，即使市场占有率最大化。因为企业确信赢得最高的市场占有率之后将享有最低的成本和最高的长期利润，所以，在单位产品价格不低于可变成本的条件下，企业会制定尽可能低的价格来追求市场占有率领先地位。企业也可能追求某一特定的市场占有率。例如企业计划在一年内将其市场占有率从20％提高到30％，为实现这一目标，企业就要制订相应的市场营销计划和价格策略。当具备下述条件之一时，企业就可考虑通过低价来实现市场占有率的提高。

①市场对价格高度敏感，因此低价能刺激需求的迅速增长。

②生产与分销的单位成本会随着生产经验的积累而下降。

③低价能有效打击或吓退现有和潜在的竞争者。

（4）产品质量最优化。企业也可以考虑产品质量领先这样的目标，并在生产和市场营销过程中始终贯彻产品质量最优化的指导思想。这就要求用高价格来弥补高质量和高研发成本。产品优质优价的同时，还应辅之以相应的优质服务。

（5）体现企业形象。良好的企业形象是企业的无形资产。企业形象好，能够得到消费者的长期信赖，获得良好的长期效益。以企业形象最佳化为定价目标的企业应该注重制定出来的价格是否与企业整体定位相一致，与目标市场消费者的需求相一致。另外，企业定价时还要注意企业在社会公众中的形象，遵循社会和职业的道德规范。

总之，企业进行定价的时候，应权衡其所追求的各种目标，根据轻重缓急来考虑和安排各种定价目标，一般应以一个定价目标为主，形成一个重点突出的目标组合。

2. 成本

任何企业都无法随心所欲地制定产品价格，从长远来看，产品售价必须高于成本费用才能维持企业生存。因此，产品成本是影响定价的一个重要因素。一般来说，市场需求决定了企业制定产品价格的最高限，而产品成本则是最低限。企业通常要使产品价格能补偿产品生产和销售过程中的各项费用支出，这是企业再生产能够顺利进行的必要条件。

（1）平均固定成本。平均固定成本是总固定成本被产品总量均分的份额。短期固定成本是一个常数，产量增加，平均固定成本就会降低。

（2）平均可变成本。平均可变成本是可变总成本被产品总量均分的份额。在某一产值区间内，产量增加，平均可变成本会降低。超出了这一产值区间，产量增加将导致平均可变成本趋于增加。

（3）平均总成本。平均总成本是产品总成本被产品总量均分的份额。不论产量大小，平均总成本始终等于平均固定成本和平均可变成本之和。如果产量增加,平均固定成本和平均可变成本降低,那么平均总成本也一定会随之降低。如果超出某一产值区间,平均固定成本的降低额最终不能抵消平均可变成本的增加额,那么平均总成本也会增加。平均总成本的变化,取决于平均可变成本和平均固定成本的变化。

(4)边际成本。边际成本是指厂商每增加一单位产量所增加的成本。例如,仅生产1架无人机的成本是极其巨大的,而生产第100架无人机的成本就低得多了,由于规模经济的效益,生产第10万架无人机的成本就更低了。

(5)流通成本。产品生产出来必须运到目标市场之后才能开展营销活动,需要一定的运输成本。同时,将产品过渡到中间商手中也需要资金的投入。因此,产生的成本均属于流通成本。

3. 市场供求

商品的价格还受到供求关系的影响。当市场上某一商品供大于求时,其价格就会下降;当商品供不应求时,价格就会上涨。企业确定不同的价格,就会产生不同的需求。因此,价格与市场供求是相互影响、相互制约的。

因价格与收入等因素而引起的需求的相应的变动率,叫作需求弹性。需求弹性分为需求的收入弹性、价格弹性和交叉弹性。

(1)市场的供求关系。供求关系指在商品经济条件下,商品供给和需求之间的相互联系、相互制约的关系,它是生产和消费之间的关系在市场上的反映。企业应综合考虑市场的供求关系,选择合适的价格策略:当供小于求时,企业可采取扩大当期利润为目标的价格策略;当供大于求时,企业则应选择能增强价格竞争能力、扩大市场份额的价格策略。

(2)需求的收入弹性。需求的收入弹性是指因收入变动而引起的需求的相应的变动率。有些产品的需求收入弹性大,这意味着消费者货币收入的增加导致该产品的需求量有更大幅度的增加,一般说来,高档食品、耐用消费品、娱乐支出的情况即是如此。有些产品的需求收入弹性较小,这意味着消费者货币收入的增加导致该产品的需求量的增加幅度较小,一般说来,生活必需品的情况即是如此。也有的产品的需求收入弹性是负值,这意味着消费者货币收入的增加将导致该产品需求量下降。例如,某些低档食品、低档服装就有负的需求收入弹性,因为消费者收入增加后,对这类产品的需求量将减少,甚至不再购买这些低档产品,而转向高档精品。

消费级无人机作为一种娱乐性质的耐用消费品,它的需求收入弹性就比较大,也就意味着当人们收入增加时,该产品的销量就会提高。

(3)需求的价格弹性。价格会影响市场需求,在正常情况下,市场过去需求会按照与价格相反的方向变动。价格提高,市场需求就会减少;价格降低,市场需求就会增加。因此,需求曲线是向下倾斜的(如图6-1所示)。这是供求规律发生作用的表现。

正因为价格会影响市场需求,所以企业所制定的价格高低会影响企业产品的销售,因而会影响企业市场营销目标的实现。因此,企业在定价时必须知道需求的价格弹性,即了解市场需求对价格变动的反应。换言之,需求的价格弹性反映需求量对价格的敏感程度,以需求变动的百分比与价格变动的百分比之比值来计算,亦即价格变动百分之一会使需求变动百分之几。

$$需求价格弹性=需求变动百分比/价格变动百分比$$

在以下条件下,需求可能缺乏弹性。

①市场上没有替代品或者没有竞争者。
②购买者对较高价格不在意。
③购买者改变购买习惯较慢,也不积极寻找更便宜的替代品。
④购买者认为产品质量有所提高,或者认为存在通货膨胀等,价格较高是应该的。

如果某种产品不具备上述条件,那么这种产品的需求就有弹性。在这种情况下,企业需考虑适当降价,以刺激需求,促进销售,增加销售收入。

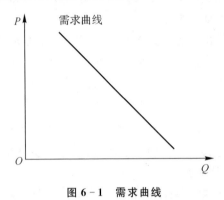

图6-1 需求曲线

4. 产品自身特征

不同的产品满足不同层次的市场需求,产品自身的性质和特点是企业制定价格时必须考虑的因素。

(1) 产品满足的需求层次。不同产品能满足消费者不同的需求,使消费者对各类产品注重的因素也各不相同,其需求价格弹性存在较大差异,比如日用品、选购品、特殊品、奢侈品。

(2) 产品的生产经营风险。时尚产品和鲜活产品的生产经营风险较大,需选择可灵活调整价格的策略。生产经营风险小的产品,则可选择适度稳健的价格策略。

(3) 产品生命周期的不同阶段。在产品生命周期的不同阶段,产品的成本和销量差别很大,企业应针对产品所处的不同阶段,确定不同的价格。

延伸阅读

P公司全球现有900余名员工,大部分产品销往海外,2006年上市。作为全球市场占有率排名第二的无人机上市公司,据财报数据披露,2014年、2015年该公司无人机业务分别为5.15亿元、11.33亿元,2015年季度同比增长率分别高达535.9%、319.2%、159.9%及192.3%。

P公司的产品策略偏向于轻量级、一体化无人机系统,其价格一般在500美元以下,主要针对教育、游戏等消费级市场。此外,该公司通过收购不同的相关的小公司来丰富自己的产品线。近期推出的系列测绘无人机,则主打行业级市场。

其无人机产品分为Drone和MiniiDrone两条产品路线,Drone系列资料产品定价分别为898元、1 129元、2 399元、2 699元和3 998元。

(资料来源:中国知网)

5. 市场竞争

如前所述,在最高价格和最低价格的幅度内,企业能把产品价格定多高,取决于竞争者同类产品的价格水平。企业必须采取适当方式,了解竞争者所提供的产品质量和价格。企业获得这方面的信息后,就可以与竞争产品比质比价,更准确地制定本企业的产品价格。如果二者质量大体一致,则二者价格也应大体一样;如果本企业的产品质量较高,则产品价格也可以定得较高;如果本企业产品质量较低,那么产品价格就应定得低一些。还应看到,竞争者也可能随机应变,针对本企业的产品价格而调整其价格,也可能不调整价格,而调整营销组合的其他变量,与企业争夺消费者。因此,对竞争者价格的变动,企业也要及时掌握有关信息,并作出明智的反应。

延伸阅读

以国内知名的创新无人机产品为例,其在产品定位方面是中高端,因此其定价在同性能不同品牌间对比也处于较高水平。我们通过2018年前瞻产业研究院的一组数据来进行说明。无人机产品在国内外的价格区间和市场份额占比见表6-1。

表6-1 无人机产品在国内外的价格区间和市场份额占比

市场	无人机价格区间	市场份额占比
国外	1 000美元以下	36.5%
	1 000~1 999美元	66.1%
	2 000~4 000美元	67.7%
国内	1 999元以下	33%
	2 000~4 999元	91%
	5 000~9 999元	93%

如上表所示,在海外市场,该品牌创新无人机占据1 000美元以上价位65%以上市场份额,而1000美元以下则表现力较弱,仅占36.5%。该品牌在国内市场影响力更大,2 000元以上的子市场中稳定占据近90%以上的份额,但2 000元以下价位的市场份额则仅占33%。由此可见,该品牌在定价策略方面还是采取中高端定位,品牌溢价较高。

其消费级无人机主要竞争对手、销售规模排名全球第二的P公司瞄准小型、低价无人机市场,采取差异化竞争策略。P公司的产品包括100美元的Rolling Spider。这是一款仅重55克的玩具型无人机,虽然只能续航8分钟,但同时兼有拍照、翻转飞行及爬墙功能。而P公司的旗舰级无人机Bebop定价也只有500美元,仅为大疆和3D Robotics同性能产品售价的50%。从长期来看,由于越来越多的企业进入消费级无人机的领域,可能会带来产品价格的下降,高端市场的份额会逐渐缩小,导致该领域更加激烈的市场竞争。

(资料来源:中国知网)

为便于研究市场经济条件下的企业定价,有必要将市场结构进行划分。划分依据主要有三:一是行业内企业数目;二是企业规模;三是产品是否同质。假定企业以追求最大利润为目标,并且管理人员了解本企业产品的成本费用与需求情况,这样市场结构便可划分为完全竞争、垄断竞争、寡头竞争、完全垄断四种类型。我们将分别考察不同市场结构下的企业定价问题。

(1)完全竞争。完全竞争的市场必须具备以下条件:市场上有许多商家和购买者,它们买卖的商品只占商品总量的一小部分；商品都是相同的；新商家可以自由进入市场；买卖双方对市场信息尤其是市场价格变动的信息完全了解；生产要素在各行业之间有完全的流动性；所有商家出售商品的条件（如运送物品条件、包装、服务等）都相同。

在完全竞争的条件下，买卖双方对现行市场价格均无影响。由于市场信息在买卖双方之间是完全对称的，商家和购买者只能按照由市场供求关系决定的市场价格来买卖商品。这就是说，在完全竞争条件下，商家和购买者只能是价格的接受者，而不是价格的决定者。在完全竞争的市场，商家无须花很多时间和精力去做营销研究、产品开发、定价、广告、宣传、销售促进等营销工作。应该指出的是，完全竞争的市场只是一种理论上的假设，现实中并不存在。

（2）垄断竞争。垄断竞争是一种介于完全竞争和纯粹垄断之间的市场形式，既有垄断倾向，同时又有竞争成分，因而垄断竞争是一种不完全竞争。在垄断竞争的市场上有许多商家和购买者，但各个商家所提供的产品存在一定差异。

由于各个商家所提供的产品在实质上存在差异，或购买者在心理上认为它们有差异，因此各个商家对其产品有相当的垄断性，能控制其产品价格。这就是说，在垄断竞争的条件下，商家已不是消极的价格接受者，而是强有力的价格决定者。

在不完全竞争的条件下，商家定价时广泛地利用心理因素来控制价格。因此，产品差异是制造商控制其产品价格的一种主要策略。例如，很多企业所生产的消费级无人机实质上功能基本一致，但不同品牌的制造商千方百计地通过广告宣传和包装等来影响广大消费者，使消费者在心理上认为它们有差异。因此，不同品牌的无人机价格差异很大。

（3）寡头竞争。寡头竞争是竞争和垄断的混合物，也是一种不完全竞争。在寡头竞争的条件下，在一个行业中只有少数几家大公司，它们所生产和销售的某种产品占这种产品总产量和市场销售总量的绝大比重，它们之间的竞争就是寡头竞争。显然，在这种情况下，它们有能力影响和控制市场价格。

在寡头竞争的条件下，各个寡头企业是相互依存、相互影响的。每个寡头企业对其他企业的市场营销战略和定价策略是非常敏感的，任何一个寡头企业调整价格都会马上影响其他竞争对手的定价政策，因而任何一个寡头企业作决策时都必须密切注意其他寡头企业的反应和决策。

（4）完全垄断。完全垄断是指在一个行业中某种产品的生产和销售完全由一个卖主独家经营和控制，它包括政府垄断、私人管制垄断和私人非管制垄断。

政府垄断，一般由于定价目标不同，产品价格定得高低不同。有些产品与消费者生活关系密切，价格定得低于成本；有些产品的价格定得较高，以限制消费。生活必需品如水、电、煤气定价均较低，而损害身体健康的烟草则定价较高。

私人管制垄断即政府对某些私人垄断企业的定价要加以调节和控制。

私人非管制垄断就是政府允许私营企业随意定价。但垄断企业因怕触犯相关法律，或怕引起竞争，或想以低价加速市场渗透，往往不敢随意提价。

6. 政府政策

企业制定价格还需要考虑政府有关政策和法令的规定。在我国，《中华人民共和国反垄断法》《中华人民共和国价格法》《中华人民共和国反不正当竞争法》《关于制止低价倾销行为的规定》等相关法律法规都有利于规范企业的定价行为。更重要的是，国家政策对行业发展的支持更利于企业制定具有竞争力和利润空间的产品价格。以工业无人机行业为例，国务院自2017

年以来制定了多项指导类和规范类政策,对无人机行业发展和行业定价具有重要意义。

> **延伸阅读**

工业无人机主要国家政策汇总见表6-2。

表6-2 2017年以来工业无人机主要国家政策

时间	政策名称	政策核心内容	政策类型	涉及产业链
2022年1月18日	《国务院关于印发"十四五"现代综合交通运输体系发展规划的通知》	推广无人车、无人机运输投递,稳步发展无接触递送服务。	指导类	下游—交通物流
2021年12月30日	《国务院关于印发"十四五"国家应急体系规划的通知》	推广运用智能机器人、无人机等高技术配送装备,推动应急物资储运设备集装单元化发展,提升应急运输调度效率。	指导类	下游—应急安防
2021年11月20日	《国务院关于印发"十四五"推进农业农村现代化规划的通知》	强化长江禁捕水域渔政执法监管能力,建设统一的渔政执法远程监控指挥调度系统,加强视频监控、雷达监控、渔政执法船艇(艇船)、无人机设施设备建设。	指导类	下游—水域监控
2020年11月24日	《国务院办公厅关于推进人工影响天气工作高质量发展的意见》	建设监测与作业一体化的智能物联站点。探索大型无人机等人工影响天气作业新方式、新手段。	指导类	下游—天气监控
2020年7月8日	《国务院2020年立法工作计划》	提出民用无人机制造的行业管理部门由国务院工业主管部门负责,运行和运营管理部门由民用航空主管部门即民航局负责,产品认证与监督由市场监督管理部门负责。	规范类	中游—无人机制造
2020年7月4日	《国务院办公厅关于切实做好长江流域禁捕有关工作的通知》	沿江各省(直辖市)要根据禁捕后的实际管理需求,紧急配置一批渔政执法船艇、无人机、雷达光电视频监控等执法装备设施。	指导类	下游—水域监控

续表

时间	政策名称	政策核心内容	政策类型	涉及产业链
2018年12月21日	《国务院关于加快推进农业机械化和农机装备产业转型升级的指导意见》	积极发展农用航空,规范和促进植保无人机推广应用。	指导类	下游—农林植保
2017年7月8日	《国务院关于印发新一代人工智能发展规划的通知》	建立自主无人系统共性核心技术支撑平台;发展消费类和商用类无人机、无人船,建立试验鉴定、测试、竞技等专业化服务体系,完善空域、水域管理措施;在无人机、语音识别、图像识别等优势领域加快打造人工智能全球领军企业和品牌。	规划类	上游—人工智能

(资料来源:前瞻产业研究院)

6.2 无人机定价方法

企业产品价格的高低受市场需求、成本费用和竞争等因素的影响和制约,但是在实际工作中,企业必须要采用各种定价方法来合理确定自己产品的价格。

定价方法是指企业在特定的定价目标指导下,依据对成本、需求及竞争等状况的研究,运用价格决策理论,对产品价格进行计算的具体方法。定价方法的选择和确定是否合理,关系到企业定价目标能否实现和定价决策的最终成效。

企业定价有三种导向,即成本导向、需求导向和竞争导向。

6.2.1 成本导向定价法

成本导向定价法是一种主要以成本为依据的定价方法,包括成本加成定价法、目标利润定价法、盈亏平衡定价法、边际贡献定价法。

1. 成本加成定价法

成本加成定价法是在单位产品成本的基础上,加上一定比例预期利润构成价格的方法,其计算公式为

$$单位产品价格 = 单位完全成本 \times (1 + 成本加成率)$$

其中单位完全成本是单位变动成本和平均分摊的固定成本之和,成本加成率是预期利润与产品成本的百分比。

2. 目标利润定价法

目标利润定价法是以企业投资额为基础,加上在预期销售量上企业希望达到的目标利润进行定价的一种方法,其计算公式为

单位产品价格＝(固定成本＋目标利润)/预期销售量＋单位变动成本

3. 盈亏平衡定价法

盈亏平衡定价法就是运用盈亏平衡原理进行定价的一种方法。这种方法的关键是确定盈亏平衡点，即企业收支相抵、利润为零时的销售量。盈亏平衡定价是根据盈亏平衡点来确定价格水平，即根据预期的产量(或销售量)，确定产品的价格需达到什么水平才能做到收支相抵。盈亏平衡定价法的计算公式为

单位产品价格＝固定总成本/预期销售量＋单位变动成本

在此价格下实现的销售量，企业刚好可以保本。

4. 边际贡献定价法

边际贡献定价法，也称变动成本定价法，是指在变动成本的基础上，加上预期的贡献计算价格的定价方法，其计算公式为

单位产品价格＝单位变动成本＋边际贡献

边际贡献就是单位产品价格减去单位变动成本后的余额，即边际贡献＝单位产品价格－单位变动成本。只要企业的产品价格高于变动成本，定价就是可以接受的。

6.2.2 需求导向定价法

需求导向定价法是一种以市场需求强度及消费者感受为主要依据的定价方法，包括感受价值定价法、需求差异定价法和反向定价法三种。

1. 感受价值定价法

所谓感受价值定价法，就是企业根据购买者对产品的感受价值来制定价格的一种方法。感受价值定价与现代市场定位观念相一致。

企业在为其目标市场开发新产品时，在质量、价格、服务等各方面都需要体现特定的市场定位观念。因此，首先要决定所提供的价值及价格；其次，企业要估计在此价格下所能销售的数量，再根据这一销售量决定所需要的产能、投资和单位成本；最后，管理人员还要计算在此价格和成本下能否获得满意的利润。如能获得满意的利润，则继续开发这一新产品。否则，就要放弃这一产品概念。

延伸阅读

2016年3月—6月，大疆无人机在国内的销量可谓一枝独秀，可以根据淘宝网的销量统计得到。1 500～3 499元入门级价位产品，大疆销量占比达到93％，曼塔和零度分列第二和第三，份额都在个位数，为3％和2％。3 500～6 499元价位，大疆销量占比87％，Parrot占比6％，昊翔占比5％。6 500～9 000元价位，大疆的销量占到96％。而在9000元以上价位，全部被大疆Inspire系列所占据。

大疆产品的毛利润占有率方面更是表现惊人，在1 500～3 499元的入门价位间，2016年3月—6月，大疆的毛利占有率达到了92.4％，零度3.8％，曼塔1.4％，其他所有品牌加起来也只有区区2.4％。相对于销量占有率，大疆的毛利占有率有了几个点的提升，这与其销量大带来的成本边际效应有关。3 500～6 499元价位，2016年3月—6月大疆毛利占有率为90.7％，Parrot为4.1％，Yuneec为4％，剩余所有厂商总和不到2％。6 500元～9 000元价位，大疆的

毛利占有率为99％,9 000元以上价位为100％。

(**资料来源**:中国知网)

2.需求差异定价法

需求差异定价法就是企业对同一产品,根据不同的销售对象、不同的销售时间、不同的销售地点、不同式样等需求差异制订不同价格的一种定价方法。应用需求差别定价法应具备以下条件:市场能够根据需求强度的不同加以细分,而且需求差异较为明显;细分后的市场之间无法相互流通,即低价市场的消费者不可能向高价市场的消费者转手倒卖产品或劳务;在高价市场中用低价竞争的可能性不大,企业能够垄断所生产经营的产品或劳务;市场细分后所增加的管理费用应小于实际需求差别定价所得到的额外收入;不会因价格差异而引起消费者的反感;差别定价的形式不违法。

按需求差别定价法制定的价格,并不与产品成本和质量的差异程度成相应比例,而是以消费者需求的差异为标准。需求差别定价法主要有以下几种方法。

(1)消费者差别定价法。同种产品对不同的消费者采取不同的价格。如一些高铁车票、旅游景点门票、自助餐厅消费券等,从消费者的年龄、身高进行差别定价,分为免票、半票和全票。

(2)时间差别定价法。对不同时间提供的同一种产品或服务采取不同的价格。时间的不同可体现在季节、日期,甚至一天中的不同时点上。如电力公司的电价在用电高峰和用电低谷时期收费不同,燃气公司的燃气价格分不同阶段和等级。

(3)地点差别定价法。对不同地点或位置的同种产品或服务采取不同的价格。如同品牌的矿泉水在路边小卖部和旅游景点里的价格相差较大。观看演唱会、体育比赛时,不同观看位置的票价也有所不同。

(4)产品差别定价法。对不同型号、不同款式、不同档次的产品采取不同的价格。同等质量的产品,式样新的定高价、式样旧的定低价,如很多无人机公司都会将新推出的无人机定出高价,而对购买旧款的顾客给予一定的折扣。有些产品虽存在成本差别,但其价格差异远大于成本本身,如民航的商务舱、经济舱的票价不同。

延伸阅读

A公司不成功差别定价法案例

2000年,A公司的经营暴露出不小的问题,迫切需要实现赢利,而最可靠的赢利项目是它经营最久的图书、音乐唱片和影视碟片。于是A公司在2000年9月中旬开始了著名的差别定价实验。A公司选择了68种DVD碟片进行动态定价试验,根据潜在客户的人口统计资料、在A公司的购物历史、上网行为以及上网使用的软件系统确定对这8种碟片的报价水平。例如,名为《泰特斯》的碟片对新顾客的报价为22.74美元,而对那些对该碟片表现出兴趣的老顾客的报价则为26.24美元。通过这一定价策略,部分顾客付出了比其他顾客更高的价格,A公司因此提高了销售的毛利率。

但是好景不长,这一差别定价策略实施不到一个月,消费者发现了这一秘密,那些付出高价的顾客当然怨声载道,有人甚至公开表示以后绝不会在A公司购买任何东西。最终A公司答应给所有在价格测试期间购买这部碟片的消费者以最大的折扣。

至此,A公司价格试验以完全失败而告终,A公司不仅在经济上蒙受了损失,而且它的声誉也受到了严重的损害。

3. 反向定价法

所谓反向定价法,是指企业依据消费者能够接受的最终销售价格,计算自己从事经营的成本和利润后,逆向推算出产品的批发价和零售价。这种定价方法不以实际成本为主要依据,而是以市场需求为定价出发点,力求使价格为消费者所接受。分销渠道中的批发商和零售商多数选择反向定价法。

6.2.3　竞争导向定价法

竞争导向定价法是以市场上竞争对手同类产品的价格作为企业制定价格依据的定价方法。这种方法适宜于市场竞争激烈、供求变化不大的产品。竞争导向定价法通常有随行就市定价法和招投标定价法。

1. 随行就市定价法

所谓随行就市定价法,是指企业按照行业的平均现行价格水平来定价。一般企业会在难以估算成本、谋求与竞争者和平共处或另行定价时难以了解购买者和竞争者的反应等情况下采取这种定价方法。

不论市场结构是完全竞争的市场,还是寡头竞争的市场,随行就市定价都是同质产品市场的惯用定价方法。在完全竞争的市场上,销售同类产品的各个企业在定价时实际上很少有选择的余地,只能被动根据行业的现行价格来定价。某企业如果把价格定得高于市价,产品就卖不出去;反之,如果把价格定得低于市价,也会引来竞争者的降价竞销。

在寡头竞争市场的条件下,企业一般也倾向于和竞争对手要价相同。因为在这种条件下,市场上只有少数几家大公司,彼此都十分了解。购买者对市场行情也十分熟悉,如果价格稍有差异,购买行为就会转向其他价格低的企业。

2. 招投标定价法

招投标定价是买方不预先制定价格,而是引导多个供货企业进行竞争,从而按照物美价廉的原则从中选择有利价格成交的方法。这种价格是供货企业根据对竞争者的报价的估计制定的,而不是按照供货企业自己的成本费用或市场需求来制定的。供货企业的目的在于赢得合同,所以它的报价应低于竞争对手的报价。这种定价方法叫作投标定价法。

然而,企业不能将其报价定得低于某种水平。确切地讲,它不会将报价定得低于边际成本,以免使其经营状况恶化。同样,如果企业报价远远高出边际成本,虽然潜在利润增加了,但却减少了取得合同的机会。

这种方法在政府单位的采购中使用较广泛。一般情况下,如需招标,政府采购机构要在媒体上登广告或发出函件,说明拟采购商品的品种、规格、数量等具体要求,邀请供应商在规定的期限内投标。政府采购机构在规定的日期内开标,选择报价最低、最有利的供应商成交,签订采购合同。某供货企业如果想做这笔生意,就要在规定的期限内填写标单,上面填明可供应商品的名称、品种、规格、价格、数量、交货日期等,密封送给招标人(即政府采购机构)。

6.3 无人机定价策略

定价策略是指企业为达到总体经营目标,把产品和企业市场营销组合的其他因素结合起来,制定出最有利于市场营销的价格,以实现企业营销目标的一种价格措施。企业在考虑经营目标、需求、成本、竞争者的基础上,利用一些基本的定价方法,制定的产品价格往往并不是该产品的最佳价格,而是产品的基本价格。企业在最后确定价格或对价格进行修整时,可采取以下策略。

6.3.1 折扣定价策略

企业为了鼓励消费者及早付清货款、大量购买或淡季购买,还可以酌情降低其基本价格。这种价格调整叫作价格折扣。

1. 现金折扣

这是企业给那些能当场或提前付清货款的消费者的一种减价。例如,消费者在30天内必须付清货款,如果10天内付清货款,则给予2%的折扣。

2. 数量折扣

这种折扣是企业给那些大量购买某种产品的消费者的一种减价,以鼓励消费者购买更多的产品。因为大量购买能使企业降低生产、销售、储运、记账等环节的成本费用。例如,消费者购买某种商品100件以下,每件10元,购买100件以上,每件9元,这就是数量折扣。

3. 功能折扣

这种价格折扣又叫贸易折扣。功能折扣是制造商给某些批发商或零售商的一种额外折扣,促使它们执行某种市场营销功能(如推销、储存、服务)。企业采取该策略的目的,是为了扩大再生产,争取更多的利润,或是为了占领更广泛的市场,利用中间商努力推销产品。

4. 季节折扣

这种价格折扣是企业给那些购买过季商品或服务的顾客的一种折扣,使企业的生产和销售在一年四季保持相对稳定。例如冰淇淋制造商在春冬季给零售商以季节折扣,以鼓励零售商增加订货;旅馆、航空公司等在旅游淡季给旅客以季节折扣。

6.3.2 心理定价策略

心理定价策略是指销售企业根据消费者的心理特点,迎合消费者的某些心理需求而采取的一种定价策略。这种策略主要适用于零售环节。

1. 声望定价

所谓声望定价,是指企业利用消费者仰慕名牌产品或名店的声望所产生的某种心理来制定商品的价格,故意把价格定成整数或高价。质量不易鉴别的商品的定价最适宜采用此法,因为消费者有崇尚名牌的心理,往往以价格判断质量,认为高价代表高质量。但是企业不能将价格定得过于离谱,使消费者无法接受。

在现代社会,消费高价位商品是财富、身份和地位的象征。因此,对于非生活必需品及独具特色的手工产品等来说,应该采取极品价格形象,并强调品牌的著名、质量的上乘、包装的精美和带给消费者精神上的满足感。同样,很多无人机消费者也认为无人机的质量和功能可以通过价格来衡量,因此头部商家在无人机价格制定的过程中也会采用此方法。

2. 整数定价

整数定价策略是指企业产品价格采取合零凑整的方法,以显示产品具有一定质量,给人以高档感觉的一种定价策略。整数定价策略适用于价格需求弹性小、价格高低不会对需求产生较大影响的产品,多用于价格较贵的耐用品或礼品及消费者不太了解的产品。整数定价常常以偶数,特别是"0"作为尾数。

3. 尾数定价

尾数定价策略是指企业在制定产品价格时,利用消费者数字认知的某种心理,尽可能在价格数字上不进位,而保留零头,即给产品定一个零数结尾的非整数价格的一种定价策略。消费者会认为这种价格经过精确计算,购买不会吃亏,从而对企业产品及其定价产生信任。同时,价格虽仅离整数相差不多,但给消费者一种价格偏低、商品便宜的感觉,符合消费者求廉的心理愿望。很多无人机企业的产品整体价格并不便宜,但是它的产品在天猫官网上基本都是采用尾数定价法,这有利于增强消费者对其产品价格的信心。

4. 招徕定价

招徕定价策略也称特价品策略,是指企业为迎合消费者求廉的心理,特意将几种产品制定较低的价格来吸引消费者,以达到连带销售其他产品目的的一种定价策略。有些商店适时或随机推出一些降价商品,可以吸引顾客经常光顾,同时顾客进店以后也会购买其他正常价格的商品,从而达到提高销量的目的。这种定价策略一般适用于线下门店使用。

6.3.3 区域定价策略

一般来说,一个企业的产品,不仅卖给当地消费者,而且同时卖给外地消费者。而卖给外地消费者,把产品从产地运到消费者所在地,需要花一些装运费。所谓区域性定价策略,就是企业要决定,对于卖给不同地区消费者的某种产品,是分别制定不同的价格,还是制定相同的价格。也就是说,企业要决定是否制定地区差价。

1. 原产地交货定价法

所谓原产地定价,就是消费者按照厂价购买某种产品,企业只负责将这种产品运到产地某种运输工具(如卡车、火车、船舶、飞机等)上交货。交货后,从产地到目的地的一切风险和费用概由消费者承担。但这样定价对企业也有不利之处,即远地的消费者有可能不愿购买这个企业的产品,而购买其附近企业的产品。

2. 统一交货定价法

统一交货定价与原产地交货定价法正好相反,是企业对于卖给不同地区消费者的某种产品,都按照相同的出厂价加相同的运费定价。也就是说,对全国各地的顾客,不论远近,都实行相同的价格。因此,这种定价又叫邮资定价。

3. 分区定价

所谓分区定价,就是企业把全国(或某个目标市场)分为若干价格区,对于卖给不同价格区顾客的某种产品,分别制定不同的地区价格。通常情况下,距离企业远的价格区,价格定得较高,距离企业近的价格区,价格定得较低。在各个价格区范围内实行统一价格。

4. 基点定价

基点定价是指企业选定某些城市作为基点,然后按一定的厂价加上从基点城市到消费者所在地的运费来定价,而不管货实际上是从哪个城市起运的。有些公司为了提高灵活性,选定许多个基点城市,按照消费者最近的基点计算运费。

5. 免收运费定价

有些企业因为急于和某些地区做生意,负担全部或部分实际运费。这些卖主认为,如果生意扩大,其平均成本就会降低,因此足以抵偿这些费用开支。采取免收运费定价,可以使企业加深市场渗透,并且能在竞争日益激烈的市场上拥有竞争优势。这是目前绝大多数消费级无人机企业都采取的一种定价方法。

6.3.4 差别定价策略

差别定价是指企业按照两种或两种以上不反映成本费用进行定价的策略,也叫价格歧视。

1. 消费者差别定价

消费者差别定价,即企业按照不同的价格把同一种产品或服务卖给不同的消费者。例如,某无人机经销商按照价目表价格把某种型号的无人机卖给消费者 A,同时按照较低价格把同一种型号无人机卖给消费者 B。这种价格歧视表明,消费者的需求强度和商品知识有所不同。有时,企业也会根据情况,给予新老客户不同的价格。

2. 空间差别定价

企业对于处在不同位置的产品或服务分别制定不同的价格,即使这些产品或服务的成本费用没有任何差异。例如演唱会或电影院,虽然不同座位的成本费用都一样,但是不同座位的票价有所不同,这是因为人们对不同座位的偏好和满足感有所不同。

3. 销售时间差别定价

企业对于不同季节、不同时期甚至不同钟点的产品或服务分别制定不同的价格。例如,电力供应在一天中的不同时间收费就有所不同。

6.3.5 新产品定价策略

新产品的定价是营销策略中一个十分重要的问题。新产品定价合理与否,关系到其能否及时打开销路、占领市场和获得预期利润的问题,对于新产品以后的发展具有十分重要的意义。

1. 撇脂定价

撇脂定价是指在新产品上市之初,把产品的价格定得很高,以获取最大利润,就像从鲜奶中撇取奶油。这种方法主要适用于有专利保护的新产品定价。从市场营销实践看,在以下条件下企业可以采取撇脂定价:市场有足够的购买者,他们的需求缺乏弹性,即使把价格定得很高,市场需求也不会大量减少;高价会降低需求、增加成本,但这不能抵消高价所带来的利益;在高价情况下,仍然独家经营,别无竞争者,有专利保护的产品更是如此;某种产品的价格定得很高,使人们产生这种产品是高档产品的印象。

2. 渗透定价

渗透定价是指企业在新产品投放市场的时候价格尽量定得低一些,以吸引大量消费者,提高市场占有率。企业采取渗透定价需具备以下条件:市场需求显得对价格极为敏感;企业的生产成本和经营费用会随着生产经营经验的增加而下降;低价不会引起实际和潜在的竞争。

6.3.6 产品组合定价策略

产品组合定价策略指企业在同一细分市场和同一商品类别中相关商品的定价可以有高有低,有的商品利润很大,有的商品只是薄利甚至亏本,但是总体上能保证企业总收益,并获得较多利润。这时候,企业要研究出系列价格,使整个产品组合的利润实现最大化。

前述相关商品包括用途上的相关、渠道上的相关、服务上的相关及在市场竞争等方面的相关。因此,对相关商品的调价必须考虑到各种产品之间存在需求和成本的相互联系,以利于指导消费者和取得长期的较大利润。主要有以下四种定价方法。

1. 产品类定价

通常企业开发出来的是产品大类,而不是单一产品。当企业生产的系列产品存在需求和成本的内在关联性时,为了充分发挥这种内在关联性的积极效应,需要采用产品大类定价策略。在定价时,首先,确定某种产品的最低价格,它在产品大类中充当领袖价格,吸引消费者购买产品大类中的其他产品;其次,确定产品大类中某种商品的最高价格,它在产品大类中充当品牌质量和收回投资的角色;产品大类中的其他产品也分别依据其在产品大类中的角色不同而制定不同的价格。

2. 选购品定价

选购品定价策略是指企业在提供主要产品的同时,还会附带一些可供选择的产品或特征,企业对选购品制定低价以招徕消费者,或者制定高价以获取利润的一种定价策略。如有些饭馆将饭菜的价格定得较低,而酒水的价格定得较高,靠低价的饭菜吸引消费者、高价的酒水赚取厚利。

3. 补充品定价

补充品定价策略是指企业对同时生产的与主要产品一起使用的附属或补充产品制定较高的价格,而对主要产品制定较低价格的一种定价策略。

例如,在工业级无人机行业中,很多购买者在购买无人机产品的同时需要购买定制化服务。因此,很多企业将无人机价格定得稍低来吸引购买,而定制化的服务包则承担了获取利润的任务。

4. 产品组合定价

产品组合定价策略是指企业将有连带关系的产品组合在一起,给它们制定一个比分别购买更低的价格,进行一揽子销售的一种定价策略。采用这种策略时,提供的价格优惠应该足以吸引原本只准备购买部分产品的消费者,同时也要注意不能搞硬性搭配,这样不但不利于产品的销售,反而会引起消费者的反感。

延伸阅读

J公司因"低价倾销"被罚

J公司正在搅动着整个中国快递行业。因"低价倾销",J公司被整治,责令其部分分拨中心停业整顿。2020年由于低价倾销,甚至发生了被快递全行业抵制。快递市场的业内普遍成本价为1.4元/单,但J公司将每单的价格打到了1元以下,远低于成本价。

反倾销法是进口国为了保护本国经济和本国生产厂家的利益,维护正常的国际贸易秩序而对倾销这种不公平贸易行为进行限制和调整的法律规范的总称,是进口国为抵制倾销和消除倾销危害的一种合法手段。通常是由国家的行政机关实施,适用一般的行政程序。

《中华人民共和国反倾销条例》是为了维护对外贸易秩序和公平竞争,根据《中华人民共和国对外贸易法》的有关规定制定的。2001年10月31日国务院第46次常务会议通过,2001年11月26日国务院令第328号公布,自2002年1月1日起施行。

6.4 无人机价格调整与企业对策

企业处在一个不断变化的环境之中,为了生存和发展,企业有时候需要主动降价或提价,有时候又需要对竞争者的变价作出适当的反应。企业为某种产品制定价格以后,还需要随着市场营销环境的变化和生产成本、市场供求及竞争状况对产品价格做出变动,通过降低价格或提高价格,使本企业的产品在市场上保持比较理想的销售状态。

企业产品价格变动的动力可能来自于内部,也可能来自于外部。企业利用自身的产品成本优势,主动地变动价格,将价格作为竞争的利器,称为主动价格变动。有时,企业的价格变动是出于应对竞争的需要,即竞争对手主动变动价格,而企业也相应被动地变动价格。但无论是主动变动,还是被动变动,其形式不外乎是降价和提价两种。

6.4.1 降价策略

降价策略是价格变动的一种策略。当情况突然变化时,企业可以进行临时性降价;当企业的成本长期下降时,则长期降价也是值得考虑的。企业降价的方式可以采用产品目录价下降方式或折扣形式,除此之外,企业还可以采取以下的方式进行变相降价:赠送样品或优惠券;实行有奖销售;允许消费者分期付款;提高产品质量,改进产品性能,增加产品用途等等。由于这些方式具有较强的灵活性,在市场环境变化时,即使取消也不会引起消费者太大的反感,同时又是种促销。

在现代市场经济条件下,企业降价的主要原因有:

(1)企业的生产能力过剩,因而需要扩大销售,但是企业又不能通过产品改进和加强销售工作等来扩大销售。在这种情况下,企业就需要降价。

(2)企业的市场占有率在下降,需要改进和加强销售工作等来扩大销售。在这种情况下,企业就需考虑降价。

(3)企业的成本费用比竞争者低,企图通过降价来掌握市场或提高市场占有率,从而扩大生产,提高销售量,降低成本费用。在这种情况下,企业也往往发动降价攻势。

延伸阅读

大疆无人机频繁降价引发质疑 经销商可能出现亏损

12月4日,大疆农业销售总监陈韬在新品发布会上,揭晓最新款植保无人机T16售价31 888元时,现场报以喝彩和掌声。这个价格,足以让同行后背发凉。大疆农业自2015年进入农业领域以来,持续拉低植保无人机价格,有同行破产,还有同行因为没有利润悄然退出,植保无人机行业呈现快速集中态势。

《证券时报》记者2014年初曾采访大疆创始人汪滔,他在回答校友关于为何不在国际市场涨价的提问时说,要通过低价策略扩大销售规模。这种定价策略,很明显也在国内植保无人机市场贯彻了下来。

这次发布会的主题词是"大,有作为",T16无人机荷载量有不小提高,但是机器并没有变大,也没有变重,实现这一点是通过设计和提高科技含量。这次推出的T16,实现了每小时150亩的超高喷洒效率,相较上一代提升了67%,远远超过行业平均水平,充电速度提高了50%,植保机传感器加倍,提升了可靠性,复合材料水泵材质寿命相比上一代产品提升60%。载荷系数(载荷/整机重量比)达到0.4,远高于业内0.3～0.35的平均水平。全自主研发的动力系统,效率提升了20%,为作业提供了充足的动力储备。陈韬表示,"去年在发布会上是有些忐忑,今年真的很自豪。"这个学俄语的小伙子今年才26岁。他认为,以前的植保机是无人机加一个喷洒系统,属于第一代,T16是第二代无人机,让飞机的每一克重量、每一个细节都为生产力服务,做到更高效、更可靠、更智慧。这样的产品比上一代升级了不少,但价格其实和此前两款产品没贵多少。如果此前两款产品没在10月份和11月份降价的话,价格还比T16贵。可以认为,短短两个月左右,大疆就又一次大规模降价。在这次发布会之前的11月11日,大疆发布消息称,MG—1P RTK植保机即日起调整零售价为26 888元(不含遥控器),直降1万元。10月18日,大疆非RTK版的MG—1P植保机就已经"直降10 000",调价为26 188元。2016年3月大疆发布第一款植保无人机MG—1,载荷10公斤,发布时售价52 999元,2016年11月大疆发布了更完善、更智能的改进版植保机MG—1S,发布时售价4.2万元。2017年11月,大疆宣布新一轮植保机降价措施,宣布MG—1S植保无人机大优惠,售价降至3.35万元,表示大疆农业将摆脱盈利目标,聚焦提升行业效率和构建服务闭环。可以看出,大疆产品越卖越便宜,而与此同时,产品还在不断迭代升级。大疆在2015年成立大疆农业,进入农业无人机市场,当时植保无人机市场是一片蓝海,大疆创新公关总监谢阗地说,当年行业是以负荷量来卖产品,一升载重量就是1万元钱,有些产品可以卖到十多万元,但迅速起来的市场也让不少企业盈利丰厚,MG—1的价格略高,企业也没有感受到压力。据原农业部相关部门统计,2015年全国生产植保无人机的厂家超过100家,到了2016年迅速增长到300余家。

这也让资本市场躁动起来,吸引了十多家A股上市公司入局,比如隆鑫通用、新安股份、宗申动力、芭田股份、德奥通航等。新三板还有众多无人机公司挂牌,多定位在植保领域,比如莱盛隆、全丰航空、艾森博、易瓦特、众和植保等。但伴随着大疆农业产品迅速降价,很多企业已经无法盈利,2017年一年,至少有超过20多家无人机企业退出了市场。今年,在行业内比较有规模的莱盛隆连工资都发不出来,宣布破产。发布会后的媒体环节,也有人对大疆频繁降价有所疑问,经销商可能会因此出现亏损,之前买了无人机的账面也亏损,是否会有补偿措施。

但大疆的回复很有意思,大意都是要让更多人用得起,降低更多用户使用门槛,价格下降,才会有更多人接受。"我们做的事情,是希望培育市场,让市场更大。"大疆公关总监谢阆地表示。

(资料来源:《证券日报》)

6.4.2 提价策略

虽然提价会引起消费者、经销商和企业推销人员的不满,但是一个成功的提价可以使企业的利润大大增加。引起企业提价的主要原因如下。

1. 通货膨胀,物价上涨,企业的成本费用提高

在这种情况下,许多企业不得不提高产品价格。提价手段一般有:采取推迟报价的定价策略;在合同上规定调整条款;采取不包括某些商品和服务的定价策略;降低价格折扣;取消低利润产品;降低产品质量或减少产品特色和服务等。

2. 企业的产品供不应求,不能满足所有消费者的需要

在这种情况下,企业也需要提价。提价方式包括:取消价格折扣,在产品大类中增加价格较高的项目,或者直接提价。为了减少消费者不满,企业提价时应当向消费者说明提价的原因,并帮助消费者寻找节约的途径。

6.4.3 价格调整的市场反应

企业无论提价或降价,这种行为必然影响购买者、竞争者、经销商和供应商,而且政府对企业变价也很关心。

1. 消费者对变价的反应

消费者对产品价格下降可能有如下理解:
①这种产品即将被淘汰或被新型产品所代替。
②这种产品存在一定缺陷,导致销售不畅。
③企业经营困难。
④价格还会下跌。
⑤产品质量下降导致价格下降。
消费者对于产品提价可能会这样理解:
①这种产品很畅销,需要抓紧时间购买。
②这种产品与市场同类产品相比价值更高。
③商家想获取更大利润。
一般来说,购买者对于价值高低不同的产品价格的反应有所不同。对于那些价值高、经常购买的产品的价格变动较敏感,而对于那些价值低、不经常购买的小商品则不大注意。此外,购买者虽然关心产品价格变动,同时也会较为关心一些附加产品和服务。

2. 竞争者对变价的反应

企业在考虑改变价格时,不仅要考虑购买者的反应,同时必须考虑竞争对手的反应。当某一行业中企业数目很少、产品同质化严重、购买者辨别力较强且购买知识丰富时,竞争者的反应就愈显重要。

在同质的产品市场上,竞争者对企业价格变动的反应通常有以下几种情况:

(1)相向式反应。当产品供不应求的时候,竞争者一般都会追随企业的提价。这种一致的行为不会对企业有太大影响,也不会导致严重后果。

(2)逆向式反应。企业提价,竞争者降价或维持原价。此时,竞争者的目的十分清楚,就是利用低价乘机争夺市场。

(3)交叉式反应。也就是众多竞争者对企业的调价反应不一,有相向的,也有逆向的,还有保持不变的。

6.4.4　企业应对市场价格调整的策略

一般来讲,在同质化市场上,企业面对竞争对手变价时多采取相向式反应策略。如果竞争对手降价,企业也必须随之降价。否则,消费者就会转而购买竞争对手的产品。如果某一个企业提价,其他企业可能会随之提价,但是如果有一个企业不随之提价,那么发动提价的企业可能也会取消提价。

在异质产品市场上,企业和竞争者都可以通过对产品差异的垄断来控制产品价格,且消费者对于比较小的价格差异反应不敏感甚至毫无反应。因此,企业价格变动的自由度和竞争者做出反应的自由度都很大。

习　　题

一、单选题

1.(　　)通常是企业处于不利环境中实行的一种定价目标。
　　A.当期利润最大化　　　　　　B.市场占有率最大化
　　C.维持生存　　　　　　　　　D.产品质量最优化

2.在成本的基础上,按成本利润率确定利润,然后定价的定价方法是(　　)。
　　A.目标利润定价法　　　　　　B.成本加成定价法
　　C.盈亏平衡定价法　　　　　　D.边际贡献定价法

3.企业为了迅速扩大销售量,取得较高的市场占有率,一般采用高价格、高促销费用的定价策略属于(　　)。
　　A.快速撇脂定价　　　　　　　B.缓慢撇脂定价
　　C.快速渗透定价　　　　　　　D.缓慢渗透定价

4.利用消费者求廉心理而制定低价的定价策略属于(　　)。
　　A.便利定价　　　　　　　　　B.折中定价
　　C.招徕定价　　　　　　　　　D.概念定价

5.反向定价法以(　　)为定价出发点。
　　A.售价　　　B.成本　　　C.市场　　　D.批发价

二、多选题

1.心理定价策略包括(　　)。
　　A.声望定价　　B.尾数定价　　C.整数定价　　D.招徕定价

2.折扣定价包括(　　)。
　　A.现金折扣　　B.功能折扣　　C.季节折扣　　D.价格折扣

3. 竞争者对企业变价的反应一般有（　　）。
   A. 相向式反应　　　B. 逆向式反应　　　C. 交叉式反应　　　D. 无反应
4. 以下哪些因素影响产品定价？（　　）。
   A. 定价目标　　　B. 产品成本　　　C. 市场供求　　　D. 政策法规
5. 竞争导向定价法包含（　　）。
   A. 随行就市定价法　　　　　　　　B. 密封投标定价法
   C. 认知价值定价法　　　　　　　　D. 反向定价法

三、名词解释
1. 需求导向定价法

2. 差别定价策略

3. 产品组合定价策略

4. 渗透定价策略

5. 撇脂定价策略

四、简答题
1. 哪些因素影响产品的定价？

2. 顾客一般对企业变价存在哪些理解？

3. 心理定价策略包含哪些内容？

4. 差别定价策略包含哪些内容？

5. 企业降价和提价的原因分别有哪些？

模块七　无人机分销策略

教学目标

【知识目标】
1. 了解分销渠道与物流配送的概念
2. 掌握分销渠道的结构和基本类型
3. 掌握分销渠道的管理办法

【能力目标】
1. 具备分销渠道选择的能力,能准确选择适合无人机企业发展的分销渠道
2. 能根据无人机企业策略分析和评价分销渠道策略。

【素质目标】
1. 拓展学生在分销渠道领域的知识,培养学生客观评价、分析分销渠道策略的意识
2. 培养学生正确的企业管理观念
3. 建立现代经营管理的组合思维

在现代市场经济条件下,绝大多数商品并不是直接从生产者的手中转移到消费者手中,而是通过众多中间商所构成的渠道来将产品转移到消费者手中,从而形成从生产到消费的完整链条。另外,生产者与消费者在时间、地点、数量、品种、信息、产品估价和所有权等多方面存在着差异和矛盾。企业生产出来的产品,只有通过一定的市场营销渠道,才能在适当的时间、地点,以适当的价格供应给广大消费者,从而克服两者之间的差异和矛盾,满足市场需要,实现企业的市场营销目标。

7.1　无人机分销渠道概述

7.1.1　分销渠道的概念

分销是产品从生产者转移给消费者过程中的市场营销活动,这个过程一般需要众多市场主体共同参与才能得以完成。分销渠道是指某种货物或劳务从生产者向消费者转移过程中,取得这种货物或劳务的所有权或帮助转移其所有权的所有企业和个人。分销渠道的起点是生产者,终点是消费者或用户,主要包括商业中间商和代理中间商,还包括作为分销渠道的起点

和终点的生产者和消费者,如图 7-1 所示。

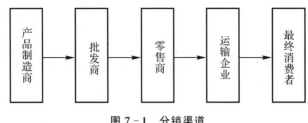

图 7-1 分销渠道

7.1.2 分销渠道的特征

分销渠道具有以下特征:

(1)分销渠道反映某一特定产品价值实现的全过程和所经由的通道。

(2)分销渠道是相关经营组织或个人的组合,他们因为共同的经济和社会利益结成共生伙伴关系,但这种关系也会因为各种利益纷争而发生矛盾和冲突。

(3)在分销渠道中,产品的运动以所有权的转移为前提。也就是说,产品在渠道中的运动伴随着产品所有权从一方转移给另一方。

(4)在分销渠道中,除商品所有权转移方式外,还隐含物流、信息流、货币流、促销流等。

7.1.3 分销渠道的作用

生产者和消费者之间存在一些分离的矛盾,如空间分离、时间分离、产品数量和品种分离及所有权和使用权分离,而分销渠道的诞生有力地解决了以上矛盾和问题。

分销渠道中的各个组织有专门从事商品销售的人员、设施设备和网络,熟悉消费者和营销技巧。在将商品转移到消费者手里的过程中,分销渠道最重要的工作是缩小生产商的产品与消费者或最终用户之间在时间和空间上的距离,还可以弥补生产者将产品直接销售给最终消费者所缺乏的必需的资源和能力。分开来说,分销渠道的作用包括以下几点。

1. 提高销售工作效率

分销渠道能够帮助生产者进行信息收集与传播,特别是有关潜在顾客、现行顾客、竞争对手和其他参与者的营销信息;帮助生产者实现产品的所有权转移,使产品物权通过渠道成员从制造商最终转移到消费者;可以帮助生产者分担各种经营风险;帮助生产企业更快速地回款。

2. 提高物流运输效率

渠道成员运用订货的形式向制造商进行有购买意图的反向沟通行为;可以加速产品的储运工作与转移工作。

3. 发挥信息交流功能

渠道成员可以更有效地传播具有说服力的产品宣传材料,吸引更多的顾客购买。渠道成员间通过汇集和分散资金来负担渠道工作所需要的相关费用;渠道商还可以为购买者提供相应的售前、售中、售后服务及管理咨询服务。因此,可以说渠道商是生产者和购买者之间信息沟通的一个重要的桥梁。

7.2 无人机分销渠道类型

分销渠道结构的三大要素是渠道中的层次数、各层次的密度和各层次的中间商种类。渠道层次是指为完成企业的营销渠道目标所需要的渠道长短的数目。渠道密度是指同一渠道层次上中间商数目的多少。中间商种类是指有关渠道的各个层次中应分别使用哪几种中间商。

由于我国个人消费者与生产性团体用户消费的主要商品不同,消费目的与购买特点等具有差异性,我国企业的分销渠道可分为两种基本模式:对生产性团体用户的销售渠道模式和对个人消费者的销售渠道模式。

根据有无中间商参与交换活动,可以将上述两种模式中的所有渠道归纳为两种最基本的销售渠道类型:直接分销渠道和间接分销渠道,又可分为短渠道与长渠道、窄渠道与宽渠道、单渠道与多渠道。

7.2.1 直接分销渠道和间接分销渠道

1. 直接渠道

直接渠道是指生产者将产品直接供应给消费者或用户,没有中间商介入。直接渠道的形式即生产者—用户。直接渠道是工业品分销的主要类型,如大型设备、专用工具及技术复杂等需要提供专门服务的产品,无人机企业生产的大多数工业级无人机因涉及定制化和专业性平台的需要,一般也采用直接渠道的模式。消费品中有部分也采用直接渠道,诸如生鲜商品等。约80%以上的工业品及20%左右的消费品的分销采用直接渠道。

企业直接分销的方式比较多,概括起来有如下几种。

(1)订购分销。它是指生产企业与用户先签订购销合同或协议,在规定时间内按合同条款供应商品,交付款项。一般来说,主动接洽方多数是销售生产方(如生产厂家派员推销),也有一些走俏产品或紧俏原材料、备件等由用户上门求购。

(2)自开门市部销售。它是指生产企业通常将门市部设立在生产区外、用户较集中的地方或商业区,也有一些邻近于用户或商业区的生产企业将门市部设立在厂前。

(3)联营分销。如工商企业之间、生产企业之间联合起来进行销售。

另外,直销的方式还有邮购、电子通信营销、电视直销等。

直接渠道的优点:

(1)有利于生产者和购买者双方直接沟通信息。生产者可以更好地满足目标顾客的需要,进而了解竞争对手的优势和劣势及其营销环境的变化,为按需生产创造了条件;便于购买者更好地掌握商品的性能、特点和使用方法等。

(2)由于去掉了商品流转的中间环节,可以降低产品在流通过程中的损耗,同时也有助于加快商品的流转。

(3)可以使生产者和购买者在营销上保持相对稳定。一般来说,用直销渠道进行商品交换时,都签订了合同,数量、时间、价格、质量、服务等都按合同规定履行,双方的关系以法律的形式在一定时期内固定下来,使双方把精力用于其他方面的战略性谋划。

(4)生产者不必再开展多样化的营销活动,可以在销售过程中直接进行促销。例如,企业派员直销,不仅促进了用户订货,同时也扩大了企业和产品在市场中的影响力,促进了新用户的订货。

直接渠道的缺点：

(1) 难以达到预期销售目标。如果企业生产的产品属于生活资料类，这类商品购买具有小型化、多样化和重复性特点，生产者很难凭借自身的力量去广设销售网点，也很难使产品在短期内实现广泛分销以及迅速占领或巩固市场。此时，企业目标顾客的需要得不到及时满足，势必转移方向购买其他厂家的产品，这就意味着企业失去目标顾客和市场占有率。

(2) 极易分散生产者精力。渠道商在销售方面比生产企业的经验丰富，它们最了解顾客的需求和购买习惯，在商业流转中起着不可缺少的桥梁作用。而生产企业自销产品，就拆除了这一桥梁，需要自己去进行市场调查，不仅增加了销售成本，还加重了生产者的工作负荷，分散了生产者的精力。

(3) 丧失渠道协同作用。当生产者采用直接分销渠道销售产品，使目标顾客的需求得不到及时满足时，同行生产者极有可能趁机进入目标市场，夺走企业的目标顾客和协作伙伴。特别是在生产性团体市场中，企业的目标顾客常常是购买本企业产品的生产性用户，他们同时也是本企业的专业化协作伙伴。所以，失去目标顾客，就意味着失去了协作伙伴。当生产者之间在科学技术和管理经验上的交流受到阻碍以后，将使本企业在专业化协作中更加艰难，这又影响着本企业的产品实现市场份额和商业协作，从而产生一种不良循环。

2. 间接渠道

间接渠道是指生产者利用中间商将商品供应给消费者或用户，中间商介入商品的交换活动。现阶段，我国消费品市场上的需求总量和市场潜力巨大，而且多数商品的市场正逐渐由卖方市场向买方市场转化。如何利用间接渠道实现自己的产品广泛分销，已经成为现代企业开展市场营销活动时所研究的重要问题之一。

间接渠道的优点：

(1) 有助于加强产品分销。中间商在商品流转的起点同生产者相连，在终点与消费者相连，从而有利于调节生产与消费在品种、数量、时间与空间等方面的矛盾，也有利于生产企业产品价值的实现，更有利于实现产品广泛分销，巩固已有的目标市场，扩大新的市场。

(2) 有助于分担风险。中间商承担了销售中的大量工作，缓解生产者人、财、物等力量的不足。大部分中间商在购买生产者的产品的同时交付款项，使生产者提前实现了产品的价值，开始新的资金循环和新一轮的生产过程，能够很好地分担生产者的资金风险。另外，中间商还承担销售过程中的仓储、运输等费用，也承担着其他方面的人力和物力，这就弥补了生产者在营销方面的不足。

(3) 有助于促进销售。消费者往往是在货比多家后才购买产品，而某一家中间商通常会经销多个厂家的产品，中间商对同类产品的不同介绍和宣传，对产品的销售影响甚大。此外，实力较强的中间商还能支付一定的广告宣传费用，具有较强的售后服务能力。所以，生产者若能与中间商取得良好协作，可以从中间商那里及时获取市场信息，并促进产品的销售。

(4) 有助于企业间专业化协作。在科学技术突飞猛进的今天，企业只有广泛地进行专业化协作，才能更好地迎接新技术和新材料的挑战，才能经受住市场的严峻考验，才能大批量、高效率地进行生产。有了中间商的通力协作，生产者可以从烦琐的销售业务中脱离出来，集中力量进行产品生产，专心致志地从事技术研究和技术革新，促进生产企业之间的专业化协作，以提高生产经营的效率。

间接渠道的缺点：

(1) 不利于买卖双方直接沟通信息。如果与中间商协作不好，生产企业就难以从中间商的销售中了解消费者对产品的意见、竞品的情况、企业与竞争对手的优势和劣势、目标市场状况的变化情况等。在当今风云变幻、信息爆炸的市场中,企业若信息不灵,则生产经营必然会迷失方向,难以保持较高的营销效益。

(2)不利于及时了解消费者需求。中间商从生产者手中购买了产品,并不意味着同时产品就从中间商手中销售出去进入消费者手中,也有可能会销售受阻。对某一生产者而言,一旦多数中间商的销售受阻,就形成了"需求滞后差",也就是需求在时间或空间上滞后于供给。但生产者的生产规模既定,生产难以在短时间内进行大规模调整。当需求持续减少,就会导致产品的供给更加大于需求。若多数商品出现类似情况,便会出现市场疲软现象。

(3)不利于维护消费者体验。中间环节的增加可能会导致价格提升,增加消费者负担,引起消费者抵触。流通环节会增大储存或运输中的商品损耗,如果都转嫁到价格中,就会增加消费者的负担。此外,中间商服务工作欠佳,可能导致顾客对商品有抵触情绪,甚至引起购买的转移。

7.2.2 长渠道和短渠道

长渠道是指生产者在产品销售过程中利用两个或两个以上的中间商分销商品。长渠道的优点是渠道长、分布密集、触角多,能有效地覆盖目标市场,扩大商品销售,并能充分利用中间商的职能作用,市场风险较小。长渠道的缺点有:会使生产者对市场信息的了解滞后;市场参与者之间关系复杂,难以协调;长渠道会导致商品价格提高,不利于市场竞争。

短渠道是指生产者仅利用一个中间商或自己销售产品。短渠道的优点有:能减少流通环节,缩短流通时间,节省流通费用,产品最终价格较低,能增强市场竞争力;信息传播和反馈速度加快;由于环节少,生产者和中间商较易建立直接的、密切的合作关系。但短渠道迫使生产者承担更多的商业职能,不利于集中精力搞好生产。

7.2.3 宽渠道和窄渠道

渠道宽窄取决于渠道的每个环节中使用同类型中间商数目的多少。企业使用的同类中间商多,产品在市场上的分销面广,称为宽渠道。如日用消费品一般由多家批发商经销,再转卖给更多的零售商,可以大量接触消费者,大批量地销售产品。

企业使用的同类中间商少,分销渠道窄,称为窄渠道,它一般适用于专业性强的产品或贵重耐用的消费品,行业无人机就属于这种专业性非常强的产品。这种情况下,产品分销一般由一家中间商统包,几家经销。它使生产企业容易控制分销,但市场分销面受到限制。宽分销渠道与窄分销渠道示意图如图 7-2 所示。

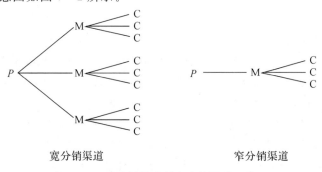

宽分销渠道　　　　　　　窄分销渠道

图 7-2　宽分销渠道与窄分销渠道示意图

7.2.4 单渠道和多渠道

1. 单渠道

当企业全部产品都由自己直接所设的门市部销售,或全部交给批发商经销,称之为单渠道。在当前竞争十分激烈的市场经济条件下,采用单渠道销售模式的企业微乎其微。

2. 多渠道

多渠道又称为复合渠道,是指对同一或不同的细分市场,采用多种渠道的分销体系。就一家公司而言,如果其通过两种以上的渠道形式进行分销活动,就属于多渠道系统。多渠道可能是在本地区采用直接渠道,在外地采用间接渠道;在有些地区独家经销,在另一些地区多家分销;对消费品市场用长渠道,对生产资料市场采用短渠道;等等。

这种渠道的优点主要有:

(1)有效扩大市场份额。和单一渠道的市场狭窄相比,多渠道系统使得中小企业能最大限度地覆盖市场。无人机生产厂商采用出口代理商、网上贸易平台、设立国外分公司等多种渠道扩大自己的国内外市场份额。

(2)提高传递和共享市场信息的能力。大量中小企业搜集和传递市场信息在很大程度上依赖于渠道成员,通过构建多渠道系统,中小企业能从直接和间接渠道获取各类信息,通过归纳、对比、分析研究,从中得出有效信息,避免单一渠道信息的片面性。在实际运行过程中,单位产品的分销成本会下降。对于中小企业来说,较小的成本增加额,却可以较大幅度地提高市场份额。

(3)加强企业渠道控制力。中小企业过分依赖单一渠道,在与经销商的合作关系中将极其被动。多渠道策略为中小企业突破在渠道建设上的单一性提供有力武器。

这种渠道分销模式也存在一些缺点,如渠道管理难度加大,窜货现象更容易发生。

中小企业在建设营销渠道时,需要正确认识自身所具有的优势,结合所处具体环境,制订合理有效的渠道方案,采用极富想象力的销售系统来赢得竞争优势,使企业的营销渠道成为企业价值链中具有核心竞争力的一环。

延伸阅读

国内知名品牌无人机在法国与渠道商的合作概况

2014年A公司正式进入法国,截至2017年底,其在法国市场的累计销量约10万台,法国成为A公司在欧盟市场最主要的三个国家之一。A公司从逐渐被当地消费者认识到成为消费级无人机的第一品牌。

在经过充分的市场调研以及和法国当地消费电子渠道的卖场充分沟通之后,A公司于2014参加德国柏林消费电子展期间与现在的消费电子渠道总代理商Data Quest(简称DQ)有了接触。同年9月,双方正式达成合作关系。DQ是法国当地的一家消费电子代理商,总部位于法国里昂,自2001年成立以来,最初主要从事欧洲电子产品代理分销业务,先后代理过博士(BOSE)耳机、自动平衡车、尼康卡片机、苹果手机后盖等产品,除了在法国代理BOSE期间取得了年销售额700万欧元的业绩,其余期间市场表现不太理想。双方合作之后,DQ公司进入快速发展期,无人机进口总额年均达到2亿元,员工数量从十多人发展到三十多人,在巴黎开设销售展厅,在里昂开设授权维修中心,并成为法国当地知名的消费电子代理商之一。

A公司在法国实施多渠道分销制,除了代理商DQ供应包括FNA、BOU等消费电子连锁卖场和家乐福、欧尚等商超渠道外,也在影视渠道迅速布局销售网点。法国是传统的影视行业大国,A公司通过代理Miss Nume分销给全法国6个影视二级分销商,覆盖包括传统佳能、尼康相机的连锁相机店,销售网点几乎遍及法国。

(资料来源:中国知网)

7.3 中 间 商

7.3.1 中间商概述

中间商是指在生产者与消费者之间参与商品交易业务,促使买卖行为发生和实现的、具有法人资格的经济组织或个人。它在整个分销渠道中对产品的转移起着至关重要的作用,是连结生产者与消费者的中间环节。

中间商从不同的角度可以分为多种类型:按是否拥有商品所有权,可分为经销商和代理商,前者是在商品买卖过程中拥有商品所有权的中间商;按其在流通过程中所起的作用,又可分为批发商和零售商,前者是不直接服务于消费者的中间商。此外,广义的中间商还包括银行、保险公司、运输公司、进出口商人等。

7.3.2 中间商的类型

在市场经济条件下,大多数企业的多数产品都要经过中间商转送到消费者手中。销售渠道中的中间商主要有四种类型,即批发商、零售商、代理商和经纪人。

1. 批发商

批发是指个人或企业将商品或服务销售给最终消费者以外的任何购买者的活动过程,那些主要从事批发业务的公司或个人就称为批发商。批发商在分销渠道中占据着重要位置,起着承上启下的作用。

对批发商分类的方法有很多,按照不同的标准,可将批发商分为不同类型。

(1)按服务范围,可分为完全服务批发商和有限服务批发商。完全服务批发商执行批发商业的全部功能,提供诸如存货、推销、顾客信贷、送货及协助管理等服务。有限服务批发商是指批发商为了减少费用,降低批发价格,而只对顾客提供有限的几项服务,如现货自运批发商、自运批发商、卡车批发商、货架批发商、邮购批发商等。

(2)按经营业务内容,可分为专业批发商、综合批发商和批发市场。专业批发商即专门经营某一类或某一种商品的批发商;综合批发商即经营多类商品的批发商;批发市场也称批发交易市场,它是由多种批发组织组成的联合体,或以某类商品为中心集结多家批发商,共同开展批发业务。

(3)按服务地区,可分为地方批发商、区域批发商和全国批发商。

(4)按经营商品种类,分为农副产品批发商、工业品批发商等。

2. 零售商

零售是指将商品和服务直接销售给个人或家庭以供其非商业性使用的一切活动过程。零售是商品流通的终端,是社会再生产的最终实现阶段。零售商则是指向最终消费者销售商品的中间商。它对商品拥有所有权,介于生产者、批发商和消费者之间,以零售活动为基本职能。零售商一般分为以下几种:

(1)超级市场。也称自选商场,其特点是由顾客自取自选,自我服务,定量包装,预先标价,顾客出门时一次交款,因而可以节约售货时间,并节约商店人力和费用,避免或减少顾客与售货员之间的矛盾。

(2)百货公司。这是一种大型零售商店,分门别类地销售品种繁多的商品,其特点是经营范围广,商品类别多,花色品种齐全,能满足消费者多方面的购买需求。

(3)专用品商店。这是专门经营某一类商品或具有连带性的几类商品,或专门为特定消费对象提供特殊商品的商店,如钟表店、眼镜店、文化用品商品等。专业商店的经营要求具有较高的专业知识和操作技能,销售与服务密切结合,并提供周到的服务。

(4)便利店。这是一种用以满足顾客应急性、便利性需要的一种零售业态,最早起源于美国,继而衍生出两个分支,即传统型便利店与加油站型便利店。前者最早起源于中国台湾等亚洲诸地并发展成熟,后者在欧美地区较为盛行。

(5)折扣商店。这是指提供特定品牌、较少种类、有限服务和低价格的普通商品零售商。折扣商店一般面向中低收入的消费群体。折扣商店出售全国性品牌的商品,但这些品牌与百货商店的品牌相比一般不具时尚导向性。

(6)连锁店。它是由多家出售同类商品的零售店组成的一种规模较大的联合经营组织。特点是由中心组织统一向生产者进货,并以较大的订购批量获得最大的价格优惠;采取薄利多销的方针,争取顾客;商品价格经常浮动,有竞争对手时降价争取顾客,无竞争对手时则提价争取多赢利。

(7)购物中心。这是一种由多家商店组合而成的大型商品服务中心,一般设在公共建筑物内,以一家或数家百货商店、超级市场为骨干,由各类专业商店、书店、餐馆、旅馆、银行、影院等组合而成,将购物、服务和娱乐休闲融为一体。

3. 代理商

代理商是指接受生产者的委托而从事销售业务,但不拥有商品所有权的中间商。代理商的主要职责是接受生产者委托,代替生产者在市场上从事营销活动。它负责寻找顾客,代表生产者与顾客洽商,办理代销、代运、代存业务,从中收取佣金或代理手续费。代理商没有商品的所有权,也没有出售商品的决定权,不必代垫商品资金和承担市场风险。代理商又可分为以下几类:

(1)制造代理商。企业代理商是指受生产企业委托签订协议,在一定区域内负责代理销售生产企业商品的中间商。制造代理商和生产企业之间是委托代理关系,代理商负责推销商品,履行商品销售职责,生产企业按销售额的一定比例付给制造代理商酬金。

(2)销售代理商。销售代理商是在签订合同的基础上,为委托人销售某些特定产品或全部产品的代理商。他们可对价格、条款及其他交易条件全权处理。这种代理商在纺织、木材、某些金属产品、某些食品、服装等行业中常见。

(3)独家代理商。独家代理商是指在指定地区和一定的期限内,由该独家代理商单独代表委托人从事有关的商业活动,委托人在该地区内不得再委派第二个代理商。按照惯例,委托人在代理区域内达成的交易,凡属独家代理商专营的商品,不论其是否通过该独家代理商,委托人都要向他支付约定比例的佣金。

（4）采购代理商。采购代理商是指与买主建立较长期的关系，为买主采购商品，并提供收货、验货、储存、送货等服务的机构。他们经验丰富、信息灵通，可向其委托人提供有益的市场情报，并为其采购价格适宜的优良商品。

（5）寄售商。寄售商是指经营现货代销业务的中间商。生产企业根据协议向寄售商交付产品，销售所得的货款扣除佣金及有关销售费用后，再由寄售商支付给生产企业。寄售商要自设仓库或铺面，以便存储、陈列商品，使顾客能及时购得现货。

（6）经纪人。经纪人是独立的企业或个人，其既无商品所有权，又无现货，只为买卖双方牵线搭桥，协助交易谈判。它可以为双方提供价格、产品及一般市场信息，在买卖双方洽谈销售业务时起媒介的作用。经纪人拿着货物说明书和样品，把卖主和买主结合在一起，介绍和促成卖主和买主成交。成交后，由卖主把货物直接运给买主，而经纪人向委托人收取一定的佣金。它不参与融资，也不承担任何风险。此外，有些生产者因为要推销新产品或开辟新市场，或因市场距离产地遥远，也可以利用经纪人推销产品。

7.3.3 中间商的作用

从生产者和消费者的交易过程来看，中间商的存在，可以将不同生产者的专业化产品集中起来，再根据购买者的不同需求对产品进行客户化，最终分别销售给不同的购买者，这样可以大大降低交易次数和交易成本。中间商的作用主要体现在以下几个方面。

1. 减少交易次数，降低流通费用

从产品生产到销售的整个环节，买卖双方都只与中间商接触，可以有效节约费用。使用中间商的经济效益表现为：如果5个生产者直接将产品各售予5个顾客，需要进行25次交易；而在同样条件下，通过一个中间商，交易次数则降到10次。交易次数的减少，使产品流通的效率大大提高。因此，中间商的介入减少了流通工作量。卖者和买者的数量越多，中间商介入所减少的交易次数及节约的社会总劳动就越多，这是中间商最重要的贡献。

2. 调节生产与消费之间的矛盾

中间商起着社会生产的"蓄水池"作用。一方面，中间商的存在可以调和供需之间在时间、地点和商品数量、种类等方面的矛盾；另一方面，中间商的存在能为买卖双方带来便利。对消费者而言，中间商充当了他们的采购代理的角色，可以在合适的时间和地点提供商品。

3. 有效组织和销售商品

中间商从不同的生产厂家购买产品，再将产品分销到消费者手中，在这个过程中，中间商可以根据不同消费者的需求来分割和分配商品，更好地满足消费者要求，同时增加产品销量。

4. 加强沟通和传递信息

中间商直接接触市场，对市场情况非常了解，可以收集与传递营销环境中有关营销调研信息帮助企业决策，也可以向购买者传递相关信息。

5. 为买卖双方提供营销和服务

大多数生产者缺乏营销经验和将产品直接销售给最终顾客所必需的资源与能力，而这些正是中间商所擅长的。中间商由从事市场营销的专业人员组成，他们更了解市场，更熟悉消费者，更有营销实践经验，对各种营销技巧掌握得更熟练，并掌握了更多的营销信息和交易关系。

因此,由他们来承担营销职能,既可以降低服务成本,还可以为消费者提供更周到和满意的服务。

7.3.4 无人机企业中间商情况

在智能手机和其他传统 3C 产品(计算机、通信和消费电子产品)开始呈现出销售疲软之态的今天,"智能硬件"已经成为近年来最受瞩目的消费电子品类。智能硬件作为物联网"万物互联"这一宏大生态圈中的重要组成部分,各大厂商和创业团队以及各方资本都对这一概念趋之若鹜。伴随着十多年的快速发展,消费级无人机可能是智能硬件中最成熟和最具规模的一个。

为增加与消费者的接触面,传统电子产品在分销的过程中,线下卖场和专卖店无疑是他们最熟悉的销售模式。与传统电子产品截然不同的无人机行业,它的崛起伴随着中国互联网行业的飞速发展,人们的生产生活越来越离不开电商平台。我们不能否定的是,电商正在逐渐蚕食消费类电子在线下渠道的销售份额,而消费级无人机最为明显。以国内某知名无人机企业为例,它不仅有官网,还在天猫、京东等第三方电商平台上建立了自己的旗舰店。

当然,尽管线下销售额逐渐萎缩,无人机行业仍然不能放弃线下渠道,所以它也会与各种形式的中间商建立相应的联系。以国内某知名无人机企业的国际市场为例,它的国际销售渠道包括网络渠道、代理商渠道和实体店渠道。其中代理商渠道有零售授权代理经销商,东京、洛杉矶、旧金山、鹿特丹、法兰克福等 17 个海外办事处管理着 50 余个海外代理商,且这个数字随着该企业的扩张会不断增长。另外,该企业在海外还发展了行业应用代理商,如农业植保机代理商、专业影像代理商等。该企业在海外的实体店渠道又包括了直营旗舰店、官方授权体验店和合作商店。该企业在首尔、香港等地建立了多家直营旗舰店,在旧金山、丹佛、纽约等多地建立了官方授权体验店,同时也与 500 余家苹果线下商店、欧洲顶级电子连锁零售大卖场建立了合作关系。

7.4 无人机分销渠道设计决策

7.4.1 分销渠道结构

分销过程之中,凡是在产品的所有权向消费者转移过程中承担了一定工作量的中间环节均可以构成分销渠道中的一个层次,分销渠道可以根据其层次的数目来划分类型。

1. 基本渠道结构

基本渠道结构是根据渠道的层次数量和同一层次中相同类型的中间商数量来确定的。其中,分销渠道中间层次数目称为分销渠道长度,而同一层次中同类型中间商的数量称为分销渠道宽度。

分销渠道长度可以根据中间层次多少分为零层、一层、二层、三层等几种较为常见的渠道类型。其中零层分销渠道也即直接渠道,主要是企业进行自产自销。原则上,一般将零层渠道和一层渠道称为短渠道,将二层以上的渠道称为长渠道。

渠道中每一层次中选用同种类型中间商数目的多少被称为分销渠道宽度。分销渠道中同一层次中的中间商数量为两个或两个以上的称为宽分销渠道,只有一个中间商来从事分销工作的是窄分销渠道。

2. 分销渠道宽度策略

根据产品和市场等相关特征,企业可以采用不同类型的分销渠道,具体有以下几种可供选择的分销渠道策略。

(1)广泛性分销渠道策略。该策略是指生产者对中间商不进行选择,选择尽可能多的中间商来销售本企业的产品的渠道策略。如果目标消费者购买该产品的次数多、单次购买量少且对品牌要求不高,企业可以采用此种渠道策略。这是日用消费品常用的一种典型性分销渠道策略。

(2)选择性分销渠道策略。选择性分销渠道策略是指生产者在某一个地区选择少数几个中间商来销售本企业产品的渠道策略。消费者购买次数少,并且比较注重品牌和购物环境,则可以采用此种分销渠道策略。该种分销方式可以通过加强对中间商的筛选或者是培养高档次的中间商来满足顾客的相关需要,另外,企业还要注重在服务和信用方面对中间商加强控制。

(3)专营性分销渠道策略。在一定地区内只选定一家中间商经销或代理,实行独家经营,并通过合同来确定合作关系,属于专营性分销渠道策略。独家分销是最窄的分销渠道,也是最极端的形式,通常只对某些技术性强的耐用消费品或名牌产品适用。独家分销对生产者的好处是,有利于控制中间商,提高他们的经营水平,也有利于加强产品形象,增加利润。但这种形式有一定风险,如果这一家中间商经营不善或发生意外情况,生产者必定要蒙受损失。采用独家分销形式时,通常产销双方议定,销方不得同时经营其他竞争性商品,产方也不得在同一地区另找其他中间商。这种独家经营既不利于市场良性竞争,也不利于企业开展市场竞争和扩大市场份额。

以上三种是最为常见的分销渠道策略,一般情况下,三者无法在同一时间和同一市场同时使用。但是随着市场状况的变化,分销渠道策略可以适应性地进行改变。

7.4.2 影响分销渠道选择的因素

企业进行渠道设计的中心环节是为了确定将产品送达消费者的最佳途径,但是不同分销渠道的特征和效果各异,不同产品需要不同的分销渠道。因此,企业如何选择和确定本产品的渠道结构,对于其产品的销售具有重要影响。

企业在进行渠道设计时必须充分考虑影响渠道设计的主要因素。影响分销渠道设计的因素很多,其中主要因素有市场环境因素、产品自身因素、企业条件因素等几种。

1. 产品自身因素

产品因素主要涉及产品的价格、体积与质量、易毁性、标准化程度和上市时间等。

(1)价格因素。产品价格是影响消费者购买的重要因素,所以也是确定分销渠道需要重点考虑的因素。一般而言,商品单价越低,其售后服务要求较低,消费者更多地希望购买方便,所以分销渠道一般宽又长,以追求规模效益。如生活日用品等。反之,单价越高,售后服务要求越高,路线越短,渠道越窄,如很多无人机产品单价都在千元以上,这种高价产品对售后的要求较高,不适合长而宽的分销渠道。

(2)产品体积与质量。由于产品的体积与重量影响其物流成本,因此体积庞大、质量较大的产品,如建材、水泥、大型机器设备等,要求采取运输路线最短、搬运过程中搬运次数最少的渠道甚至采取直接销售的方式，这样可以节省物流费用。而体积小、重量轻的产品则可以采用多环节的渠道模式来销售。

（3）产品易毁性。易腐烂、保质期短的产品，如新鲜蔬菜、肉类、海鲜等，多采用短分销渠道和窄分销渠道，因为时间拖延和重复搬运会造成巨大损失。而对于使用价值的耐久性越长、越不容易损坏的产品，则可以采用长分销渠道和宽分销渠道进行销售。

（4）产品标准化程度。产品的标准化程度越高，采用中间商的可能性越大。例如，毛巾、洗衣粉等日用品，以及标准工具等，单价低、毛利低，往往通过批发商转手。而对于那些技术性较强或定制性产品，企业要根据顾客要求进行生产，一般由生产者自己安排营销人员直接销售。

（5）上市时间。一般新产品在刚上市时，消费者了解较少，所以购买意愿不强烈，中间商也处于观望阶段。此时，生产企业需要加大广告宣传，并采用厂家直销或短分销渠道的形式进行销售，如人员推销和企业促销的方式，这样既可以拉近与消费者之间的距离，也可以了解消费者的真实需求和新品体验反馈。

延伸阅读

无人机智能巡检移动仓横空出世 构建泛在电力物联网的"新生态"

针对电网巡检工作中的切实需求，由北京中飞艾维航空科技有限公司（简称中飞艾维）、北京汽车集团越野车有限公司（简称北汽越野车）、北京智囊维实企业管理公司（简称智囊机构）组成的联合创新小组，日前共同研发出了越野性能优越、适用于野外安全作业、接口标准化、任务设置智能化、环境适应性强的智能巡检装备——无人机智能巡检移动仓，引起了业内外的广泛关注。

无人机智能巡检移动仓是为了解决电网巡检工作中的实际问题，由多方联合创新进行"产业双创"而诞生的"新物种"，是泛在电力物联网领域的一次创新性实践。通过应用物联网、人工智能、大数据分析、云计算等新技术，由单兵转为集群，由单线转为区域，形成区域网格化巡视，实现无人机大规模、自动化巡检，大幅提升输电线路的巡检效率，提高输电线路的巡检精确度，保障电网稳定运行。

移动仓可实现无人机的指挥控制、状态监测、数据处理和任务管理功能。包含停机坪系统、无人机电池充电、贮存单元、供电系统、维保空间、安全保障系统等模块，实现对电力设施的自动化巡检作业。同时移动仓拥有优秀的越野性能以及智能化一键巡检系统，不但可以适应复杂环境下的巡检工作，更降低了对于操作人员的技术需求，使巡检工作更加安全、高效、精准。

无人机智能巡检工作仓的软件技术正在不断更新，目前阶段已开始引入军工技术进行航迹规划升级，该技术的使用，使无人机巡线在智能化领域又前进了一步。无人机移动巡检装置系统可拓展应用，涵盖世界各地各行业用户，开展自动化的数据采集，提供个性化和智能化的数据分析与辅助决策。

随着更多伙伴的加入，除了在电力巡检领域外，无人机智能巡检移动仓未来在林业巡检、海洋巡检、城市交通巡检等行业中，也能提供智能化解决方案。无人机智能巡检移动仓不但解决了许多现实问题，也展示出如何运用科技创新的力量，更好地进行创新、创造、创业，为众多领域带来了新的想象空间，让梦想成为现实。

（资料来源：搜狐网）

2. 企业条件因素

由于企业所拥有的资源、能力和对渠道的控制要求不同,企业所选择的分销渠道也存在一定程度上的差异。因此,企业要从自身规模、营销能力、对渠道的控制能力等方面来确定分销渠道结构。

(1)企业的规模、声誉、资金实力。企业规模大、实力强,往往有能力提供部分商业职能,如仓储、运输、设立销售机构等,因此对分销渠道的选择余地也比较大,可以采取短渠道。而规模小、实力弱的企业,一般无力销售自己的产品,多采用长渠道。声誉好的企业,希望为之推销产品的中间商就多,生产者容易找到理想的中间商进行合作,但是对于声誉一般的企业来说则比较困难。

(2)企业的营销管理能力。营销管理能力和经验较强的企业可以通过自己的力量来从事分销活动,往往可以选择较短的渠道,甚至直销;而管理能力和经验较差的企业一般只能将产品的分销工作交给中间商去完成,自己专心于产品的生产。

(3)对分销渠道的控制能力。生产者为了实现其战略目标,往往要求对分销渠道实行不同程度的控制。如果要求对分销渠道采用强有力的控制手段,就会采取短渠道;反之,渠道可适当长些,让更多中间商进入而增加产品销售并分担风险。

(4)企业产品组合情况。企业产品组合之间如果存在一定相关性,能共享分销渠道,则可以采用窄渠道。反之,则可以采用多渠道或宽渠道来进行产品销售。

3. 市场环境因素

市场是分销渠道设计时最重要的影响因素之一。影响渠道市场特征的主要因素如下。

(1)市场类型与市场规模。不同类型的市场,要求不同的渠道与之相适应。例如,生产消费品的最终消费者购买行为与生产资料用户的购买行为不同,所以就需要有不同的分销渠道。产品的潜在顾客比较少,企业可以选择窄分销渠道和短分销渠道;如果目标市场规模较大,企业应该选择中间环节多的长分销渠道和宽分销渠道。

(2)顾客集中度。在顾客数量一定的条件下,消费者所分布的区域较小且集中,企业可以选择窄分销渠道和短分销渠道;如果消费者量大且分散,企业应该选择中间环节多的长分销渠道和宽分销渠道。

(3)用户购买习惯。如果用户每次购买的数量大或购买频率低,可采用窄分销渠道和短分销渠道;如果用户每次购买数量小、购买频率高时,则宜采用长而宽的渠道。

(4)竞争者的分销渠道。竞争者的分销策略对本企业的分销渠道策略有着至关重要的影响。在选择分销渠道时,一般来说,应该尽量避免和竞争者使用相同的分销渠道。但如果竞争者的产品覆盖的市场范围很广,则本企业产品也应该选择长而宽的分销渠道,以便与竞争者的渠道相抗衡。

4. 渠道环境

企业在选择分销渠道的时候,会根据渠道本身的特征、环境等因素来选择相应的分销策略。影响分销渠道设计的环境因素既多又复杂。企业要根据渠道中间环节的连锁程度、配套功能、效益高低等多项因素来选择分销策略。坚持的基本原则是选择的渠道应该能以最低的成本、最好的服务和最快的速度将产品送到最大范围的目标客户手中。

5. 法律政策

法律政策指与分销渠道有关的各种法规、执法机构及社会团体的活动。在我国，与渠道有关的法律有《中华人民共和国反不正当竞争法》《中华人民共和国价格法》《中华人民共和国产品质量法》。在无人机行业，企业在分销渠道选择过程中必须着重考虑我国各省市相继推出的无人机飞行管控的相关政策等。

7.4.3　无人机分销渠道设计

分销渠道设计是指建立以前从未存在过的分销渠道或对已经存在的渠道进行变更的营销活动。设计渠道一般包括确定渠道目标、分析服务产出水平、制定分销渠道方案和评估分销渠道方案四个方面。

1. 设立并调整分销目标

渠道设计的中心环节是确定产品到达目标市场的最佳路径。企业的分销目标应体现企业预期达到的顾客服务水平以及中间商应执行的职能，例如，中间商应该何时、何处、如何对目标顾客提供怎样的产品和服务。无论是创建渠道，还是对原有渠道进行变更，设计者都应该将企业的分销目标明确地列示出来。

设计营销渠道是为了更好地达到分销目的，完成分销任务。然而，在需要做出渠道设计决策的阶段，很多企业的分销目标往往尚不明确。因此，在这一阶段，渠道管理者应该仔细审核企业的分销目标，判断是否需要添加新的内容。同时，也要判定该分销目标是否与营销组合中其他领域的分销目标相一致，是否与企业的整体目标和策略相一致。

2. 评估影响渠道设计的因素

影响渠道设计的主要因素可以参考前述知识点，包括产品、企业、市场、政策环境等等。除此之外，我们还需要着重考虑渠道服务产出水平，它是指渠道策略对顾客购买商品和服务问题的解决程度。影响渠道服务产出水平的因素主要有五项。

(1) 购买批量，是指顾客每次购买商品的数量；

(2) 等候时间，是指顾客在订货或现场决定购买后，一直到拿到货物的平均等待时间；

(3) 便利程度，是指分销渠道为顾客购买商品提供的方便程度；

(4) 选择范围，是指分销渠道提供给顾客的商品花色、品种的数量；

(5) 售后服务，是指分销渠道为顾客提供的各种附加服务，包括信贷、送货、安装、维修等内容。

3. 制定分销渠道方案

有效的渠道设计应该以确定企业所要达到的市场为起点，没有任何一种渠道可以适应所有的企业、所有的产品。性质相似，甚至是同一种产品，有时也不得不采用截然不同的分销渠道。分销渠道制定的目标是：顺畅、便利开拓市场，提高市场占有率，经济性，市场覆盖面及密度，控制渠道。

(1) 确定渠道模式。企业分销渠道设计首先是要决定采取什么类型的分销渠道，是派推销人员上门推销或以其他方式自销，还是通过中间商分销。如果决定中间商分销，还要进一步决定选用什么类型和规模的中间商。

(2) 确定中间商的数目，也就是要决定渠道的宽度。这主要取决于产品本身的特点，市场容量的大小和需求面的宽窄。通常有四种可供选择的形式：广泛性分销、专营性分销、选择性分销以及复合式分销。

(3)规定渠道成员彼此的权利和责任。在确定了渠道的长度和宽度之后，企业还要规定其与中间商彼此之间的权利和责任，如对不同地区、不同类型的中间商和不同的购买量给予不同的价格折扣，提供质量保证和降价保证，以促使中间商积极进货。还要规定交货和结算条件，以及彼此为对方提供哪些服务，如产方提供零配件，代为培养技术人员，协助促销；销方提供市场信息和各种业务统计资料。在生产者同中间商签约时应包括以上内容。

4. 评估主要渠道方案

评估主要渠道方案的任务，是在那些看起来都可行的渠道结构方案中选择出最能满足企业长期营销目标的渠道结构方案。因此，必须运用一定的标准对所制订的渠道方案进行全面评价。其中常用的有经济性、可控制性和适应性三方面的标准。

(1)经济性，企业的最终目的在于获取最佳经济效益，因此，经济效益方面主要考虑的是每一条渠道的销售额与成本的关系。

(2)控制性，企业对渠道的控制力方面，自销当然比利用销售代理更有利。

(3)适应性，市场需求和由此产生的各个方面的变化，要求企业有一定的适应能力。

延伸阅读

AEE无人机公司在北美市场的渠道策略选择

在北美的一些特定市场区域，当地代理商与当地消费者有较好的合作关系，他们对当地市场比较熟悉，对于产品的反馈也比较直接。因此，通过在不同的市场区域寻找合适的代理商，通过代理商网络进行全球覆盖，能够快速进行铺货。通过与代理商建立紧密的合作关系，有利于深耕一些特定区域。

作为消费类自拍无人机产品，代理商能够给予公司当地市场的反馈，方便公司灵活调整当地零售和促销政策，尽可能地扩大销量。代理商作为公司客户，他们自负盈亏，公司的自拍无人机产品利润空间较大，通过给予一定价格优惠和促销政策支持，能够保证代理商的利润空间，双方都有钱可赚的情况下，更加容易形成利益捆绑关系，加深彼此合作关系。同时，代理商能够宣传公司营销和售后政策，提供及时的本地退换货服务，及时解决客户投诉并提高客户满意度。大多数代理商在当地经营多年，业务规模稳定，经济实力较强，能够为厂商分担经营风险。通过合作，扶持有诚意、有能力的代理商形成长期合作伙伴关系，逐步发展成总代理或者区域独家代理。通过长期合作，AEE公司能够与代理商保持良好的长期合作关系，使双方受益。

(资料来源：中国知网)

7.5 无人机分销渠道管理

分销渠道中存在的中间商很多，他们对生产企业的产品转移与销售起着非常重要的作用。因此，企业需要制订一套完整的针对中间商的管理模式，通过合理、有效的手段让中间商能更好地为产品分销服务。

前面我们已经详细了解了企业如何进行渠道设计，那么在进行渠道设计之后，还必须对个别中间商进行选择、激励、评估和调整,从而实现中间商管理模式化。

7.5.1 选择渠道成员

企业在渠道设计之初就要选择合理的分销渠道模式和中间商。因为不同中间商的规模、能力等都存在差别,而这种差别最终会作用到产品分销效果中去。因此,企业要确定合适的量化指标来进行中间商的选择。

1. 渠道成员合作意愿的强烈度

只有中间商与生产企业各个部门尤其是销售部门的配合度高,才能更好地服务于市场和开辟新市场。因此,渠道成员合作意愿越强烈,对企业的产品分销起到的积极作用就越大。

2. 渠道成员经营范围的大小

当中间商的经营范围与企业产品一致时,中间商就更容易帮助产品进入市场,并为企业节省营销成本,开拓市场,并提供良好的服务。

3. 渠道成员经营能力的强弱

中间商强大的经营能力能帮助企业促进销售、扩大市场、提高产品竞争力。因此,企业在选择渠道成员的时候需要综合考虑中间商的管理能力、营销能力,从而助力企业产品的分销工作。

4. 渠道成员诚信度的高低

信誉度高的中间商在消费者中的口碑较高,容易建立消费者忠诚,增加重复购买,从而有利于产品销售,帮助生产企业实现资金回笼和市场开发。

但是,生产企业与中间商的选择是双向的,整个选择过程并非全部由生产企业主导,中间商也有可能进行反向选择。一般情况下,知名度高、实力雄厚的生产企业很容易找到适合的中间商;而知名度低、新的中小生产企业较难找到适合的中间商。

7.5.2 激励渠道成员

中间商虽然是渠道中的成员,但同时也是独立的企业或者个人,存在自身的经营目标和利润目标。因此,生产者不仅要选择中间商,而且要经常激励中间商,使之尽职。

企业激励渠道成员需要掌握一定的方法和尺度,既不能激励不足也不能激励过剩。企业要激励渠道成员,不仅要了解中间商的需求与想法,还要掌握激励的幅度、性质和方法,一般企业可采用价格折扣、销售奖励、促销支持和返利等措施来对中间商进行激励。在中间商销售积极性不佳等特定情况下,可以对其采取减少利润、延迟交货、减少服务、终止关系等消极激励措施来刺激它提高销售效率。

激励渠道成员的方法有如下四种。

1. 企业做出适当让步

对于中间商的一些合理要求,企业应该做出适当让步,可以激励中间商为企业做出更多努力。

2. 提供优质产品

企业向中间商提供优质产品,一方面可以为中间商提供竞争的优势、获得更多盈利,另一方面也为企业自身赢得更多声誉和合作机会。

3. 给予更多权利

给予中间商适当的盈利、独家经销权或其他特许权利,可以让中间商获得被尊重和被信任的自豪感,从而有助于产品销售和市场拓展。

4. 真诚合作

双方之间关系亲密、真诚合作,可以从根本上对渠道成员进行激励,效果也更加明显。

7.5.3 分销渠道评估

中间商经过一段时间的产品销售和市场推广以后,生产企业需要对其工作成果进行合理的评估,从而为企业了解市场、激励中间商提供依据。因此,企业必须定期或不定期进行渠道评估,以掌握产品销售情况,适时调整分销渠道,从而维持和扩大目标市场。

分销渠道评估的实质是从多样化的方案中选择最能满足企业长期目标的方案。企业需要对各种可能的渠道选择方案进行评估,评估标准主要有三个,即经济性、控制性和适应性。

1. 经济性标准

经济标准是最重要的标准,也是企业营销的基本出发点。在分销渠道评估中,首先应该将该分销渠道所能带来的销售收入同耗费的成本进行比较,以评价分销渠道决策的合理性。这种比较可以从以下角度进行。

(1) 横向比较评估法。横向比较评估法用于比较分销渠道静态效益,就是对各种不同方案在同一时间可能产生的经济效益进行比较,从中选择经济效益较好的方案。

例如,某企业决定在某一地区销售无人机产品,有两种方案可供选择:一是在该地区直接建立销售机构,安排销售人员进行直销;二是利用该地区的代理商。前者的优势是,本企业销售人员专心于推销本企业的无人机产品,在销售本企业产品方面受过专门训练,比较积极肯干,且生产企业更受消费者的信赖。后者的优势是,代理商拥有的销售员人数远高于生产商,且代理商在当地建立了广泛的交际关系,对市场和消费者的了解更足,利用中间商所花费的固定成本低。

企业通过估价两个方案实现某一销售额所花费的成本,利用中间商更划算。

(2) 纵向比较评估法。纵向比较评估法用于比较分销渠道动态效益,就是对各种不同方案在实施过程中所引起的成本和收益的变化进行比较,从中选择在不同情况下应采取的渠道方案。

(3) 综合因素分析比较。除前述的经济效益之外,影响企业进行渠道选择和管理的因素非常多。因此,企业必须对几种方案进行评估,以确定哪一种最适合企业。评估的方法也很多,如计算机模拟法、数字模型等,在此不再一一赘述。

2. 控制性标准

企业对分销渠道的设计和选择不仅应考虑经济效益,还应该考虑企业能否对分销渠道实行有效的控制。因为分销渠道是否稳定对于企业能否维持其市场份额,实现其长远目标是至关重要的。

企业的自销系统是最容易控制的,但因为成本较高,市场覆盖面较窄,对企业来说并不是最优选择。而利用中间商分销,就应该充分考虑所选择的中间商的可控程度。通常情况下,特许经营、独家代理方式易于控制,但要真正做到对这些中间商的较强控制,企业也必须相应作出授予商标、技术、管理模式以及在同一地区不再使用其他中间商等承诺。在这种情况下,中间商的销售能力对企业影响很大,选择时必须十分慎重。如果在同一地区发展多家中间商来销售产品,对企业来说风险比较小,但对中间商的控制能力就会相应削弱。

对分销渠道控制能力的要求并不是绝对的。如果企业生产的是市场面较广、购买频率较高、消费偏好不明显的一般日用消费品,它的渠道就不需要过分强调控制;如果生产的是购买频率较低、消费偏好较明显、市场竞争非常激烈的高级耐用消费品,如消费级无人机,分销渠道的控制就显得尤为重要。总之,对分销渠道的控制应讲究适度性,将控制的必要性与控制成本加以比较,从而达到最佳的控制效果。

3. 适应性标准

在评估各渠道方案时,还有一项需要考虑的标准,那就是分销渠道是否具有地区、时间、中间商等适应性。

(1)地区适应性。生产企业在某一地区建立产品的分销渠道,应充分考虑该地区的消费水平、消费习惯、社会风俗等市场环境,并据此建立相应的分销渠道。例如,在我国广大的偏远乡村地区,消费者的消费水平低于正常水平,对无人机的需求与城市地区相比也会大幅下降,企业在建立分销渠道时就要着重考虑此问题。

(2)时间适应性。根据产品在市场上不同时期的销售状况,企业可采用不同的分销渠道。如,季节性商品在非当令季节就比较适合利用中间商的吸收和辐射能力进行销售,而在当令季节就比较适合扩大自销比重。

(3)中间商适应性。企业应根据市场上中间商的不同情况采取不同的分销渠道。如在某一市场若有个别销售能力特别强的中间商,渠道可以窄一点;若不存在销售能力突出的中间商,则可采取较宽的渠道。

7.5.4 无人机渠道冲突

生产企业一般采用长渠道或宽渠道来实现产品分销。因此,在分销渠道内部或渠道之间也存在着不同程度的冲突与竞争,而这种冲突与竞争对渠道正常作用的发挥存在重要影响。

1. 渠道冲突的原因

(1)目标不一致。生产企业和中间商两者作为不同的个体,所追求的目标存在差异,就会导致矛盾和冲突的出现。

(2)相互依赖度高。双方之间存在的密切依赖关系容易产生利益纠葛,也会导致冲突的出现。

(3)权责不明。如果双方在合作之初没有明确各自的权责,就有可能在合作的过程中出现业务交叉而导致冲突和竞争。

2. 渠道冲突的利弊

生产商与生产商、生产商与中间商、中间商与中间商之间甚至生产商与其直销办事处的冲突都是不可避免的。

(1)有可能诞生一种新的渠道运作模式,从长远看这种创新对消费者是有利的。

(2)完全没有渠道冲突和客户碰撞的生产商,其渠道覆盖与市场开拓可能存在瑕疵。

(3)渠道冲突的激烈程度还可以帮助判断冲突双方的实力情况及商品销售情况。

3. 渠道冲突的类型

(1)横向冲突,即同一层次的经销成员之间出现的冲突,这种冲突一般是同一层次的渠道成员因抢占市场或者开展促销活动所引起的。如果渠道领袖制定明确、可行的渠道政策,横向冲突一般是可以避免的。

(2)纵向冲突,指在渠道内部不同层次之间出现的利益冲突。这种冲突一般是由于不同层次之间因为利益讨价还价而引起的。纵向冲突一般难以避免,关键在于正确处理,尽量减少消极影响。

4. 渠道冲突的管理

渠道冲突对企业和中间商都会造成利益上的损害。因此,企业需要对渠道冲突进行正确的处理。

(1)加强渠道领袖的领导。渠道领袖以身作则并进行正确的领导,从而获取更多渠道成员的信赖,这样可以减少冲突的可能性,出现冲突以后也可能更快地予以解决。

(2)建立协同目标。企业应帮助渠道成员认识到共同利益并协同应对外部威胁,渠道成员之间才会进行通力合作,从而减少冲突出现的概率。

(3)调解和仲裁。渠道冲突出现且短时间内难以协调解决,可以通过调解和仲裁的方式解决争端,这种处理方法在万不得已的时候才会使用。

总之,分销渠道对产品的市场拓展具有非常重要的作用,需要企业对其进行合理的培养和管理,从而充分发挥渠道成员的积极性,为企业营销服务。

延伸阅读

广西 M 公司市场战略营销组织建立

要取得一定的市场份额,广西 M 无人机公司必须重视自身的营销体系建设,进一步完善管理方法,增强公司的营销管理力度。管理系统的总体目标是为公司获取大量利润。营销系统的实际工作职责涉及多个参与者和单位的管理方法,应建立以客户关系管理(CRM)为管理平台的智能可视化营销服务平台。

M 无人机公司未来五年战略目标是打造一款高市场认可度产品,举公司之力在全面的市场调研后,重点专注一款产品,在多个区域逐个取得良好的市场份额。因此,公司必须着眼于全局,预先谋划全国营销网络的建设,以省为销售中心,以地级市为渠道服务中心,逐步开发和建设全国性的市场营销服务网络。

目前 M 无人机公司已经拥有一支专业的直销队伍,但是面对巨大的行业潜在市场,仅靠自己还是不够的,必须依托二级渠道建设覆盖省会城市、地级市、县城、乡镇的销售网络。

按照业务规划,将直接客户和渠道客户分为 ABC 类,基本上将 A 类客户构造为原型客户,以促进其他客户的实际市场销售。根据区域销售市场和客户,可以集中公司的优势,重点放在 A 型销售市场和 A 型客户上,可以将公司分销商的经济效益提高到较大水平。根据对全国销售市场的实际掌握,公司必须开发和改善自己的网络系统结构。

市场份额的扩大为公司带来了可观的经济利润。确保除了深入营销外,还应注意销售阶段的可视化管理;扩大对大客户和样品销售市场的关注范围,抓好无人机产品市场使用情况的数据整理,对于服务质量和产品功能也应该通过一线的销售人员及时反馈回公司相关部门,同时需要做好城市端的产品推荐会和新技术交流会,促进名片产品的品牌建设。

其次,在市场拓展层面,广西M无人机公司必须采取以下具体措施:第一,增强产品优势,尽快融入销售市场竞争;第二,整合知名品牌进行市场推广;第三,集约经营的生产方式、发展模式按照区划规范和市场营销建立三级标准。

(资料来源:中国知网)

习　　题

一、单选题

1. 货物或劳务从生产者向消费者转移过程中取得所有权或帮助转移所有权的所有企业或个人称为(　　)。
   A. 营销渠道　　　B. 分销渠道　　　C. 人员促销　　　D. 制造商
2. 二层渠道称为(　　)。
   A. 短渠道　　　B. 长渠道　　　C. 窄渠道　　　D. 宽渠道
3. 日用消费品一般采用何种渠道策略进行分销?(　　)。
   A. 广泛性分销渠道　　　　　　　B. 选择性分销渠道
   C. 专营性分销渠道　　　　　　　D. 创新型分销渠道
4. 在所有渠道商中拥有产品所有权的是(　　)。
   A. 经销商　　　B. 经纪人　　　C. 销售代理商　　　D. 独家代理商
5. 以下哪一项不属于中间商的功能?(　　)。
   A. 沟通　　　B. 生产　　　C. 销售　　　D. 运输

二、多选题

1. 零售业态包括(　　)。
   A. 百货商店　　　B. 超级市场　　　D. 专业商店　　　D. 折扣商店
2. 影响分销渠道决策的因素包含(　　)。
   A. 产品　　　B. 企业　　　C. 市场　　　D. 政策法律环境
3. 激励成员的方法包括(　　)。
   A. 适当让步　　　B. 给予更多权利　　　C. 真诚合作　　　D. 提供优质产品
4. 渠道结构包含以下哪几种情况?(　　)。
   A. 长　　　D. 短　　　C. 宽　　　D. 窄
5. 中间商有哪几种类型?(　　)
   A. 批发商　　　B. 代理商　　　C. 零售商　　　D. 制造商

三、判断题

1. 经纪人主要作用是为买卖双方牵线搭桥,协助交易谈判,不拥有产品的所有权。(　　)。
2. 宽渠道是根据中间层次的多少来进行划分的。(　　)。
3. 分销渠道就等于营销渠道。(　　)。
4. 广泛性分销渠道策略是指生产者对中间商不做选择,使用尽可能多的批发商和零售商来销售本企业产品的渠道策略。(　　)。

5.专营性分销渠道一般用于分销日用品。（　　）。

四、名词解释

1. 选择性分销渠道策略

2. 广泛性分销渠道策略

3. 代理商

4. 分销渠道宽度

5. 中间商

五、简答题

1. 简述影响分销渠道决策的主要因素。

2. 简述产生渠道冲突的原因及解决方法。

3. 简述长分销渠道的优缺点。

4. 简述中间商的作用与功能。

5. 简述分销渠道评估标准。

模块八　无人机促销策略

教学目标

【知识目标】
1. 了解促销组合相关理念
2. 掌握无人机人员推销、营业推广和公共关系的策略
3. 掌握无人机企业促销方案的制订策略

【能力目标】
1. 具备促销策略分析能力，能准确选择适合无人机企业发展的促销策略
2. 具备根据无人机企业策略制定促销组合方案的能力

【素质目标】
1. 拓展学生在销售策划领域的知识
2. 培养学生正确的企业管理观念
3. 建立现代经营管理的组合思维
4. 树立客观评价促销组合策略的意识

现代市场营销不仅要求企业设计品质优良和生产适销对路的产品，制定具有吸引力和竞争力的价格，建立通畅的销售渠道确保产品顺利、便捷地到达消费者手中，而且还要求企业运用一定的促销手段，通过设计并传播有关产品的外观、特色、购买条件以及产品给目标顾客带来的利益等方面的信息，从而实现对市场形象的控制。

一种优质产品能否有好的销路，关键是顾客对该种产品所持的态度及其消费观念。因此，企业必须高度重视同中间商、客户等公众进行沟通。采用多种媒介进行有效的信息沟通，营造出消费和使用该产品的良好社会氛围和市场条件，从而促进销售的提升。

8.1　无人机促销组合策略

8.1.1　促销的概念与作用

1. 促销的概念

促销即促进销售，是通过人员或非人员的方法将有关产品、服务等企业相关信息传递给目标消费者，以帮助消费者熟悉企业和产品，并引起消费者的注意和兴趣，激发其购买欲望，影响其购买决策，促使其采取购买行为的营销活动。

2.促销的作用

(1)信息传递。现代市场营销活动是以满足消费者需求为前提,企业营销活动的顺利开展和目标的实现,关键在于生产者、经营者与消费者之间信息的有效沟通。促销过程即信息沟通过程,企业将产品或服务的相关信息传递给消费者,使买卖双方的认识趋于一致并保持良好关系,从而获得消费者的好感,激发消费者的购买欲望,促进消费者的购买行为。另外,企业还可以通过市场调研活动,根据信息反馈和消费者需要,制订相应的营销计划,保证企业营销活动的针对性和顺利进行。

一般情况下,这种信息的沟通是一个双向的过程。

在促销的信息沟通过程中,企业的营销管理部门是促销推广的主体,即一般由它们发出相关沟通信息,它们的基本任务是制订促销计划、确定促销信息、选择促销媒体、评价促销效果等;信息的接收者是促销推广的对象,即目标消费者和社会公众,企业的所有促销推广活动都必须围绕推广对象进行。

在信息沟通过程中,信息接收者对获得的信息做出反应并回传给推广主体,是信息的反馈过程。营销主体可以通过反馈检验推广的效果,并以此为依据改进或调整企业的营销计划和实施方案,以保证信息的有效沟通和企业促销目标的实现。

(2)诱导需求。从心理学角度来说,消费者的购买欲望来源于两个方面:一是自身的生理或心理需要;二是外界刺激,尤其是来自企业的营销刺激最为直接。消费者的购买行为主要取决于消费者的购买欲望,而消费者购买欲望往往受到企业促销、宣传等外界因素的影响,具有可诱导性。而促销的基本目就是引发、刺激消费者产生购买行为。因此,企业可以针对顾客的心理动机,通过采取适当的促销方式,诱导或激发顾客的购买欲望,引发他们的购买行为,从而创造顾客需求。

另外,促销还可以吸引消费者对企业的形象或产品产生注意和兴趣,激发其购买欲望,促使其采取购买行为。在一般情况下,消费者的态度直接影响和决定着消费者的行为。所以,要促进消费者的购买行为的产生,就必须充分利用各种方式,通过信息的传播和沟通,影响或转变消费者的态度,使其对本企业的产品产生兴趣和偏爱,进而做出购买决策。

例如,在抖音、小红书等很多短视频平台上,有大量视频博主分享的无人机拍摄画面,不仅画质好,而且拍摄角度是手机、摄影机等手持设备无法完成的,这就很容易诱发一些摄影爱好者的购买欲望,从而促进消费级无人机产品的销售。

(3)强化优势。随着市场经济的迅速发展,市场上同类产品之间的竞争日益激烈。企业要想取得竞争优势,就必须使自己的产品在众多的同类产品中脱颖而出,更容易被消费者识别。但如果没有掌握相关信息,消费者对不同企业所提供的许多同类产品和服务,在产品的实质和形式上难以觉察和区分。

在这种情况下,要使消费者在众多的同类产品中将本企业的产品识别出来,就需要通过有效的促销活动来宣传、介绍并突出本企业的产品的特点、能给消费者带来的特殊利益,以增强消费者对本企业产品的印象和好感,强化竞争优势,从而达到促进其购买的目的。

(4)树立形象。企业在顾客心中的形象直接影响其市场地位。良好企业形象的树立,除了在生产、服务过程中做好功课以外,还需要开展多样化的促销活动。只有大力宣传产品形象和企业形象,并配合一定的公关活动,才能不断提高企业声誉,从而稳定占有市场,巩固产品的市场地位。

目前,在国内外无人机消费者心目中,国内某知名无人机企业独占鳌头。这离不开该企业这十几年来在无人机行业的深耕细作而树立的良好品牌形象和企业形象。在很多航拍发烧友心目中,该企业的产品就是航拍无人机的代名词。

8.1.2 促销组合策略

1. 促销组合策略的概念

促销组合策略是企业根据产品特点和经营目标的要求,运用广告、人员推销、公关宣传、营业推广四种基本促销方式组合成一个策略系统,使企业的全部促销活动互相配合、协调一致,最大限度地发挥整体效果,从而顺利实现企业目标的一种整体促销措施。

促销组合体现了现代市场营销理论的核心思想——整体营销。促销组合是一种系统化的整体策略,四种基本促销方式构成了这一整体策略的四个子系统。每个子系统都包括了一些可变因素,即具体的促销手段或工具,某一因素的改变意味着组合关系的变化,也就意味着一个新的促销策略。

2. 几种促销形式

(1)人员推销,指企业推销人员或委托推销人员直接与消费者接触,运用一定的推销手段和技巧,向目标顾客进行产品介绍、推广,促进销售的沟通活动。

(2)广告促销,指企业以付费的方式,有计划地通过不同的媒体对产品进行广泛宣传,促进产品销售的传播活动。

(3)营业推广,指企业运用各种短期诱因鼓励消费者和中间商购买、经销或代理企业产品或服务的促销活动。

(4)公关宣传,指企业通过开展公共关系活动或通过第三方在各种传播媒体上宣传企业形象,促进与内部员工、外部公众良好关系的沟通活动,其最终目的也是促进产品销售。

3. 选择促销组合的影响因素

(1)促销目标因素。促销目标是影响促销组合决策的首要因素。每种促销工具(广告、人员推销、销售促进和人员推广)都有各自独有的特性和成本。企业必须根据具体的促销目标选择合适的促销工具组合。

另外,各种促销手段都需要一定的费用支持,且各种手段所需要的费用有所差别。人员推销、营业推广等所需资金相对来说较低,而广告宣传和公共关系所需资金则较大。此时,企业需要根据自己的促销预算情况适当选择促销手段。

对于无人机企业来说,新品发布和常规促销所使用的促销手段就有所差别。一般情况下,无人机企业推出新品多采用大范围的广告来让更多受众接收相关信息。

(2)市场因素。除了考虑促销目标外,市场特点也是影响促销组合决策的重要因素。市场特点受每一地区的文化、风俗习惯、经济政治环境等的影响,促销工具在不同类型的市场上所起作用是不同的,所以我们应该综合考虑市场和促销工具的特点,选择合适的促销工具,使它们相匹配,以达到最佳促销效果。

中国无人机企业在国内和国外市场的促销需要采用不同的手段。在国内,它们更多是需要让消费者了解和购买产品,因此结合人员和广告推销就可以取得较好的效果。但是要进军国外市场,适应当地的市场环境,就必须结合营业推广、公共关系、广告等多种形式的促销手段。

(3)产品因素。由于产品性质的不同,营销人员要根据产品的各种特点将产品分成不同的类型,再制定不同的促销组合策略。例如,对耐用品一般不采用营业推广的手段;而对一般消费品,企业可以采用大规模广告的形式进行促销;对科技含量比较高的产品多采用人员推广的形式。

在产品生命周期的不同阶段,需要达到的促销目标不同,因此不同阶段的促销工作也具有不同效益。在导入期,投入较大的资金用于广告和公共宣传,能产生较高的知名度,促销活动也是有效的。在成长期,广告和公共宣传可以继续加强,促销活动可以减少,因为这时所需的刺激较少。在成熟期,购买者已知道这一品牌,仅需要起提醒作用的广告,但是要加强销售促进。在衰退期,广告仍保持在提醒作用的水平,公共宣传已经消退,销售人员对这一产品仅给予最低限度的关注,然而销售促进要继续加强。

产品的档次和价格也影响了促销策略的选择。档次高、单价高的产品适合人员推销和公共关系,档次低、价格低的产品适合广告宣传和营业推广。

无人机行业又可分为消费级无人机和行业级无人机。相对来说,行业级无人机面向的是行业客户,专业性强、价格昂贵。因此,一般企业都采用销售人员与目标客户一对一沟通的方式来进行产品促销。

(4)消费者特征。目标顾客的集中性对促销策略存在影响。如果产品的目标顾客不集中,企业在制定策略时应该更多地考虑人员推销。如果较为集中,可以通过与之相适应的媒体进行广告宣传。

消费者处在产品购买的不同阶段时,各种促销方式的影响也不同。企业要分析现实和潜在消费者的情况,根据他们所处的不同购买阶段采取不同的促销方式。当消费者处于对产品的认知阶段时,广告和公共关系的作用最大。当处于了解阶段时,广告和人员推销的影响最大。当处于对产品建立信任阶段时,消费者主要受人员推销的影响,其次才是广告。当销售成交时,主要受人员推销和营业推广的影响。当再次购买时,主要受人员推销和营业推广的影响,也或多或少地受提示性广告的影响。

无人机爱好者一般都愿意通过论坛、协会或者群聊的方式进行沟通和分享无人机使用心得,这就使无人机企业的目标客户异常集中。因此企业的营销部门对此类信息异常关注,并通过这些渠道进行相应的广告宣传。

8.2 人员推销策略

人员推销策略是推销人员在一定的推销环境里,与目标顾客面对面接触,运用一定的推销技术与手段,使目标顾客认识产品或劳务的性能、特征并说服其购买,实现自身推销目标的沟通协调活动的过程。简单地说,就是推销人员通过帮助和说服等手段促使顾客采取购买行为的活动过程。也就是说消费者购买行为的产生主要受人员推销的影响,其次才是受其他促销手段的影响。

8.2.1 人员推销的概念

1. 人员推销的概念

人员推销是指通过推销人员深入中间商或购买者进行直接的宣传介绍活动，使中间商或购买者采取购买行为的促销方式。这种促销方式的实质是由推销人员与目标顾客进行面对面沟通的过程。这里的目标顾客包括消费者、生产用户和中间商。人员推销在众多促销方式中显现出了不可替代的优势，但也存在一定的局限性。

2. 人员推销的基本形式

（1）上门推销。上门推销是最常见的人员推销形式。它是由推销人员携带产品的样品、说明书和订单走访顾客，推销产品。这种方式可以针对顾客需要提供有效的服务，有利于增进推销人员和顾客之间的情感联系。这种最为古老、最为熟悉的推销方式是被企业和公众广泛认可和接受的主要推销方式。

（2）柜台推销。柜台推销又称门市推销。它是指企业在适当地点设置固定的营业场所，由营业员接待进入营业场所的顾客，推销产品。这里的营业员就是广义的推销人员。柜台推销与上门推销正好相反，是一种普遍的等客上门的推销方式。这种方式的优点在于产品种类齐全、式样丰富齐全，能满足顾客多方面的购买需求，为顾客提供较多的购买方便，因此顾客乐于接受这种推销方式。

（3）会议推销。它是指利用各种会议向与会人员宣传和介绍产品，开展推销活动。例如，在订货会、交易会、展览会、物资交流会等会议上推销产品都属于会议推销。这种推销方式的特点是接触面广、推销集中，可以同时向多个对象推销产品，成交额较大，推销效果较好。

以某品牌无人机为例，它的消费级产品促销采用的主要形式之一就是召开发布会与行业展会，这是典型的会议推销。发布会与行业展会的促销形式能够充分发挥其技术的比较优势，精准定位面向的消费群体以及专业媒体。在消费级无人机产品上，其他的竞争对手也同样采取了这样的形式，这势必会使媒体和消费者会对不同公司产品的性能、价格各方面进行仔细的比较，对产品的创新性要求较高。而行业级产品由于适配的领域差异较大，展会促销效果受限，一般采用企业/政府方案定制、比价招标的形式。

8.2.2 人员推销的步骤

1. 寻找顾客

人员推销有定向的目标群体，因此推销人员必须先确定自己的潜在顾客，再开展实际推销工作。寻找顾客具有两层含义：首先根据推销产品的特点，找到有可能成为潜在顾客的基本条件。这个基本条件框定了产品的顾客群体范围、类型及推销的重点区域。其次是根据潜在顾客的基本条件，通过各种线索和渠道，来寻找和接触符合这些条件的顾客。因此，推销人员要善于挖掘与识别潜在顾客，并采取相应的措施来提高人员推销的成功率。

2. 接洽准备

推销洽谈前的准备工作主要包括了解客户信息、确定洽谈目标、拟定洽谈方案等。洽谈前的准备工作做得是否充分是决定洽谈成败的关键。准备工作做得充分,洽谈时就能把握主动权,否则容易让自己陷于被动状态,难以取得理想的效果。

3. 接近顾客

接近顾客是指推销人员以推销产品为目的与目标顾客进行的初步接触。能否成功地接近顾客,直接关系到整个推销工作的成败。在这个过程中,争取主动权,引起顾客兴趣,使顾客有继续谈下去的热情和信心,推销人员还要掌握一定的方法和技巧,如注重自身言谈举止,从顾客感兴趣的话题开始切入,并把握消费心理,积极引导、启发、刺激消费者的注意和兴趣等等。

4. 推销面谈

推销面谈是指推销人员运用各种技巧和方法说服顾客购买的过程,是整个推销活动中的关键环节,其目的在于向顾客传递有关商品信息及有关企业经营服务方面的信息,诱发顾客的购买动机,激发顾客的购买欲望,说服顾客采取购买行动。

5. 异议处理

异议是顾客对推销人员或其推销的产品、推销活动所做出的怀疑、否定或反面意见的相关反应。常见的异议有需求异议、产品异议、价格异议、权力异议、信用异议、财力异议、服务异议等。推销人员必须首先认真分析顾客异议的类型及问题根源,然后有针对性地加以处理。处理顾客异议常用的有直接否定法、迂回否定法、转化处理法、询问处理法、回避及预防处理法等。

6. 达成交易

达成交易是消费者接受推销人员的建议,做出购买决定和行动的过程。在买卖双方的洽谈过程中,当顾客产生较强的购买欲望时,会通过语言信息或非语言信息表露出购买的意向。这时,推销人员要善于捕捉这些信息,抓住时机,通过总结产品优点、承诺给予优惠或保证售后服务等方法促成交易。

7. 跟踪服务

达成交易并不意味着整个推销活动的结束,推销人员还必须为顾客提供各种售后服务,如安装、维修、退换货等,以消除消费者的后顾之忧,树立信誉。同时,推销人员通过定期回访等形式进行服务跟踪,还可以获得各种信息,从而积累经验并为企业营销决策提供参考。因此,跟踪服务是人员推销的最后一个环节,也是新一轮工作的起点,它能加深顾客对企业和产品的信赖,促成重复购买。

延伸阅读

B 无人机公司的海外售后服务政策

B 公司在海外强大的售后服务体系是它的产品促销名片。B 海外售后服务部主要由公司海外营销体系管理,采取由代理商和分销商为终端消费者提供技术支持、技术产品培训、配件供应、售后服务销售支持等的模式。在法国,代理商在巴黎和里昂开设了授权维修点,同时组建专门的人员队伍为客户解决具体问题。从售后服务的业务范围来看,重点涉及到服务团队、保修政策、技术培训、保修服务和售后服务销售等五个方面。

服务团队由售后服务经理负责,下设服务培训专员和维修技师团队等各模块角色成员,通过呼叫中心和ASS(售后服务)信息系统全天候处理并解决合作伙伴或最终消费者反馈回来的各类售后问题。

根据法国航空法规和欧盟法律要求,根据当地市场营销需要,B公司为其产品提供两年保修政策,电池、飞行控制模块和相机模块等提供半年保修政策。

对代理商和最终分销商包括零售卖场等,B公司定期组织其售后、销售人员的培训,让其熟悉操作专用的售后服务系统。除上述培训,B公司还会针对飞行控制模块和相机模块等进行专项培训,确保其掌握基本的维修技术。

在新品退货方面,B公司通过售后服务系统来接收客户的DOA(到货即损),即开机无法使用的退货及售后维修服务的跟踪。在维修方面,代理商只要根据系统提示上传相关材料,B公司售后服务中心将在24小时内给予处理答复并确保整个回复周期不超过72小时,目前该系统对所有代理商开放。

(资料来源:中国知网)

8.2.3 人员推销的组织管理

1. 推销人员的职责

推销人员的主要职责是挑选推销人员和开展人员推销活动的基本依据,包括以下三个方面。

(1)搜集市场信息。这是推销人员的一项基本职责,也是了解市场和顾客的基本途径。涉及的市场信息主要包括与推销工作密切相关的信息和资料,如企业的基本销售目标、经营方式、信贷条件、交货期限等;产品的全部知识,能向顾客说明购买和使用本产品能得到的效益及产品的售后服务情况;竞争对手的产品特点、竞争对手的市场营销战略和战术;市场现状及发展趋势等。

(2)制订并执行推销计划。推销人员在了解必需的信息资料之后,就应着手制订推销计划。在实际推销过程中,推销人员要争取引起购买者的注意和兴趣,刺激其购买欲望,可以利用提供产品鉴定证明、示范使用产品、请购买者亲自试用产品等方法,取得顾客的信任,还要善于正确处理反对意见,并运用一些策略和技巧达成交易。

(3)做好售后服务沟通。在产品销售出去以后,推销人员还应该定期进行回访并继续为其服务;定期了解顾客对产品的意见和建议,采取改进措施,充分履行安装、维修、退货等服务方面的保证。

2. 推销人员的修养

成功的推销必须有优秀的推销人员。推销人员既是企业的代表,更是顾客的顾问,因此,推销人员必须在服务精神、工作作风、业务知识、推销技巧等方面具备良好的素质和条件。

(1)遵守职业道德。推销人员必须时刻牢记的一点是推销术绝对不是骗术。在推销过程中隐瞒自己产品的缺陷,把产品吹得天花乱坠,绝对不可能成为一名优秀的推销员。推销员应该做到诚实信用、公平交易,用诚恳的态度、诚实的经营和诚心的服务赢得顾客的信任。良好的道德品质会使推销员产生一种亲和力,产生对顾客的感化力量,最终促进产品销售。

(2)较强的应变能力。推销员一般都需要独立开展工作,需要与不同性格和处事方式的人打交道,因此在推销之前无论准备工作做得多充分,都有可能遇到突发情况,此时就要求推销人员能善于应对和处理各种复杂局面,并为销售创造机会。

(3)敏锐的洞察能力。市场和顾客的情况千变万化。一个有敏锐观察能力的推销人员,能及时发现和抓住市场机会,揣摩顾客的购买意图和购买心理,提高推销的成功率。

(4)较强的进取心和事业心。在市场竞争日趋激烈的情况下,推销工作极其艰难。推销人员需要具有不达目的誓不罢休的决心和信心,具有果敢坚毅、百折不挠的心理素质,也要有忠诚心和事业心,这样才能与顾客建立长期稳定的业务关系,做好顾客管理工作,从而使销售工作取得长期的实效。

(5)良好的形象和口才。推销人员的形象是企业形象的重要组成部分,因此推销人员在面对顾客时应注意着装和举止得体,并能清楚地表达问题,让顾客清晰地获知他们想要了解的信息。所以说,良好的形象、风度和口才是对推销人员的一项重要要求。

(6)丰富的知识储备。推销人员经常与各种各样的顾客打交道,需要具有丰富的知识储备。所以,推销人员应有旺盛的求知欲,勤于学习并掌握多方面的知识,这样运用起来才会游刃有余。相对来说,无人机是一个新兴的、科技含量高的行业,涉及传感器、航空动力推进、信息处理、智能控制、高分辨率影像采集等多项技术,对于无人机企业推销人员来说,他们的知识储备要比一般的推销人员更高才能适应行业需要。

8.3 广告策略

8.3.1 广告的概念与作用

1. 广告的概念

广义的广告包括非商业广告和商业广告,狭义的广告专指商业广告。非商业广告是指不以营利为目的的广告,如政府行政部门、社会事业单位乃至个人的各种公告、启事、声明等。商业广告又称经济广告,是指广告客户以付费的方式,有计划地运用公共媒体对其商品或服务进行宣传,借以向消费者传递信息,影响人们对广告商品或服务的态度,进而诱发其购买行为的活动。

可以根据不同的标准对广告进行分类。

(1)根据广告的传播区域划分。①全国性广告。它是指采用信息传播能覆盖全国的媒体所做的广告,从而激发全国消费者对产品产生需求的一种广告形式。广播电视、全国发行的报纸杂志都属于全国性的广告载体。这种广告方式费用较高,适合生产规模大、服务范围广的大型企业。

②地区性广告。指采用信息传播只能覆盖这一区域的媒体所做的广告,达到刺激该区域市场消费者需求的目的。省、市、县级报纸杂志、广播电视属于此类广告载体,悬挂于公共场所的灯牌等广告载体也属于区域性广告。此类广告传播范围小,适合生产规模小、产品通用性不强的企业和产品进行广告宣传。

(2)根据广告的内容和目的划分。①产品广告。它是针对商品销售开展的大众传播活动。产品广告按照目的的不同又可以划分为开拓性广告、竞争性广告和提醒性广告。

②企业广告。这类广告着重介绍企业名称、企业精神和企业概况等有关企业信息,目的在于提高企业声望、形象和信誉。格力电器的广告多属于此类,"好空调,格力造"成为一句人们

耳熟能详的广告词。

(3)根据广告的载体划分。有报纸广告、广播广告、电视广告、网络广告等等。

2.广告的特征

(1)广告是一种有计划、有目的商业活动。

(2)广告活动的主体是提供产品和服务的企业,而广告活动的对象是广大消费者。

(3)广告活动的内容是企业有计划地选择的商品或服务。

(4)广告活动需要一定的媒介,一般是通过大众传播媒介来进行的,而不是面对面地向消费者传播。

3.广告的作用

(1)传播产品信息。传播信息是广告的基本功能,也是广告最为重要的功能。有目的地、准确地传达广告信息是广告设计的首要任务。现代商业社会中,商品和服务信息绝大多数都是通过广告传递的,通过各种广告方式,商品和服务才能被消费者接受和认识。由于文化水平、个人经历、受教育程度、理解能力的不同,消费者对信息的感受和反应也会不一样,所以设计时需仔细把握。

(2)刺激需求。消费者的某些需求处于潜在状态,只有经过刺激以后才可能引起实际的购买行为。而广告是激发人们潜在需求的有效工具。消费者的潜在需求一旦被激发,扩大销售便是顺理成章的事。

(3)陶冶情操。好的广告作品能以其美感力量增强广告的感染力,使消费者沉浸在商品和服务形象带来的愉悦中,自觉接受广告的引导。因此广告设计时,可通过多种艺术手法对画面进行处理,使之符合人们的审美要求。好的广告不但可以激发消费者的审美能力,还可有效地引导其在物质文化和生活方式上的消费观念。

(4)抑制竞争对手。很多大企业抢占各种媒体的黄金时间和黄金版面,有时并不是因为企业自身或产品的知名度不够,而是为了不让竞争对手抢走具有良好效果的广告播出时间段和版面,从而增强自身竞争力。

(5)宣传品牌形象。企业的形象和品牌决定了企业和产品在消费者心中的地位,这地位通常靠企业的实力和广告战略来维护和塑造。很多老牌企业或者新兴企业砸重金冠名各种知名度高的综艺节目,就是为了宣传品牌形象,加深消费者认知。

8.3.2 广告媒体的种类

随着市场经济的发展和市场需要的多样化,广告媒体也越来越纷繁复杂。不同的广告媒体有着不同的特点和作用,企业要根据产品、市场的特点、自身条件和需要,有计划地选择适当的广告媒体,以达到预期的广告效果。

1.网络

网络媒体作为一种新兴的广告媒体,它的优势主要是覆盖地域宽广,不受时间、地域限制,费用低廉,内容更换容易,图文并茂,视觉和浏览效果较好;局限性在于无法覆盖网络之外的人群。

当今时代,网络媒体中以自媒体最热。自媒体是指普通大众通过网络等途径向外发布他们亲身经历的事实和新闻的传播方式。自媒体是私人化、平民化、普泛化、自主化的传播者,以现代化、电子化的手段,向不特定的大多数或者特定的单个人传递规范性及非规范性信息的新媒体的总称。

自媒体为消费级无人机产品的信息传播做出了重要贡献。一些航拍爱好者在短视频平台的使用体验分享在无形中为无人机产品和企业塑造了一种或好或坏的口碑,所以企业必须高度重视这种广告传播方式。

2. 广播

广播广告是指利用无线电或有线广播为媒体播送传导的广告。其优势在于传收同步,听众容易收听到最快最新的商品信息,而且其每天重播频率高,收播对象层次广泛、速度快,广告制作费用也低。其局限性是只有信息的听觉刺激,而没有视觉刺激,而且广播广告的频段相对不太固定,需要经常调整,也妨碍了企业相关信息的传播。目前来说,广播媒体更适合一些区域性的产品和服务的宣传。

3. 电视

电视广告是指利用电视为媒体传播放映的广告。优势是覆盖面广,收视率高;直观、生动形象,感染性强;娱乐性强,宣传效果好,重复使用方便,可信度高。局限是电视广告制作成本高,电视播放收费高,播放时间短。由于通过电视媒体的广告费用很高,小型企业无力问津。

4. 报纸

报纸是传统的四大媒体之一,也是我国当前主要的广告载体之一。报纸广告的优势是:覆盖面宽,读者稳定,白纸黑字便于保存,可以多次传播信息,制作成本低廉等。缺点在于广告时效短、重复性差、保存性差;易分散读者注意力;面向的读者群比较单一。

5. 杂志

杂志广告是指利用杂志的封面、封底、内页、插页为媒体刊登的广告。优点是广告对象明确、针对性强;阅读率和保存率比较高,广告时效长;广告画面鲜明,易引人注目,如妇女杂志、体育杂志、医药保健杂志、汽车摩托车杂志等,有利于有的放矢地刊登相对应的商品广告。缺点是发行周期较长,因此信息传递延时性较大;读者群比较窄。

8.3.3 广告设计的原则与策略

1. 广告设计的基本原则

(1)真实性。真实性是广告的生命,它可以帮助企业建立自身及其产品的信誉,维护消费者利益。因此,企业及其产品的广告必须真实、健康,不能无中生有、以次充好、夸大其词。

(2)思想性。广告不仅是一种促销活动,而且还是传播意识形态的工具。广告借助文学、音乐、美术等艺术形式,通过大众化的媒体进行传播,必然会对人们的思想意识、生活方式及社会风气产生非常大的影响。因此,广告设计在强调经济效益的同时,要注意内容的健康性和思想性,把形式美和内容美统一起来,追求思想性和艺术性的统一,抛弃低级趣味的糟粕,以利于精神文明的建设。

(3)创新性。新颖和独特性是吸引消费者注意的重要因素。从内容到形式,从语言到图像、色彩等均要显示个性,广告才能生动活泼,富有鼓动性和吸引力。

(4)简洁性。产品广告不仅仅是宣传产品功能的说明书,更要在第一眼就抓住消费者的眼球。因此,广告的文字、图画及其他部分要把选定的主题协调、和谐地用最通俗和最鲜明的方式表达出来,力争简洁醒目,易懂易记。

(5)针对性。广告的目的之一是刺激消费需求,因此设计时要针对目标受众的心理特征、关注的问题和存在的疑虑做出科学、理性的介绍,以增强说服力。

2.广告设计策略

广告是借助科学艺术手段,刺激人们的感觉来取得所需要的宣传效果。只有那些给消费者留下深刻印象的广告才能起到应有的作用,才能使促销活动成功。

(1)赋予形象。由于大多数产品日益标准化和复杂化,普通顾客很难客观地给它们以公平的评价和对待,因此,企业可以利用广告宣传为自己的产品塑造独特的、独具魅力的"品质",以引起顾客对产品的感情依恋。这样,当顾客看到某种产品或者听到产品名称时,该产品的内涵形象便会出现在顾客心目中,从而帮助顾客非理性地判断和区别产品,达到诱发顾客购买欲望的目的。例如,大疆的无人机产品在人们心目中就是无人机行业的代表,当人们对无人机产生消费需求时,首先想到的品牌就是大疆。

(2)名人效应。人们对社会名人普遍存在仰慕的心理,可以利用名人效应来进行广告宣传。在广告中利用名人效应一般都是采用品牌或产品代言人的方式。

(3)新奇效应。除少数人因为特殊的需要而有意识地去浏览广告以外,大多数人在视听广告时都处于无意识状态。这时,只有使他们首先产生无意注意,然后才可能转为有意注意。所以,在当今广告充斥的世界里,必须把广告做得有特色才能引起顾客的无意注意,进而引起有意注意。

(4)逆反心理。由于人们普遍存在逆反心理,因此,企业若利用这种心理,换个角度,从侧面去做广告,往往可以取得出其不意的效果。总的来说,利用顾客的逆反心理做广告主要有以下几种手法,如以长托短、以短比短、以短揭长等。

(5)赞助、公益广告。赞助广告是利用纪念活动、比赛活动,由企业出资赞助,从中取得插播广告的权利。企业做赞助广告的目的是提高其知名度,从而有利于企业产品的销售。公益广告是免费做广告为社会或公众提供福利。从表面上看,公益广告是完全为公众免费服务,但可以使企业增加美誉度,间接促进了销售,因此起到了"不是广告胜似广告"的作用。

延伸阅读

国内 C 品牌无人机在国内市场的广告策略

针对自拍娱乐这一细分市场,C 公司团队通过网络媒体的调研发现目标人群是手机和相机的重度使用者,他们平时喜欢旅游、喜欢和朋友聚会并分享到社交网络上,但对于消费级无人机的认知是操作复杂、价格昂贵,后期处理麻烦,认为无人机是孩子的玩具等。因此设定广告传播的目标是为了改变这一部分人群的想法,围绕 Spark 这款产品,采用"点亮精彩瞬间"这一广告语传播产品所具备的简单操控、轻松编辑、轻松分享的卖点。在社交媒体方面,通过 C 公司官网、Youtube、Facebook 和 Twitter 等发起朋友自拍合影创意比赛、比一比谁的航拍短视频更有趣等活动吸引目标消费者参与。在卖场陈列方面,保持陈列视频持续传播,注重强调即拍即得和快速分享等功能。在路牌广告方面,把手势操纵和朋友家庭欢乐自拍的场景重点体现。在卖场传单方面,配合夹层彩页把 Spark 的创新设计和价格信息呈现给潜在消费者。

针对航拍时尚这一细分市场,C 公司团队通过调研发现目标人群对消费级无人机已经有了一定认识,他们爱好摄影,是微单相机或者单反相机的重度使用者,喜欢自然风格的旅游,喜欢户外运动,对视频和图像的编辑有一定基础。因此设定的广告传播目标是提升其对航拍无人机应用场景的认知。围绕 Mavic Pro 这款产品,用"宇宙万象 尽在掌握"的广告语来着力于改变消费者对产品属性的认知,着力强调其性能强大但价格实惠的价值主张。强调产品可以满足各种创意视频和图片的拍摄,而且简单便捷,方便携带等。在卖场陈列方面,把Mavic的可折叠功能这一特征做重点展示,并且把陈列集中在摄影器材区,同时在旁边设置飞笼,让每个经过的消费者都可以进行试飞。在电商主页上,把旅游和活动的使用场景做直接展示并推送到大众面前。

针对影视创作这一细分市场,C公司团队通过对现有用户的调研发现,具有影视创作方面需求的这类客户群本身对无人机的认识较深。围绕Phantom 4"独聚慧眼智所未见"的广告语,强调性能可靠的全避障功能和创作好帮手的卖点及高质高价的价值主张。其广告目标主要是说服性为主,着力传播产品的功能强大和创作质量稳定这一卖点,因此广告媒体主要选择当地主流的摄影杂志,在封底的广告上面发布C公司的新品,同时发布对知名摄影师的采访,让其谈对使用该公司无人机的感想。在电视媒体广告方面,赞助国内3台电视频道的纪录片拍摄器材,并通过其摄影团队成员的作品去影响并激发这部分用户对影视创作无人机的认知。在网上摄影论坛方面,做论坛主页广告,组织航拍研习社,开展演讲活动来发展更多的摄影爱好者。

(**资料来源**:中国知网)

8.3.4 广告预算策略

1. 广告预算与作用

广告预算是在某特定时间内,对于广告活动所需经费总额及其使用范围、分配方法的策划。广告所有活动的实施,要以广告预算来支持。多数企业是依据广告预算来制定广告策略的,即由广告费用投入决定进行多大规模的广告活动。

广告预算在进行广告活动中具有很重要的现实意义,广告预算多了,会造成浪费,广告预算少了会影响必要的广告宣传活动,甚至影响整个销售环节,在竞争中处于不利地位。其具体意义体现在以下几个方面。

(1)使经费使用合理。广告预算的主要目的就是有计划地使用广告经费。广告预算对每一项广告活动应投入多少费用都做了合理分配,保证广告经费的合理支出,避免不必要的浪费。

(2)提供广告活动的控制手段。广告预算对广告费用金额、分配方式都做了明确的规划,这些规划又直接影响到广告方式的选择。这就为企业有效地对广告活动进行管理和控制提供了依据,保证广告目标与企业营销目标一致,确保广告活动按计划进行。

(3)提供效果评价的指标。评价广告效果的主要标准是看广告活动在多大程度上实现了广告目标的要求。广告预算对广告费用的每项支出都做出了具体规定,这就为广告效果与广告费用的对比提供了依据。

2. 广告预算的组成

广告预算主要包括广告活动中所需的各种费用:市场调研费、广告设计费、广告制作费、广告媒介使用租金、广告机构办公费与人员工资等。依据其用途,可以把广告费划分为直接广告费和间接广告费、自营广告费与他营广告费、固定广告费和变动广告费。

直接广告费是指直接用于广告活动的设计制作费用和媒介租金,间接广告费是企业广告部门的行政费用。在管理上,应当尽量压缩间接广告费,增加直接广告费的比例。

自营广告费是指广告主本身所用的广告费,包括本企业的直接与间接广告费。他营广告费是指委托其他广告专业部门代理广告活动的一切费用。一般而言,他营广告费在财务上比自营广告费要节约,使用效益也更好。

固定广告费是自营广告的人员组织费用及其他管理费,这些费用开支在一定的时期内是相对固定的。变动广告费是因广告实施量的大小而起变化的费用,如随着数量、距离、面积、时间等各种因素的影响而变化的费用。变动广告费又因广告媒介不同,可以是递增变动,也可以是递减变动。

3. 广告预算的策略

目前为广告界所采用的制定广告预算的方法有数十种之多,常见的有以下几种。

(1)销售额百分比法。这种计算方法是以一定期限内的销售额的一定比率计算出广告费总额。销售额百分比计算法简单方便,缺点主要是过于呆板,不能适应市场变化。

(2)利润百分率法。利润额根据计算方法不同,可分为实现利润和纯利润两种百分率计算法。这种方法在计算上较简便。同时,使广告费和利润直接挂钩,适合于不同产品间的广告费分配,但对新上市产品不适用。新产品上市要大量做广告,掀起广告攻势,广告开支比例自然就大。

(3)销售单位法。这是以每件产品的广告费分摊来计算广告预算的方法。按计划销售数为基数计算,方法简便,特别适合于薄利多销的产品,同时可方便地掌握广告效果。公式为

$$广告预算 = (上年广告费/上年产品销售件数) \times 本年产品计划销售件数$$

(4)目标达成法。这种方法是根据企业的市场战略和销售目标来具体确立广告的目标,再根据广告目标要求所需要采取的广告战略,制订出广告计划,再进行广告预算。这一方法比较科学,尤其对新上市产品发动强力推销是很有益处的,可以灵活地适应市场营销的变化。其公式为

$$广告费 = 目标人数 \times 平均每人每次广告到达费用 \times 广告次数$$

(5)任意增减法。以上年或前期广告费作为基数,根据财力和市场需要,对其进行增减,以此计算广告预算。此法无科学依据,多为一般小企业或临时性广告开支所采用。

8.3.5 广告效果评估

广告效果是广告对其接受者所产生的直接或间接的影响,以及所达到的综合效应。从广告效果的形成过程来看,广告效果可以划分为广告认知效果、广告心理效果和广告销售效果三个层面。广告效果的评估一般是指广告经济效果的评估。广告效果的评估,就是调查消费者对于各种媒体,如报纸、杂志、电台、电视、户外广告等的接触情形和产生的购买行为情况。

1. 广告效果的鉴定

(1)按涵盖内容和影响范围划分。按广告涵盖的内容和影响范围,广告效果可分为传播效果、经济效果和社会效果,这是最为常见的划分方法。

①广告传播效果,又称为广告的心理效果。它是指广告刊播后,受众对广告的印象以及引起的各种心理效应,表现为广告对受众的知觉、记忆、理解、情感、态度和行为等方面的影响。广告活动能够激发消费者的心理需要和动机,培养消费者对品牌的信任和好感,树立企业的良好形象。广告的传播效果是广告效果的核心,它是一种内在的、能够产生长远影响的效果,其大小取决于广告表现效果和媒体效果的综合作用。

②广告经济效果。是指广告主通过广告活动所获得的经济收益或带来的损失,广告的经济效果主要表现为广告的销售效果。广告主运用各种传播媒体,把产品、服务以及观念等信息传播出去,其根本目的就是刺激消费心理、促进购买,增加利润。因此,广告经济效果是广告主最关心的问题,是企业广告活动最基本、最重要的效果,也是测评广告效果的主要内容。

③广告社会效果。广告社会效果也称为广告的接受效果,是指广告对整个社会道德、文化教育及伦理等方面的影响和作用。广告所倡导的消费观念、道德规范、文化意识等都会产生一定的社会影响,因此,广告的社会效果不容忽视。

(2)按产生效果的时间关系划分。从广告活动的总体过程来看,广告效果可分为事前效果、事中效果与事后效果。与此相对应,广告效果测定可分为事前测定、事中测定、事后测定。

①事前测定。在进行广告促销之前,企业要开展市场调研,进行商品分析、市场分析、消费者分析,还需要探究消费者的心理与动机,以及设法测验信息在传播过程中可能发生些什么作用,以找出创作途径,选出最适当的信息。

②事中测定。事中测定是广告进行中的效果评估,主要目的在于使广告策略与战术能够按照预定计划执行,不至于脱离轨道,并予以及时修正。

③事后测定。事后测定是广告活动开展后的效果评估,重点在于分析和评定效果,以供管理者下一步决策和计划参考。

(3)按消费者的影响程度划分。广告信息经由媒体传递给消费者,会对消费者产生各种心理影响,并刺激产生相应的行为反应。按其影响程度和表现形式,广告效果可划分为到达效果、认知效果、心理变化效果和行动效果。

①到达效果。到达效果主要是指广告媒体与消费者的接触效果,通常以广告媒体的发行量、收视率和覆盖面等指标来测评。广告到达效果的测评,能够为广告媒体的选择指明方向,但只能表明消费者日常接触广告媒体的表层形态。

②认知效果。认知效果是指消费者在接触广告媒体的基础上,对广告信息有所关注并能够记忆的程度。主要测定广告实施后给消费者带来的印象和记忆情况,一般通过事后调查获取有关结果。广告认知效果的测评,是衡量广告是否有效的重要标准之一。

③心理变化效果。心理变化效果是指消费者通过对广告的接触和认知,受广告的影响所引起的对广告商品或服务产生的好感以及消费欲望的变化程度。广告心理变化的测评,主要是通过知晓率、理解率、喜爱度、购买欲望率等指标,对消费者在广告前后的态度变化进行比较和分析。这种态度变化预示着消费者在下一步极有可能采取购买行动。因此,心理变化的测评在广告效果测定中是一项极受关注的内容。

④行动效果。行动效果是指消费者受广告的影响所采取的购买商品、接受服务或响应广告诉求的相关行为,这是一种外显性的广告效果。但是一般来说,消费者采取购买行动可能是多种因素促成的,并非仅是广告宣传的效果,因此对这类效果的测评,也应考虑广告之外的其他因素的影响作用。

2.广告效果评估要素

(1)广告信息。广告信息的内容及信息的诉求方式是影响广告效果的重要因素,因而是广告评估的一项主要内容。在广告前测中,可以从消费者的角度测量广告信息说了什么、说得是否清楚,广告信息中是否提供了广告受众最关心的内容。

(2)广告媒体。对广告媒体的测量主要包括以下几个方面的内容。

①测量不同媒体或媒体工具的广告效果,以决定哪一个媒体最有效;

②测量不同广告频次的广告效果,以确定最佳广告频次,减少广告浪费;

③测量不同媒体时间表对广告效果的影响。

(3)广告代言。广告代言人作为一种广告信息来源,对广告效果有着重大影响。广告代言人是否可信、广告代言人的形象与广告产品形象是否一致、对目标受众是否具有影响力等,都对广告效果有着直接影响,因而必须加以测量。

(4)广告效果。还要测量广告的效果以评价广告是否达到了预期的目标。可根据事先确定的广告目标来测定最终结果。根据这个结果,就可以决定下一步如何开展相关的促销活动。

3. 广告效果评估方法

(1)广告经济效果测定方法。广告经济效果反映的是广告费用与商品销售量(额)之间的比例关系。广告经济效果的评估,是以商品销售量(额)的增减幅度作为衡量标准的。

①广告费用占销率法。采用这种方法可以测定出计划期内广告费用对产品销售量(额)的影响。广告费用占销率越大,表明广告促销效果越差,反之则越好。公式为

$$广告费用占销率=[广告费/销售量(额)]\times 100\%$$

②广告费用增销率法。采用这种方法可以测定出计划期内广告费用增减对销售量(额)的影响。广告费用增销率越小,广告效果越差,反之则越好。公式为

$$广告费用增销率=[销售量(额)增长率/广告费用增长率]\times 100\%$$

③单位费用促销法。此方法可以测定单位广告费用促销商品的数量或金额。单位费用促销量(额)越小,广告效果越差,反之则越好。公式为

$$单位广告费用促销量(额)=销售量(额)/广告费用$$

④单位费用增销法。此方法可以测定单位广告费用对商品销售的增加程度。单位广告费用增销量越低,广告效果越差,反之越好。公式为

$$单位广告费用增销量(额)=[报告期销售量(额)-基期销售量(额)]/广告费用$$

(2)广告效果评估方法。

①访查法。是一种面向消费者、适合于事后测定广告效果的方法。可以通过电话、邮寄、报纸公开征集回函或访员上门访问进行。如果企业在访查前能够许诺消费者某种好处,反馈率是相当可观的。这种方法比较费时、费力,但测定对象覆盖面广,可以比较全面地了解问题。比如消费者的品牌认知度、品牌忠实度等,都能够有所反映。

②配对法。是一种事前测定法。做法是针对同一商品设计的不同广告进行配对,邀请专家、消费者进行评判,最终选出一例用于广泛的广告宣传。评判的内容主要包括广告作品的标题、正文、插图、标语等。

③价值序列法。是一种事前测定方法。具体做法是企业邀请若干专家或消费者对事先拟定的几则同一商品的广告进行评价并进行排序,排在首位的表明其效果最佳,可用于广泛宣传。

④评分法。该方法既适合事前测定,也适合事后测定。其做法是将广告各要素列成表,请专家或消费者进行逐项评分。得分越高,说明广告效果越好。

8.4 无人机营业推广策略

8.4.1 无人机营业推广的概念、特征与作用

1. 无人机营业推广的概念

营业推广又称销售促进,是指企业运用各种短期诱因鼓励消费者或中间商购买、经销或代理企业产品或服务的促销活动,它不同于人员推销、广告和公共关系,旨在激发消费者购买和促进经销商的效率,诸如陈列、展出展览、表演和许多非常规的、非经常性的销售尝试。

对于无人机行业来说,最有效的一种营业推广手段就是召集无人机爱好者举办大规模的无人机飞行表演、无人机摄影赛事等活动,它既能丰富社会公众的精神文化生活,也能激发潜在消费者的购买欲望,再配合人员、广告等促销手段,能够有效提升销量、扩大目标群体。

2. 无人机营业推广的特征

无人机营业推广的主要特征包括:
(1)营业推广是一种强烈刺激需求、扩大销售的活动;
(2)营业推广是一种辅助性质的、非常规性的促销方式;
(3)营业推广不能单独使用,需要与其他促销方式配合使用;
(4)营业推广适用于特定时期或特定任务的短期性促销活动。

3. 无人机营业推广的作用

(1)吸引消费者购买。这是无人机企业营业推广的首要目的,尤其是在推出新产品或吸引新顾客方面,由于营业推广的刺激比较强,较易吸引顾客的注意力,使顾客在了解产品的基础上采取购买行为,也可能使顾客追求某些方面的优惠而使用产品。

(2)奖励品牌忠诚者。因为无人机企业营业推广的很多手段,譬如销售奖励、赠券等通常都附带价格上的让步,其直接受惠者大多是经常使用本品牌产品的顾客,从而使他们更乐于购买和使用本企业产品,以巩固企业的市场占有率。

(3)实现企业营销目标。这也是无人机企业的最终目的。营业推广实际上是企业让利于购买者,它可以使广告宣传的效果得到有力的增强,破坏消费者对其他企业产品的品牌忠诚度,从而达到本企业产品销售的目的。

8.4.2 无人机营业推广的方式

1. 面向消费者的营业推广方式

(1)现场演示。企业派促销员在销售现场演示本企业的无人机产品,向消费者介绍产品的特点、用途和使用方法等。

(2)联合推广。企业与代理商、零售商联合促销,将一些能显示企业优势和特征的无人机产品在商场集中陈列,边展销边销售。

(3)会议促销。可以在各类展销会、博览会、业务洽谈会期间的现场进行无人机产品介绍、推广和销售。

(4)参与促销。通过鼓励消费者参与各种促销活动,如飞行竞赛、摄影比赛等活动,从而获

取企业的奖励。

（5）赠送促销。向消费者赠送样品或试用品，赠送样品是介绍新产品最有效的方法，缺点是费用高。样品可以选择在商店或闹市区散发，或在其他产品中附送，也可以公开广告赠送，或入户派送。由于无人机单价相对来说较高，这项促销方式对无人机企业来说使用的可能性较小。

（6）折价券。在购买某种商品时，持券可以免付一定金额的钱。企业可以通过广告或直邮的方式发送折价券。

（7）包装促销。以较优惠的价格提供组合包装和搭配包装的产品。

（8）抽奖促销。顾客购买一定的产品之后可获得抽奖券，凭券进行抽奖，获得奖品或奖金。

在以上八种面向消费者的营业推广方式中，现场演示、联合推广、会议促销、参与促销等方式对无人机企业来说比较适用，包装促销、赠送促销适用的可能性则比较小。

延伸阅读

泡泡玛特再因促销被罚，不正当有奖销售被罚 5 万

2022 年 4 月 15 日上午消息，天眼查 App 显示，近日，天津泡泡玛特文化传播有限公司因不正当有奖销售被杭州市拱墅区市场监督管理局罚款 5 万元。

具体事由为，当事人在活动中宣传单笔消费购买 4 个及以上商品将 100% 掉落限定新春礼盒，其在杭州市拱墅区万达广场的自动售货机内分两次放置共计 10 个赠品，且未告知消费者可赠奖品的数量，消费者在购买前后均无法明确知晓赠品是否已售罄，以致影响有奖销售活动兑奖。

值得一提的是，不久前，该公司因促销没有公示奖品的获得概率和奖品数量，被天津市滨海新区市场监督管理局罚款 5 万元。

（资料来源：《泡泡玛特再因促销问题被罚 不正当有奖销售被罚 5 万》，新浪网）

2.面向中间商的营业推广方式

（1）批发回扣。企业为争取批发商或零售商多购进自己的产品，在某一时期内给批发商或零售商加大回扣比例。

（2）推广津贴。企业为促使中间商购进企业产品并帮助企业推销产品，可以支付给中间商一定的推广津贴。

（3）销售竞赛。根据各个中间商销售本企业产品的实绩，分别给优胜者以不同的奖励，如现金奖、实物奖、免费旅游、度假奖等，以起到激励的作用。

（4）扶持零售商。企业对零售商专柜的装潢予以资助，提供购买点广告（POP），以强化零售网络，促使销售额增加；还可派遣厂方信息员或代培销售人员以提高中间商推销本企业产品的积极性和能力。

对无人机企业来说，它们选择的面向中间商的营业推广方式与所选择的渠道策略有重要关联。例如，大疆在国外主要通过建立代理渠道的方式销售无人机产品，一般都是采用年末给予渠道管理和市场推广优秀的代理商销售返点的方式来进行激励，这种方式就属于销售竞赛的一种。

3.面向企业内部员工的营业推广方式

主要是针对无人机企业内部的销售人员，鼓励他们积极推销产品或处理某些老产品，或促使他们积极开拓新市场。一般可采用销售竞赛、免费提供人员培训、技术指导等形式。

8.4.3 无人机营业推广策略

1. 确定营业推广目标

一般来讲,营业推广目标是从总的促销组合目标中引申出来的,而它在总体上又受企业市场营销总目标的制约。针对不同的推广对象,营业推广的具体目标是各不相同的。企业营销部门要通过对多种因素的综合分析,确定一定时期内营业推广的特定目标,并尽可能使其数量化和现实可行。

(1)消费者:鼓励大量购买和重复购买;吸引潜在购买者试用;说服竞争者的品牌使用者放弃原有品牌而改用本企业产品。

(2)中间商:获得中间商经销的机会;吸引中间商提高购买水平;建立中间商的品牌忠诚度;鼓励非季节性购买;对抗竞争者的促销活动。

(3)推销人员:鼓励对新产品的支持;刺激非季节性销售;鼓励更高的销售水平。

2. 选择营业推广方式

营业推广方式是多种多样的,各有其特点和适用范围,所以应对多种营业推广方式进行比较并择优组合,以实现最优的促销效益。选择营业推广方式时主要应考虑以下因素。

(1)市场类型。不同的市场类型对营业推广方式有不同的要求,因此所选择的营业推广方式必须适应企业所处市场类型的特点和相应要求。例如,无人机市场可分为消费级无人机市场和行业级无人机市场,消费级无人机市场消费者分散、人数众多,行业级无人机市场用户集中、数量少,企业必须采用不同的推广方式。

(2)营业目标。特定的营业推广目标往往对营业推广方式有着较为明确的条件要求和制约,从而规定着营业推广方式选择的范围。无人机新品发布和常规产品销售所采用的推广方式也有差别。一般新品发布多采用展会、发布会等形式,而常规产品销售可以采用参与促销、折价促销等手段。

(3)成本预算。企业市场营销费用中有多少用于促销,促销预算中又有多大份额用于营业推广,这往往对营业推广方式的选择形成一种硬约束。另外,每种营业推广方式的成本效益与不同种类营业推广方式组合的综合效益是有差别的。对无人机企业来说,成本预算越多,可选择范围就越大。

(4)竞争情况。根据企业在竞争中所具有的实力、条件、优势与劣势,以及企业外部环境中竞争者的数量、实力、竞争策略等因素的影响,选择最适合自己的、最有效的营业推广工具。随着越来越多的无人机制造企业加入,该行业竞争压力越来越大,营业推广这种促销手段也越来越多地出现在无人机企业促销组合策略中。

3. 制定营业推广方案

在确定了营业推广目标和方式后,接下来就要制定具体的营业推广方案。在制定这一具体方案时要做出如下几个方面的决策。

(1)营业推广方案策划。①激励规模。要获得营业推广活动的成功,一定规模的激励是必要的。最佳激励规模要依据费用最低、效率最高的原则来确定。

②激励对象。确定这种激励是面向目标市场的每一个人还是有选择的某一部分人,这种

范围控制有多大,哪类是主攻目标,这种选择的正确与否是否会直接影响到营业推广的最终效果。

③送达方式。确定通过什么方式让激励对象来参与才能达到理想的效果。企业应根据激励对象及每种送达方式的成本和效率来选择。

④活动期限。任何营业推广方式在实行时都必须规定一定的期限,不宜过长或过短。具体的活动期限应综合考虑产品的特点、消费者或中间商购买习惯、促销目标、竞争者策略及其他因素,按照实际需求而定。

⑤时机选择。一般来讲,营业推广时机的选择应根据消费者需求时间的特点,结合总的市场营销战略来定。

⑥预算及其分配。营业推广活动是一项支出较大的营销活动,事先必须进行筹划预算。营业推广预算可以通过两种方式来确定:一种是自下而上的方式,即根据全年营业推广活动的内容、所运用的营业推广方式及相应的成本费用来确定;另一种是按照习惯比例来确定各项营业推广预算占营销总预算的比率。

(2)营业推广方案试实施。营业推广方案制定后一般要经过试验才予以实施。通过试验明确以下内容:所选用的营业推广方式是否适当;期限是否合理;刺激规模是否最佳;实施的方法效率如何;中间是否存在弄虚作假行为等。对每一项营业推广工作都应该确定实施和控制计划。在实施计划的制订及执行过程中,应有相应的监控机制作保障,应有专人负责控制事态的进展,一旦出现偏差或意外情况应及时予以纠正和解决。

(3)营业推广效果评估。营业推广活动结束后,应立即对其进行效果评估,以总结经验和教训。对营业推广效果评估的方法依市场类型的不同而有所差异。企业评估对中间商的推广效果时,可根据中间商的销售量变化、产品在卖场的分布、中间商对合作广告的投入等指标进行测定;在评估对消费者的推广效果时,可根据销售量的变化、消费者对产品的购买意向、购买行为的变化等因素进行评估。

8.5 无人机公共关系策略

8.5.1 无人机公共关系的概念与特征

1. 公共关系的概念

公共关系是指企业在从事市场营销活动的过程中,为改善与社会公众的关系,促进公众对企业的认识、理解及支持,达到树立良好组织形象、促进商品销售的目的的一系列公共活动。它本意是社会组织、集体或个人必须与其周围的各种内外部公众建立良好的关系。它是一种状态,任何一个企业或个人都处于某种公共关系状态之中。

2. 公共关系的特征

公共关系的特征主要是指它将通过特别的方式为企业带来诸多价值和好处,具有以下几个特征:公共关系是一定社会组织和预期相关社会公众之间的相互关系;目标是为企业广结良缘,在社会公众中创造良好的企业形象和社会声誉;以真诚合作、平等互利、共同发展为基本原则;是一种信息沟通,是创造"人和"的艺术。

8.5.2 无人机公共关系活动方式

1. 借助传播媒体利用新闻

无人机企业可发布一些有关企业、产品和员工的新闻,利用各种形式通过报纸、杂志、广播、电视、互联网等媒体传播新闻信息。目前常用的形式包括召开记者招待会、召开新闻发布会、举办企业活动等。由于新闻媒体具有一定的权威性和广泛性,对社会舆论有很大的影响和控制作用,因此这种方式效果显著。

另外,在无人机宣传活动中,企业不太能够控制报道的结果,消息及其公布时机、位置和覆盖面等受媒体的控制。尽管企业递交详细的新闻稿,但媒体可能只引用一小部分,而且媒体更喜欢新闻价值高的信息,而不是企业所获成绩的新闻稿,因此,企业宣传的效果也可能变得十分糟糕。企业应该有一定的应对预案。

2. 刊登公共关系声明

公共关系声明包括节假日的喜庆贺词、对同行表示支持的祝贺声明及对公众的道歉声明等。这种公关方式具有直接性、灵活性和浓厚的人情味,可以提高企业知名度,加深消费者对企业的了解和印象。

3. 赞助活动

无人机企业可以赞助文化、教育、体育等事业或参与国家、社区重大活动。赞助活动不仅对社会有利,而且能赢得社会对企业的好感,树立企业的良好形象。

4. 举办各种专题活动,建设企业文化

无人机企业可采用企业周年庆、开工典礼、开业典礼、参观访问、联欢会、联谊会等方式有计划、有步骤、有重点地建设企业文化。大疆在 2016 年末巴黎授权旗舰店开业和 2017 年开业一周内,和代理商合作组织了以"未来无所不能"为主题的摄影比赛,并通过官方 Facebook 直播传播吸引了 100 万名参与者,有力地宣传了大疆的品牌和产品。

5. 危机公关

当无人机企业由于自身管理不善、同行竞争或遭遇恶意破坏等特殊事件的影响给企业或品牌带来危机时,企业需要采取一系列的行动来进行自救,消除影响、恢复形象。

习　　题

一、单选题

1. 企业推销人员与消费者面对面接触的促销方式是(　　)。

　　A. 营业推广　　　　B. 广告促销　　　　C. 公共关系　　　　D. 人员推销

2. 以下哪一项不是营业推广的形式?(　　)。

　　A. 赠送样品　　　　B. 包装促销　　　　C. 抽奖促销　　　　D. 上门推销

3. 以下哪一项不是公共关系活动方式?（   ）。
   A. 赞助   B. 新闻报道
   C. 刊登公共关系声明   D. 加强服务
4. 以下哪种不属于非人员促销?（   ）。
   A. 广告   B. 营业推广   C. 公共关系   D. 上门推销
5. 产品种类齐全.式样丰富齐全,能满足顾客多方面的购买需求的人员推销方式是（   ）。
   A. 上门推销   B. 门市推销   C. 会议推销   C. 广告促销

二、多选题

1. 推销人员需要具备的素质包括（   ）。
   A. 良好的口才   B. 丰富的经验   C. 良好的道德品质   D. 很强的事业心
2. 促销组合选择的影响因素包括（   ）。
   A. 产品因素   B. 顾客因素   C. 促销目标因素   D. 市场因素
3. 广告设计的原则包括（   ）。
   A. 创新性   B. 简洁性   C. 思想性   D. 真实性
4. 针对消费者的营业推广形式有（   ）。
   A. 赠送样品   B. 包装促销   C. 抽奖促销   D. 销售竞赛
5. 营业推广方案的策划需要确定（   ）。
   A. 激励对象   B. 激励规模   C. 送达方式   D. 活动期限

三、判断题

1. 促销是指通过人员或非人员方法传播商品信息。（   ）
2. 对于耐用品,适合大规模做广告,但不适合人员推广。（   ）
3. 档次低的产品,价格便宜,不适合人员推销。（   ）
4. 推销人员需要有对得起观众的形象、体面的服装和适度的举止。（   ）
5. 营业推广这种推销方式不适合长期使用。（   ）

三、名词解释

1. 广告

2. 促销组合

3.营业推广

4.人员推销

5.公共关系

四、简答题

1.推销人员需要具备哪些素质?

2.促销组合的影响因素有哪些?

3.面向消费者的营业推广方式有哪些?

4.公共关系活动方式有哪些?

5.简述广告预算的作用。

模块九　无人机市场营销管理

【教学目标】

【知识目标】

1. 了解市场营销管理相关概念
2. 掌握无人机市场营销管理的各项职能
3. 掌握无人机企业营销管理策略

【能力目标】

1. 具备营销管理能力,能准确选择适合无人机企业发展的管理策略
2. 具备根据无人机企业策略制订营销管理方案的能力

【素质目标】

1. 拓展学生在销售管理领域的知识
2. 培养学生正确的企业管理观念
3. 建立现代经营管理的组合思维
4. 树立客观评价营销管理策略的意识

【教学重难点】

1. 营销管理的职能特点
2. 营销管理计划、组织、执行和控制的技能

【延伸阅读】

无人机产业迎黄金发展期　千亿蓝海待挖掘

近年来在珠海航展上,越来越多国产无人机的现身吸引了众多关注的目光。分析人士认为,无人机在军用和民用市场中都具有广阔的应用空间。据不完全统计,我国目前有170多家单位在生产无人机,未来整个无人机市场的规模将超过千亿元。对于资本市场来说,如此巨大的市场空间意味着资金对无人机概念股的追逐将具备很强的持续性。今年9月4日至9月8日,美国无人机设备提供商RADA的股价大幅上涨超过300%,A股市场进入四季度后,WIND无人机概念指数持续处于横盘震荡状态,随着近期市场普涨格局的重新出现,有分析人士认为该板块有重新走强的可能。

一、优势显著,应用广泛

无人驾驶飞机简称"无人机",英文缩写为"UAV",是利用无线电遥控设备和自备的程序

控制装置操纵的不载人飞机,被誉为"空中机器人"。从技术角度定义可以分为无人直升机、无人固定翼机、无人多旋翼飞行器、无人飞艇、无人伞翼机等类别。无人机可实现高分辨率影像的采集,在弥补卫星遥感经常因云层遮挡获取不到影像缺点的同时,解决了传统卫星遥感重访周期过长、应急不及时等问题。无人机用途广泛、成本低、效费比好,且无人员伤亡风险,生存能力强,机动性能好,使用方便,在现代战争中有极其重要的作用,在民用领域则有更为广阔的前景。业内人士表示,无需人员驾驶且能执行更危险的任务,使无人机技术广泛应用在侦查搜索领域。美国将无人机技术作为主要发展方向,已经实现了无人机航母着陆。无人机技术必将成为未来各国技术竞争的又一个重要领域。

20世纪90年代后,西方国家充分认识到无人机在战争中的作用,竞相把高新技术应用到无人机的研制与发展上:新翼型和轻型材料大大增加了无人机的续航时间;采用先进的信号处理与通信技术提高了无人机的图像传递速度和数字化传输速度;先进的自动驾驶仪使无人机不再需要陆基电视屏幕领航,而是按程序飞往盘旋点、改变高度和飞往下一个目标。新一代的无人机能从多种平台上发射和回收,例如从地面车辆、舰船、航空器、亚轨道飞行器和卫星进行发射和回收。地面操纵员可以通过计算机检验它的程序,并根据需要改变无人机的航向。

二、千亿市场待挖掘

无人机又被誉为空中机器人。随着技术的不断进步,无人机不仅在军用领域大显身手,在民用领域的应用也日益广泛,并因此吸引了不少公司的参与。分析人士指出,作为世界各国的军民用前沿装备,无人机综合集成航空技术、信息技术、控制技术、测控技术、传感技术以及新材料、新能源等多学科技术,代表着未来航空业的发展方向。特别值得关注的是,无人机技术随时可转化至民用领域,为国民经济建设服务。据本次珠海航展的参展商介绍,来自电力、质保、测绘等行业人士对无人机均表现出浓厚的采购兴趣。从缉毒打非到实施灾害紧急救援,无人机在中国民用领域的应用日趋广泛,正显现出巨大的市场潜力。据相关统计,目前全球民用无人机已经形成了大约1 000亿美元的市场规模。海外的谷歌、亚马逊等新科技巨头均已纷纷涉足无人机的应用和开发。我国无人机在包括国土资源勘探、海洋遥感监测等多个领域都有相关应用。目前,军用和出口贡献了行业约90%的收入来源。随着近两年无人机民用市场的加速成长,物流、快递、餐饮送餐、保险查勘等新领域的尝试应用也纷纷出现。

有业内人士预计,在航空装备无人化、小型化和智能化的趋势下,未来20年我国民用无人机需求有望达到460亿元。随着无人机技术的不断突破,国内无人机市场将快速增长。此外,从全球各国无人机制造商的市场份额来看,世界无人机的主要制造商集中在美国、以色列和欧洲。其中,美国份额高达69%,遥遥领先于其他国家;我国无人机由于性价比优势明显,占据约10%份额。上述数据说明,我国无人机产业仍有相对广阔的发展空间。

(资料来源:《中国证券报》)

营销管理是指无人机企业为实现经营目标,对与目标顾客建立、完善交换关系的营销方案进行的分析、设计、实施与控制。同时,营销管理是无人机企业规划和实施营销理念、制定市场营销组合,为满足目标顾客需求和企业利益而创造交换机会的动态、系统的管理过程。营销管理作为企业经营管理的重要组成部分,是无人机企业营销部门的主要职能。其中包括营销计划、营销组织、营销执行和营销控制。

9.1 无人机市场营销计划

营销战略对企业而言是"做正确的事",而营销计划则是"正确地做事"。在无人机企业的实际经营过程中,营销计划往往碰到无法有效执行的情况,一种是营销战略不正确,营销计划造成"雪上加霜",加速企业的衰败;另一种是计划贯彻落实无效,不能将营销战略转化为有效的战术。营销计划充分发挥作用的基础是正确的战略,一个完美的战略可以不必依靠完美的战术,营销计划的正确执行可以创造完美战术,而完美战术可以弥补战略的欠缺,还能在一定程度上转化为战略。

9.1.1 无人机市场营销计划概述

1. 无人机市场营销计划的概念

无人机市场营销计划是在组织目标、技能、资源之间建立一种可行的适应性管理过程。战略营销计划的目标就是塑造和不断调整公司业务与产品,以期获得目标利润和经营发展。营销计划涉及的是营销战略和策略,它可以帮助公司达到总体战略目标。

2. 无人机市场营销计划的作用

(1)市场营销计划的作用。在管理实践中,营销计划是其他管理职能的前提和基础,且渗透到其他管理职能之中,它是营销管理过程的中心环节,因此,营销计划在营销管理活动中具有特殊的地位和作用。

①营销计划是组织生存与发展的纲领。这个变革与发展的时代,既给人们带来了机遇,也给人们带来了风险,特别是在争夺市场和客户资源的竞争中更是如此。如果管理者在看准机遇和利用机遇的同时,又能最大限度地减少风险,那么组织就能立于不败之地。如果计划不周,或根本没计划,那就会遭遇灾难性的后果。

②营销计划是营销活动协调的前提。企业组织以及内部的各个组成部门之间,分工越来越精细,计划执行过程越来越复杂,协调关系更趋严密。要把这些繁杂的有机体科学地组织起来,让各个环节和部门的活动都能在时间、空间和数量上相互衔接,既围绕整体目标,又各行其是,互相协调,就必须要有一个严密的计划。

③营销计划是指挥实施的准则。计划的实质是确定目标以及规定达到目标的途径和方法。因此,如何朝着既定的目标前进,最终实现企业组织目标,计划无疑是管理活动中人们一切行为的准则。它指导不同空间、不同时间、不同岗位上的人们,围绕一个总目标,秩序井然地去实现各自的分目标。行为如果没有计划指导,被管理者必然表现为无目的的盲动,管理者则表现为决策朝令夕改。结果必然是组织秩序的混乱,事倍功半,劳民伤财。

④营销计划是控制活动的依据。计划不仅是组织、指挥、协调的前提和准则,而且与管理控制活动紧密相联。计划为各种复杂的营销管理活动确定了数据、尺度和标准,它不仅为控制指明了方向,而且还为控制活动提供了依据。经验告诉我们,未经计划的活动是无法控制的,也无所谓控制。因为控制本身是通过纠正偏离计划的偏差,使管理活动保持与目标的要求一致。

(2)无人机企业市场营销计划的作用。

①市场营销计划详细说明了预期的经济效益,无人机企业的高层管理者就可以预计未来的发展状况,既可以减少经营的盲目性,又可以使企业有一个明确的发展目标,便于采取相应的措施,力争达到预期目标。

②有利于无人机企业判断所要承担的成本费用,从而进一步精细打算,节约开支。

③市场营销计划描述了将要采取的任务和行动,便于明确无人机企业各有关人员的职责,使他们有目标、有步骤地去完成自己的任务。

④有助于监测各种营销活动的行动和效果,从而使无人机企业能够更加有效地控制营销活动,协调企业内部各部门的关系。

3. 市场营销计划的分类

(1)按照时间长短可分为长期营销计划、中期营销计划和短期营销计划。长期营销计划的期限一般为5年以上,主要是确定未来发展方向和奋斗目标的纲领性营销计划。中期营销计划的期限是1~5年。短期营销计划的期限通常为1年,如年度营销计划。

(2)按照涉及范围可分为总体营销计划和专项营销计划。总体营销计划是企业营销活动的全面、综合性营销计划。专项营销计划是针对某一产品或特殊问题而制订的营销计划,如品牌营销计划、渠道营销计划、促销营销计划、定价营销计划等。

(3)按照营销计划程度可分为战略营销计划、策略营销计划和作业营销计划。战略营销计划是对企业将在未来市场占有的地位及采取的措施所做的策划。策略营销计划是对营销活动某一方面所做的策划。作业营销计划是各项营销活动的具体执行性营销计划,如一项促销活动,需要对活动的目的、时间、地点、活动方式、费用预算等作策划。

9.1.2 无人机市场营销计划的编制流程

任何营销计划工作都要遵循一定的程序或步骤。虽然小型营销计划简单,大型营销计划复杂,但营销管理人员在编制营销计划时,其工作步骤都是相似的,如图9-1所示。

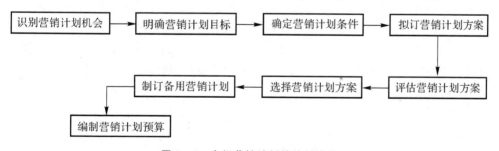

图9-1 市场营销计划的编制流程

1. 识别营销计划机会

认识机会先于实际的营销计划工作开始以前,严格来讲,它不是营销计划的一个组成部分,但却是营销计划工作的一个真正起点。因为它预测到了未来可能出现的变化,清晰而完整地认识到组织发展的机会,搞清了组织的优势、弱点及所处的地位,认识到组织利用机会的能力,意识到不确定因素对组织可能发生的影响程度等。认识机会对做好营销计划工作十分关键。一位经营专家说过:"认识机会是战胜风险求得生存与发展的诀窍。"诸葛亮"草船借箭"的故事流传百世,其高明之处就在于他预测到了三天后江上会起雾,而曹军又不习水性、不敢迎战的机会,实现了自己的战略目标。企业经营中也不乏这样的例子。

2. 明确营销计划目标

制订营销计划的第二个步骤是在认识机会的基础上,为整个组织及其所属的下级单位确定目标。目标是指期望达到的成果,它为组织整体、各部门和各成员指明了方向,描绘了组织未来的状况,并且作为标准可用来衡量实际的绩效。营销计划的主要任务,就是将组织目标进行层层分解,以便落实到各个部门、各个活动环节,形成组织的目标结构,包括目标的时间结构和空间结构。

3. 确定营销计划条件

营销计划工作的前提条件就是营销计划工作的假设条件,即营销计划实施时的预期环境。负责营销计划工作的人员对营销计划前提了解得愈细愈透彻,并能始终如一地运用它,则营销计划工作也将做得越协调。

按组织的内外环境,营销计划工作的前提条件分为外部前提条件和内部前提条件。按可控程度,营销计划工作前提条件分为不可控、部分可控和可控三种前提条件。

4. 拟订营销计划方案

编制营销计划的第四个步骤是寻求、拟订、选择可行的行动方案。方案不是越多越好,编制营销计划时没有可供选择的合理方案的情况是不多见的,更加常见的不是寻找更多的可供选择的方案,而是减少可供选择方案的数量,以便可以分析最有希望的方案。即使用数学方法和计算机,我们还是要对可供选择方案的数量加以限制,以便把主要精力集中在对少数最有希望的方案的分析方面。通常,最显眼的方案不一定就是最好的方案,对过去方案稍加修改和略加推演也不会得到最好的方案,一个不引人注目的方案或通常人提不出的方案,效果却往往是最佳的,这里体现了方案创新性的重要。

5. 评估营销计划方案

在找出各种可供选择的方案并总结它们的优缺点后,接着就是根据前提条件和目标,权衡它们的优劣利弊,对可供选择的方案进行评估。评估实质上是一种价值判断,它一方面取决于评价者所采用的评价标准,另一方面取决于评价者对各个标准所赋予的权重。应该用运筹学中较为成熟的矩阵评价法、层次分析法、多目标评价法,进行评价和比较。

6. 选择营销计划方案

选定方案是在前五步工作的基础上作出的关键一步,也是决策的实质性阶段。同时有两个以上可取方案的情况下,必须确定出首先采取哪个方案,而将其他方案也进行细化和完善,以作为后备方案。

7. 制订备用营销计划

基本营销计划还需要派生营销计划的支持。如无人机公司年初制订了"当年销售额比上年增长15%"的营销计划,与这一营销计划相连的有许多营销计划,如生产营销计划、促销营销计划等。再如,当一家无人机公司决定开拓一项新的业务时,这个决策需要制订很多派生营销计划作为支撑,比如雇佣和培训各种人员的营销计划、筹集资金营销计划、广告营销计划等。

8. 编制营销计划预算

在做出决策和确定营销计划后,营销计划工作的最后一步就是把营销计划转变成预算,使营销计划数字化。编制预算,一方面是为了营销计划的指标体系更加明确,另一方面是使企业更易于对营销计划执行进行控制。定性的营销计划往往可比性、可控性和进行奖惩方面比较困难,而定量的营销计划具有较硬的约束。

9.1.3 无人机市场营销计划的编制方法

营销计划编制的方法主要有目标管理营销计划法、滚动营销计划法和网络营销计划技术等方法。

1. 目标管理营销计划法

目标管理是以泰罗的科学管理和行为科学管理理论为基础形成的一套管理制度,其概念是管理专家彼得·德鲁克(Peter Drucker)1954年在其名著《管理实践》中最先提出的,其后他又提出"目标管理和自我控制"的主张。德鲁克认为,并不是有了工作才有目标,而是相反,有了目标才能确定每个人的工作。所以,"企业的使命和任务,必须转化为目标"。如果一个领域没有目标,这个领域的工作必然被忽视。因此,管理者应该通过目标对下级进行管理,组织最高层管理者确定了组织目标后,必须对其进行有效分解,转变成各个部门以及各个人的分目标,管理者根据分目标的完成情况对下级进行考核、评价和奖惩。

2. 滚动营销计划法

滚动营销计划法是按照"近细远粗"的原则,制订一定时期内的营销计划,然后按照营销计划的执行情况和环境变化,调整和修订未来的营销计划,并逐期向后移动,把短期营销计划和中期营销计划结合起来的一种营销计划方法。由于在营销计划工作中很难准确地预测将来影响组织生存与发展的经济、政治、文化、技术、产业、顾客等各种变化因素,而且随着营销计划期的延长,这种不确定性越来越大。因此,如机械地、静态地执行战略性营销计划,则可能导致巨大的错误和损失。滚动营销计划法可以避免这种不确定性带来的不良后果。

3. 网络营销计划技术

网络营销计划技术是一种科学的营销计划管理方法,它是随着现代科学技术和工业生产的发展而产生的。20世纪50年代,为了适应科学研究和新的生产组织管理的需要,国外陆续出现了一些营销计划管理的新方法。网络营销计划技术是各种以网络为基础判定的方法,如关键路径法、营销计划评审技术、组合网络法等。

9.2 无人机市场营销组织

9.2.1 无人机市场营销组织概述

1. 营销组织的概念

营销组织是指企业内部涉及营销活动的各个职位及其结构。企业的营销部门是为了实现企业目标、实施营销计划,以市场为中心、以顾客为服务对象的职能部门,是企业内部连接其他职能部门,从而是整个企业经营一体化的核心。但在现实经济生活中,营销部门不是一直就有的,其组织形式也不是永恒不变的,它是随企业的发展而变化的。

2.营销组织的基本职能

企业市场营销组织的职能是随着企业规模的扩大和企业营销观念的改变而逐渐成熟和丰富起来的。在简单的营销部门中,其主要职能就是推销产品,在制造部门与消费者之间充当传递产品的角色。而后,营销组织陆续承担诸如市场调研、产品传播、产品促销之类的职能,最终形成了现代营销组织的种种职能。一般来说,市场营销组织的职能包括以下几种:开展市场调查,搜集信息;建立销售网络,开展促销活动;开拓新的市场,发掘潜在顾客;进行产品推销,提供优质服务;开发新的产品,满足顾客不断发展的需求;建立客户关系,维系老顾客;等等。

3.营销组织设计的影响因素

(1)企业规模。企业规模的大小直接影响着无人机企业的营销组织究竟采用哪种结构形式。企业规模较大时,需要的专职部门、层次和营销专业人员就越多,因而往往采用比较复杂的组织形式,如产品型、地区型、市场型和产品市场结合型组织形式;企业规模较小时,市场营销组织就相对简单,可考虑采用职能型组织形式。

(2)产品特点。企业生产产品的类型也会影响营销组织的设置,尤其是营销工作侧重点的不同。如当企业经营的产品种类、数量很多,且产品之间的差异较大时,可以考虑采用产品型组织形式为主的营销组织形式。

(3)市场类型。企业应考虑市场的地理位置、市场的细分程度及市场的规模大小对设置市场营销组织机构的影响。若企业实行市场多元化方针,营销市场的地理分布区域广泛,它们的营销环境彼此有较大差别,则可以考虑采用以地区型为主的营销组织形式。

4.市场营销组织的设计原则

(1)协调原则。好的营销机构有利于无人机企业与外部环境,尤其是与市场、顾客之间关系的协调。好的营销机构能够与无人机企业的其他机构相互协调。按照现代市场营销观念,营销不仅是营销部门的任务,而是企业各个部门的共同任务。在完成"营销"这一任务的过程中,营销部门是企业管理和经营中的主导性职能部门,而生产管理、研究与开发管理、财务管理、人力资源管理等部门是市场营销的支持性职能部门。市场营销组织内部的人员结构、职位层次设置要相互协调。组织内部的协调,有利于充分发挥市场营销机构自身的整体效应。只有做到从市场营销机构自身内部到企业内部,再到企业外部的协调一致,才能说营销机构设置是成功的。

(2)精简原则。一般来说,在管理职能、范围不变的条件下,管理跨度与管理层次是互为反比的关系,管理的跨度越大,层次越少;反之,跨度越小,则层次越多。通常情况下,如果管理层次过多,容易造成信息失真和传递速度过慢,从而影响决策的及时性与正确性;如果管理跨度过大,超出领导者能管辖的限度,又会造成整个机构内部的不协调。因此,必须选择适当的管理跨度和管理层次,使所设的市场营销机构既能完成工作任务,组织形式又最为简单。

(3)有效原则。市场营销机构要根据有效性原则,达到工作的高效率,必须具备以下基本条件。企业营销部门要有与完成自身任务相一致的权力,包括人权、物权、财权、发言权和处理事务权。责、权、利不能相结合,就无法谈效率。营销部门要有畅通的内外信息渠道。如果没有信息,就没有管理。没有信息的通畅,市场营销管理也难有真正的效率。善于用人,各司其职。市场营销管理任务繁杂、牵涉面广,对人员素质要求也是多样的。各级市场营销管理人员,应当善于发现他人优点,发挥每个人的专长。

9.2.2 无人机市场营销组织的类型

1. 职能型营销组织

职能型营销组织以营销职能为划分标准,分别设立相应的营销部门或职能工作人员。这种营销组织形式管理比较简单,适于产品品种少、市场范围较窄的企业。职能型组织的主要优点是结构简单,管理方便。它最适用于产品种类不多,对有关产品的专门知识要求不高,或经营地区的情况差别不大的企业。对于无人机企业来说,随着产品增多和服务扩大,智能型组织形式会失去其有效性。首先,这是由于没有人对该产品或一个市场负全部责任,因而没有按每种产品和每个市场制订的完整计划,有些产品或市场就很容易被忽略。其次,这是因为各个职能部门常为获得更多预算或取得较其他部门更高的地位而竞争,使营销经理经常面临协调上的难题。

职能型营销组织如图 9-2 所示。

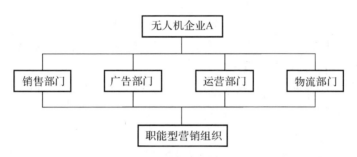

图 9-2　职能型营销组织

2. 产品型营销组织

产品型营销组织是指在企业内部建立产品经理组织制度,以协调职能型组织中的部门冲突。在无人机企业中,如所生产的各种产品差异大、产品品种多,按职能设置的市场营销组织无法运营的情况下,建立产品经理组织制度是亮点。这种组织形式是由一名无人机产品市场营销经理负责,下设几个产品经理,产品经理之下再设各个具体品牌经理具体负责各个无人机产品。

(1) 产品型营销组织的主要优点:

① 产品经理能够将产品营销组合的各要素较好地协调一致。

② 产品经理能比一个专家委员会更快地就市场上出现的问题作出反应。

③ 那些较小的品牌产品,由于有产品经理专管,可以较少地受到忽视。

(2) 产品型营销组织的主要缺点:

① 产品经理很难在各项营销职能如广告、市场研究等方面都成为专家,从而影响营销活动的效率。

② 由于产品种类较多,需要安排许多人负责,导致经营成本增加。

③ 由于各地区市场需求特点不同造成市场分割,产品经理很难制定全国性的营销战略,而需要更多地研究地区市场。

产品型营销组织如图9-3所示。

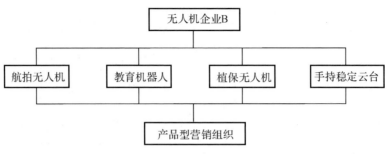

图9-3 产品型营销组织

3. 地域型营销组织

地域型组织是指按照地理区域范围安排销售队伍和其他营销职能。如果无人机企业的市场营销活动面向全国,那么应按照地理区域设置市场营销机构,这种机构设置包括负责全国经营业务的销售经理、区域销售经理、地区销售经理、地方销售经理、销售人员。为了使整个市场营销活动更加有效,地域型组织不可单一化,需与其他类型的组织结合使用。

(1) 地域型营销组织的主要优点:

①能充分发挥每个地区部门熟悉该地区情况的优势,使各地区经理能结合本地区消费者需求的实际情况制订切实可行的推销政策,有利于满足本地区消费者的需要,提高企业产品的竞争能力。

②各地区具有相对独立性,各地区经理有权控制企业在本地区的有关商品和服务的全部或大部分生产经营活动,便于调动地区销售经理的积极性,锻炼他们经营的才能。

(2) 地域型营销组织的主要缺点:

①由于各地区都需要相同的专业人员,企业专业人员有时会出现重复。

②每一个地区组织是相对独立的,都是一个独立的利润中心,容易使各地区经理从本地区利益出发,使各地区的活动协调比较困难。

地域型营销组织如图9-4所示。

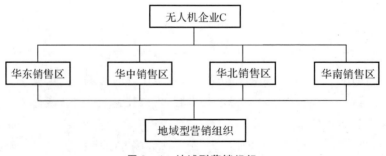

图9-4 地域型营销组织

4. 矩阵型营销组织

矩阵型营销组织是当大型无人机企业生产的各种产品向不同市场出售时,面对各种高度分化、高度分散的无人机市场,产品经理将产品和市场有机结合起来的组织形式。无人机企业采用产品、市场型组织中的产品经理负责产品的销售、利润和计划,为产品寻找更广泛的用途,而市场经理则负责开发现有和潜在市场,着眼于市场的长期需要,而不只是推销眼前产品。产品经理和市场经理应互相协调,共同进行市场预测,以适销对路产品适应市场竞争及市场规模扩大的需要。矩阵型组织吸收了产品型和市场型两种组织的优点,适合那些多品种、多市场的公司采用。但是这种组织结构管理费用极高,而且内部极容易产生矛盾与冲突。另外,公司还将面临权力与责任难以具体落实的问题。

矩阵型营销组织如图 9-5 所示。

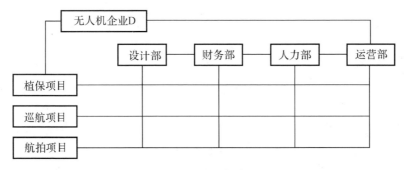

图 9-5 矩阵型营销组织

5. 事业部型营销组织

随着无人机企业经营规模的扩大,需要把各大产品部门升为独立的事业部,如图 9-6 所示。事业部下设职能部门和服务部门。

(1) 企业不设营销部门。有些企业不设企业一级的营销部门,它们认为,各事业部设立营销部门后,设立企业级的营销部门没有什么实际作用。

(2) 企业保持适当的营销部门。有些企业设立的营销部门,除担负上述的功能外,还向各事业部提供各种营销服务,如专门的广告服务、销售促进服务、营销调研服务、销售队伍建设与培训服务和其他杂项服务。

(3) 企业拥有强大的营销部门。有些企业设立的营销部门,除担负上述的各种功能外,还积极参与对各事业部营销活动的规划与控制。

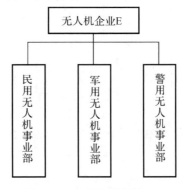

图 9-6 事业部型营销组织

延伸阅读

AEE无人机企业海外组织构架

AEE公司是深圳一电科技集团旗下拟上市主体,成立于2013年,注册资金1.1亿元人民币,相继吸引了深创投集团、中小企业发展基金、福田创新资本、光大实业等创投资金的支持。AEE公司是全球领先的无人机制造商,专注于无人机系统和智能摄像机产品的研发、生产和销售,产品广泛应用于军用、警用、行业、消费类四大领域,为全球提供安全、高效、智能的人工智能产品和解决方案。公司现有员工1 500余人,其中研发人员占30%以上,主编了3项无人机国家标准、7项无人机行业标准,拥有发明、PCT(专利合作条约)国际专利等各项专利600余项。AEE公司是唯一参与原总装备部无人飞行器系统军用标准起草、唯一参与公安部警用无人飞行器系统行业标准起草的企业,是首家获得公安部警用无人机系统国家标准检验合格产品的企业,是《深圳市政府(2013年—2020年)政府规划产业纲要》中的航空航天规划纲要的制定者,是国家军工二级保密单位,军工四证齐全。AEE公司的警用无人机已入围公安部协议采购目录(012),首批获得警用无人驾驶航空器驾驶员培训资质,获得了中国航空器拥有者及驾驶员协会培训资质。公司入选2017年全国"质量标杆"企业,也是首批获得认证的国家高新技术企业、广东省著名商标、深圳知名品牌。

目前,AEE公司国际营销中心由公司负责海外销售的副总经理统筹管理,直接向公司总经理汇报工作。国际营销中心主要由深圳国际营销总部、美国分公司和欧洲分公司组成。北美分公司坐落于美国加利福尼亚州洛杉矶市,由担任公司CMO(首席营销官)的美籍同事负责。欧洲分公司坐落于德国巴伐利亚州慕尼黑市,由担任欧洲区域销售总监的德籍同事负责。国际营销中心的国际化水平较高,引入了一批优秀的海外营销人才,同时也有一批富有经验的外籍优秀人才加盟,其组织架构如图9-7所示。

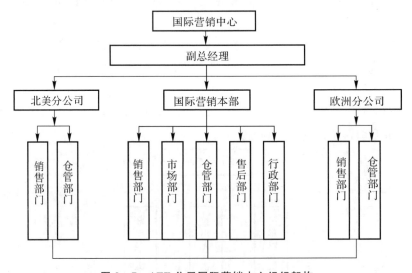

图9-7 AEE公司国际营销中心组织架构

(资料来源:中国知网)

9.3 无人机市场营销执行

由于市场营销计划的执行过程会出现许多意外情况,市场营销的成功也离不开对市场营销计划执行情况的监测、检查,即有效的市场营销控制,所以必须连续不断地控制各项市场营销活动,根据市场营销控制的结论及时调整市场营销战略战术。市场营销执行是将市场营销计划转化为行动方案的过程,并保证这种任务的完成,以实现计划的既定目标。分析无人机市场营销环境、制定无人机市场营销战略和无人机市场营销计划是解决企业市场营销活动应该"WHAT"和"WHY"的问题,而市场营销执行则是要解决"WHO""WHEN"和"HOW"的问题。

9.3.1 无人机市场营销执行概述

市场营销执行是一个复杂的过程。战略战术本身的问题、战略战术没有得到有效的执行都会造成营销执行无效。企业在实施市场营销战略和执行计划过程中出现问题的主要原因主要有以下几方面。

1. 计划脱离实际

企业的市场营销战略和市场营销计划通常是由上层的专业计划人员制定的,而执行则要依靠市场营销管理人员,由于这两类人员之间往往缺少必要的沟通和协调,所以容易导致下列问题的出现。

(1)企业的专业计划人员只考虑总体战略而忽视执行中的细节,使计划过于笼统和流于形式。

(2)专业计划人员往往不了解计划执行过程中的具体问题,所定计划脱离实际。

(3)专业计划人员和市场营销管理人员之间缺少充分的交流与沟通,致使市场营销管理人员在执行过程中经常遇到困难,因为他们并不完全理解需要他们去执行的战略。

(4)脱离实际的战略导致计划人员和市场营销管理人员相互对立和不信任。

2. 长短期目标矛盾

市场营销战略通常着眼于企业的长期目标,涉及今后3~5年的经营活动。但具体执行这些战略的市场营销人员通常是根据他们的短期工作绩效,如销售量、市场占有率或利润率等指标来评估和奖励的。因此,市场营销人员常选择短期行为。如某无人机公司的长期产品开发战略半途夭折,原因就是市场营销人员追求眼前效益和个人奖金而置新产品开发战略于不顾,将公司的主要资源都投入现有的成熟产品中了。因此,许多公司正在采取适当措施,克服这种长期目标和短期目标之间的矛盾,设法求得两者的协调。

3. 缺乏具体明确的执行方案

有些战略计划之所以失败,是因为计划人员没有制定明确而具体的执行方案。在无人机企业中,许多困境就是因为缺乏一个能够使企业内部各有关部门协调一致作战的具体实施方案。企业的高层决策和管理人员不能有丝毫"想当然"的心理。相反,他们必须制定详尽的实施方案,规定和协调各部门的活动,编制详细周密的项目时间表,明确各部门经理应负的责任,企业市场营销执行才有保障。

延伸阅读

全球首张支线物流无人机商业试运行牌照颁发

2022年1月25日,总部位于重庆两江新区的顺丰旗下大型无人机公司丰鸟科技正式取得了中国民航局颁发的支线物流无人机试运行许可和经营许可,标志着大型无人机送货时代正式开启,同时也标志着丰鸟科技成为全国首家可在特定场景下开展吨级大业载、长航时支线物流无人机商业试运行的企业,成为全球首个运用特定场景运行风险评估方法获得监管方批准进入支线物流商业试运行的大型无人机企业。据专业人士介绍,大型无人机与传统有人机相比,不仅保留了原本的速度优势,更是在机型设计和机队运营上大幅度降低了运行成本,甚至与卡车达到同一量级。未来,大型无人机在物流场景下的应用将打通国内干线与支线的航空物流新通道,有效解决偏远地区物流运输不便、运输效能低下等问题。此次获批牌照后,丰鸟科技将率先在西北的榆林等地开展支线物流运输服务,比如西北地区快速增长的牛羊肉、鲜枣、鲜枸杞等时效敏感的产品,将助力物流公司构建"大型有人运输机+大型支线无人机+末端投送无人机"三段式航空运输网络,后续将在民航局监管与指导下适时扩展试运行范围,循序渐进地连线组网。当前,两江新区已逐步发展卫星互联网、航空新材料、商业航天等航空航天产业,正着力建设航空航天产业核心区、卫星互联网产业示范区、航空航天产业孵化园、无人机孵化园、航空航天场景化展示及总部基地等"两区两园一基地",加快航空航天产业补链成群,打造在国内具有影响力的航空航天产业集群,助力两江新区建设高质量发展引领区,力争到"十四五"末,航空航天产业产值达100亿元。

(**资源来源**:重庆人民广播电台)

9.3.2 无人机市场营销执行步骤

1. 制定行动方案

为了有效地实施市场营销战略,必须制定详细的行动方案。这个方案应该明确市场营销战略实施的关键性决策和任务,并将执行这些决策和任务的责任落实到个人或小组。另外,还应包含具体的时间表,定出行动的确切时间。

2. 建立组织结构

企业的正式组织在市场营销执行过程中起着决定性的作用,组织将战略实施的任务分配给具体的部门和人员,规定明确的职权界限和信息沟通渠道,协调企业内部的各项决策和行动。企业的战略不同,相应的组织结构也应有所不同。也就是说,组织结构必须同企业战略相一致,必须同企业本身的特点和环境相适应。组织结构具有两大职能,首先是提供明确的分工,将全部工作分解成管理的几个部分,再将它们分配给有关部门和人员;其次是发挥协调作用,通过正式的组织联系沟通网络,协调各部门和人员间的行动。

3. 设计报酬制度

为实施市场营销战略,还必须设计相应的决策和报酬制度。这些制度直接关系到战略实施的成败。就企业对管理人员工作的评估和报酬制度而言,如果以短期的经营利润为标准,则管理人员的行为必定趋于短期化,不会有为实现长期战略目标而努力的积极性。

4. 开发人力资源

市场营销战略最终是由企业内部的工作人员来执行的,所以人力资源的开发至关重要。这涉及人员的考核、选拔、安置、培训和激励等问题。在考核、选拔管理人员时,要注意将适当的工作分配给适当的人,做到人尽其才。为了激励员工的积极性,必须建立完善的工资、福利和奖惩制度。不同的战略要求具有不同性格和能力的管理者。"拓展型"战略要求具有创业和冒险精神、有魄力的人员去完成,"维持型"战略要求管理人员具备组织和管理方面的才能,而"紧缩型"战略则需要寻找精打细算的管理者来执行。

5. 塑造企业文化

企业文化是指一个企业内部全体人员共同持有和遵循的价值标准、基本信念和行为准则。企业文化体现了集体责任感和集体荣誉感,甚至关系到员工的人生观和他们所追求的最高目标,能够起到把全体员工团结在一起的"黏合剂"作用,因此,塑造和强化企业文化是执行企业战略不容忽视的一环。

6. 建设管理风格

与企业文化相关联的是企业的管理风格,有集权型和分权型两种。不同的战略要求不同的管理风格,这主要取决于企业的战略任务、组织结构、人员和环境。管理风格一旦形成,就具有相对稳定性和连续性,不宜改变。

9.3.3　无人机市场营销执行技能

为了有效地执行无人机市场营销方案,必须善于运用以下四种技能。

1. 配置技能

配置技能指市场营销经理在职能、政策和方案三个层次上配置时间、资金和人员的能力。比如确定花多少钱用于展销会等。

2. 调控技能

调控技能包括建立和管理一个对市场营销活动效果进行追踪的控制系统,控制有四种类型:年度计划控制、利润控制、效率控制和战略控制。

3. 组织技能

组织技能常用于发展有效工作的组织中,理解正式和非正式的市场营销组织对于开展有效的市场营销执行活动是非常重要的。

4. 互动技能

互动技能指影响他人把事情办好的能力。市场营销人员不仅必须有能力推动本企业的人员有效地执行理想的战略,还必须推动企业外部的人或企业(如市场调查公司、营销顾问公司、广告公司、公关公司、经销商、批发商、代理商等)来实施理想的战略,即使他们的目标与本企业的目标有所不同。

9.4 无人机市场营销控制

9.4.1 无人机市场营销控制概述

1. 营销控制的概念

营销控制是指企业用于跟踪营销活动过程的每一个环节,确保能够按照计划目标运行而实施的一套完整的工作程序。营销控制包括估计市场营销战略和计划的成果,并采取正确的行动以保证实现目标。营销控制主要包括战略控制、计划控制盈利控制和效率控制。营销控制需要根据企业的营销目标,对营销计划执行情况实施测评、检查,以便及时发现问题和偏差、找出原因,使营销者能积极采取措施,从而保证营销计划任务的完成、营销目标的顺利实现。

(1) 战略控制。战略控制是最高层次的、较为全面的营销控制管理。由于企业经营目标、政策、战略、策略等都是在一定市场环境条件下提出和制定的,随着市场环境各要素的变化和企业的发展,其适应性就会受到影响。所以,应定期利用审计方法对企业的市场环境、目标、策略和企业的营销活动进行全面、系统的检查、评价。通过战略控制,确保企业目标、政策、战略和措施与市场营销环境相适应,与企业能力相匹配。

(2) 计划控制。计划控制主要是检查营销活动的结果是否达到年度计划的要求,并在必要时采取调整和修正措施,以确保年度计划的销售、利润和其他目标的完成和实现。其测评包括销售分析、市场占有率分析、营销费用分析、顾客态度分析、财务分析等。

(3) 盈利控制。盈利控制包括企业各种产品在不同市场、不同地区、不同渠道,甚至某类客户等方面的实际获利能力。获利能力的控制能帮助营销者确定自己的产品和市场现状,以求正确决策企业的产品组合策略和市场策略。

(4) 效率控制。效率控制就是企业利用营销调研、有关统计数据等对销售人员工作效率、广告效率、销售促进效率、分销效率、物流效率等实施控制和管理。获利能力的大小实际上也反映了企业各环节、各区域等的营销工作效率的高低。企业要增强自己的获利能力,就必须加强管理,提高营销工作效率。

2. 市场营销控制的流程

无人机企业进行市场营销控制的具体流程包括六个步骤。

(1) 确定控制对象。任何控制都是要支出成本的,因此在考虑控制时,应合理确定市场营销控制对象,注意使控制成本小于控制活动可能带来的利益。一般来说,企业的营销控制对象主要包括销售收入、销售成本、销售利润、销售人员的工作绩效、市场调查的效果、新产品的成效、广告效果等。因此,企业在进行控制以前,应根据营销战略和计划的执行情况,对控制目标、控制对象进行选择。

(2) 选择衡量标准。选择的衡量标准与控制重点有直接关系,如果控制的侧重点在于结果,则结果本身就是重要的衡量标准。这些标准一般就是公司的主要战略目标,如利润额、市场占有率、市场增长率、销售量等。

(3) 建立绩效标准。绩效标准是指以某种衡量尺度表示的控制对象的预期活动范围或可接受活动范围,也就是衡量标准的定量化。

(4)确定控制方法。建立了工作绩效标准后,应选择合适的控制方法,对计划与实际完成情况进行对照比较,或者将抽样结果与计划进行比较。

(5)分析偏差原因。进行比较后,若发现实际执行结果与计划目标发生偏差,则需要根据实际情况分析产生偏差的原因。实际执行结果发生脱离计划目标的现象,可能出于两种情况:第一种情况是实施过程中的问题,这种偏差比较容易分析;第二种情况是计划决策过程中的问题,确认这种问题,容易出现错误。这两种情况经常交织在一起,因此无人机企业必须仔细进行研究,区分原因,才能找出对策,解决偏差。

(6)采取改进措施。找到了问题后,对症下药进行改进是控制的最后步骤,即应根据造成偏差的原因提出相应的改进措施以提高效率,确保战略和计划目标的实现。

9.4.2 无人机市场营销盈利控制

无人机企业的盈利能力,是指无人机企业利用各种经济资源赚取利润的能力,它是无人机企业营销能力、获取现金能力、降低成本能力及规避风险能力的综合体现,也是无人机企业各环节经营结果的具体表现。营销业务的盈利能力控制,具体体现为衡量不同无人机产品、不同销售区域、不同顾客群体、不同销售渠道及不同订货规模的盈利能力,目的在于找出妨碍获利的因素,以便采取相应措施排除或削弱这些不利因素的影响。

9.4.3 无人机市场营销效率控制

当利润分析揭示无人机企业在若干无人机产品、地区或市场方面的盈利情况不妙时,无人机企业可使用效率控制分析是否存在更有效的方法来管理销售人员、广告、营业推广及分销渠道等绩效不佳的营销活动。效率控制的目的在于提高人员推销、广告、营业推广、分销等营销活动的效率,其核心是企业要准确把握判断销售人员、广告、营业推广及分销渠道等营销要素的关键指标,再根据这些指标的高低来分析营销效率,并据此对营销活动进行调整和纠正。

1. 销售人员效率

无人机企业各地区营销管理人员要记录本地区销售人员效率的几项主要指标,这些指标包括:每个销售人员每天平均的销售访问次数;每次销售访问的平均访问时间;每次销售访问的平均收益;每次销售访问的平均成本;每次销售访问的招待成本;每百次销售访问的订货量百分比;周期内的新顾客数;周期内丧失的老顾客数;销售成本对总销售额的百分比;销售队伍是否足以完成公司的营销目标;销售报酬水平和构成是否提供足够的刺激。无人机企业可以从以上分析中发现一些非常重要的问题。

2. 广告效率

无人机企业至少应该做好如下统计:每一媒体工具接触每千名购买者所花费的广告成本、顾客对哪一种媒体工具注意、顾客对广告内容和效果的意见、广告前后对产品态度的衡量、受广告刺激而引起的询问次数等。企业营销管理人员可以采取若干步骤来改进广告效果,包括进行较好的产品定位工作、确定广告目标、比较广告媒体、寻找较佳媒体、进行广告效果测定等。

3. 营业推广效率

为了改善营业推广的效率,企业营销管理人员应该对每一次营业推广的成本和对销售的影响做记录,注意做好如下统计:营业推广费用占销售额的比率;促销刺激的销售百分比;陈列成本;赠券回收百分比;展示询问次数等。无人机企业还应观察不同营业推广手段的效果,并使用最有效果的促销手段。

  4. 分销效率

  分销效率要衡量的指标包括:分销商的市场覆盖面占目标市场总覆盖面的比率;分销商的存货水准;仓库位置及运输方式;分销商的广告和促销力度。无人机企业营销人员需要对分销渠道进行分析和改进,以达到最佳配置并寻找最佳运输方式和途径。

9.4.4 无人机市场营销战略控制

  无人机企业的市场营销战略,是指无人机企业根据自己的市场营销目标,在特定的环境中,按照总体的策划过程拟订的可能采用的一连串行动方案,是对无人机企业营销业务整体性、长期性、基本性问题的规划。但是市场营销环境变化很快,往往会使无人机企业制订的目标、策略、方案失去作用。因此,在无人机企业市场营销战略的实施过程中必然会出现战略控制问题。战略控制是指市场营销管理者采取系列行动,通过不断评审和信息反馈,对战略不断修正的过程,使实际市场营销工作与原规划尽可能一致。

  无人机企业在进行战略控制时,可以运用市场营销审计这一重要工具。所谓市场营销审计,是指对无人机企业市场营销环境、目标、战略、组织、方法、程序和业务等进行综合的、系统的、独立的和定期性的核查,以便确定困难所在和各项机会,并提出行动计划的建议,改进市场营销管理效果。市场营销审计实际上是在一定时期对无人机企业全部市场营销业务进行总的效果评价,其主要特点在于不是仅仅评价某一些问题,而是对全部活动进行评价。市场营销审计的基本内容包括市场营销环境审计、市场营销战略审计、市场营销组织审计、市场营销系统审计、市场营销盈利能力审计和市场营销功能审计。

习 题

一、名词解释

  1. 无人机市场营销管理

  2. 无人机企业营销计划

  3. 无人机企业组织

二、单选题

1. 一家产品单一的跨国公司在世界很多地区拥有客户和分支机构,该公司的组织结构应考虑按什么因素来划分部门?（　　）
   A. 职能　　　B. 地区　　　C. 产品　　　D. 流程

2. 有一种组织结构构成如下:当有一个任务或项目出现时,临时抽调各个部门的得力成员组织一个项目小组共同完成任务,当任务完成后该小组解散,这种组织结构类型被称为（　　）。
   A. 直线制　　　B. 直线职能制　　　C. 事业部制　　　D. 矩阵制

3. （　　）是管理的首要职能。
   A. 考核　　　B. 组织　　　C. 领导　　　D. 计划

4. 计划工作在各级管理人员的工作中是普遍存在的,其中,高层管理人员主要是负责制订（　　）。
   A. 战术性计划　　　B. 生产作业计划　　　C. 战略性计划　　　D. 财务成本计划

5. 业务决策,如任务的日常安排、常用物资的订货与采购等诸如此类的决策属于（　　）。
   A. 风险型决策　　　B. 不确定型决策　　　C. 程序化决策　　　D. 确定性决策

6. 人们除了生存需要外,还有安全的需要、寻求关心的需要、建立友谊的需要等社会需要,所以产生了（　　）。
   A. 非正式组织　　　B. 非正式沟通　　　C. 正式沟通　　　D. 正式组织

7. 计划工作的核心环节是（　　）。
   A. 控制　　　B. 预测　　　C. 决策　　　D. 组织

8. 年度计划一般属于（　　）计划。
   A. 长期计划　　　B. 短期计划　　　C. 中期计划

9. 下列关于管理幅度与管理层次的描述正确的是（　　）。
   A. 管理幅度与管理层次共同决定组织规模
   B. 为了保证管理效果,管理幅度越大越好
   C. 当组织规模一定时,管理幅度与管理规模成正比关系
   D. 管理幅度越窄,管理层次就越多,组织结构就呈扁平型

10. 组织结构设计的出发点和依据是（　　）。
    A. 权、责、利关系　　　B. 企业目标
    C. 分工合作关系　　　D. 企业面临的环境

三、简答题

1. 无人机企业组织形式有哪些?

2. 简述无人机市场营销计划制订步骤。

模块十　无人机服务市场营销

教学目标

【知识目标】
1. 了解市场服务营销的分类和特点
2. 掌握无人机市场服务营销组合策略
3. 掌握无人机市场服务营销管理策略
4. 熟悉服务营销的有形展示

【能力目标】
1. 具备服务营销管理能力,能选择适合无人机企业发展的服务营销管理策略
2. 具备根据无人机企业策略制订服务营销方案的能力

【素质目标】
1. 拓展学生在服务营销领域的知识
2. 培养学生正确的营销管理观念
3. 建立现代经营管理的组合思维
4. 树立客观评价服务营销策略的意识

【教学重难点】
1. 无人机企业服务质量管理的主要方法
2. 无人机企业服务营销的有形展示

延伸阅读

红点无人机航拍服务项目清单

红点航拍2013年涉足无人机航拍领域,主要面向华东地区提供各类无人机航拍服务,目前在无人机航拍领域已经有较大成就和经验。

1. 广告拍摄

世界上各大都市的建筑规划都有着各自的风格特点,都带有一定的目的性和艺术特色,通过航拍的方式俯瞰一座城市,可以从另一个视角感受大城市规划的艺术魅力,从航拍图上看这个城市的轮廓让你叹为观止。企业在对外宣传和推广时,航拍图片能够最全面、最真实地反映该企业的规模、实力,也可以利用航拍展示自己企业的地理位置和交通条件。

2. 影视航拍

随着影视审美标准的多元化和影视制作技术的迅猛发展,观众对摄影手法的要求越来越

高,运用非常规的拍摄手法的航拍技术已经进入我们的视野。航拍镜头能够实现运动过程中空间的自然转换,通俗地说,航拍镜头可以用来转场,广角镜头的使用可以在荧屏上再现具有纵深感的空间,提供更多的视觉信息。

3. 体育摄影

无人机航拍由于具有起飞时间短、灵活小巧和报备简单等特点,被广泛地应用到电视新闻的拍摄中。一般来说,无人机适合拍摄大场面、过程性的新闻报道。具体来说,多旋翼无人航拍机适合应用于活动直播、体育赛事等日常新闻报道。

4. 婚纱摄影

随着时代的进步和经济条件的改善,婚礼的规模和标准不断提高。一场浪漫的婚纱摄影少不了航拍镜头,航拍镜头可以宏观上展示婚礼的场面,给人震撼的感受。

5. 农林植保

农林植保最常见的就是无人机喷洒农药。无人机喷洒农药作业高度低,可以在空停留,无须专门的机场起降,避免人员接触农药造成人体损害,提高工作效率和安全性。

6. 救灾救助

在救灾方面,无人机应用广泛。它可进入一些人无法进入的危险区域(如核事故后的高辐射区域)来寻找幸存者。

(资料来源:红点航拍)

服务营销是企业在充分认识消费者需求的前提下,为充分满足消费者需要在营销过程中所采取的一系列活动。服务作为一种营销组合要素,真正引起人们重视的是20世纪80年代后期,这时期,由于科学技术的进步和社会生产力的显著提高,产业化升级和专业化生产的日益加速,使产品的服务含量,即产品的服务密集度日益增大。随着劳动生产率的提高,市场转向买方市场,消费者随着收入水平提高,他们的消费需求也逐渐发生变化,需求层次也相应提高,并向多样化方向拓展。

10.1 服务市场营销概述

10.1.1 服务市场营销的概念

服务营销是企业在充分认识客户需求的前提下,为充分满足客户需求在营销过程中采取的系列活动。无人机企业服务营销是在认知无人机客户需求的情况下,为充分满足无人机客户的特定需求而在营销过程中采用的服务工具与服务手段。服务营销是一种通过关注顾客,进而提供服务,最终实现有利的交换的营销手段。实施服务营销首先必须明确服务对象,即"谁是顾客"。像饮料行业的顾客分为两个层次:分销商和消费者。对于企业来说,应该把所有分销商和消费者看作上帝,提供优质的服务。通过服务,提高顾客满意度和建立顾客忠诚。

对于无人机企业来说,有鉴于无人机行业的营销模式,分销商占据举足轻重的地位。企业的利润来自全国各省市的分销商,分销商具有左右市场需求的力量。因此,企业的主要精力是处理好与各地分销商之间的顾客关系,建立合作、友好、互利的伙伴关系。要知道他们是企业最大的财富,失去了他们,企业将一无所有。

企业必须坚定不移地树立服务客户的思想,认清无人机市场发展形势,要以消费者的需求为最终的出发点和落脚点,通过分销商将工作渗透到消费者层次上,从源头抓起,培育消费者满意度和忠诚度。坚持为他们提供一流的产品、一流的服务,一来能体现企业对无人机产品的负责、对分销商的负责、对消费者市场的负责;二来可以加强沟通,增加公司吸引力,提高竞争力,与客户共同进步,共同得益,实现厂家、分销商、消费者的多赢。

10.1.2 无人机企业服务市场营销的特征

1. 营销供求分散性

服务营销活动中,服务产品的供求具有分散性,不仅供方覆盖了第三产业的各个部门和行业,企业提供的服务也广泛分散,而且需方更是涉及各种各类企业、社会团体和千家万户不同类型的消费者。由于服务企业一般占地小、资金少、经营灵活,往往分散在社会的各个角落,即使是大型的无人机制造公司,也只能在无人机有机械损坏或发生故障的地方提供服务。服务供求的分散性,要求无人机服务网点要广泛而分散,尽可能地接近消费者。

2. 营销方式单一化

无人机作为有形产品,它的营销方式有经销、代理和直销多种营销方式。一般的有形产品在市场可以多次转手,经批发、零售多个环节才使产品到达消费者手中。服务营销则由于生产与消费的统一性,决定其只能采取直销方式,中间商的介入是不可能的,储存待售也不可能。服务营销方式的单一性、直接性,在一定程度上限制了服务市场规模的扩大,也限制了服务业在许多市场上出售自己的服务产品,这给服务产品的推销带来了困难。

3. 营销对象较复杂

服务市场的购买者是多元的、广泛的、复杂的。购买无人机服务项目的消费者购买动机和目的各异。某一服务产品的购买者可能牵涉社会各界不同类型的家庭和不同身份的个人,即使购买同一服务产品,有的用于生活消费,有的却用于生产消费,如信息咨询、邮电通信等。

4. 服务需求弹性大

根据马斯洛需求层次原理,人们的基本物质需求是一种原发性需求,对服务的需求与对有形产品的需求在组织运营成本中相互牵制,也是形成需求弹性大的原因之一。无人机服务需求受外界条件影响大,如季节的变化、气候的变化,科技发展的日新月异等对信息服务、环保服务、旅游服务、航运服务的需求带来重大影响。需求的弹性是无人机服务业经营者最棘手的问题。

5. 人员技能要求高

无人机企业服务者的技术、技能、技艺直接关系着该企业的服务质量。消费者对各种服务产品的质量要求也就是对服务人员的技术、技能、技艺的要求。服务者的服务质量不可能有唯一的、统一的衡量标准,而只能有相对的标准和凭购买者的感觉体会。

10.1.3 服务市场营销组合

越来越多的证据显示,产品营销组合要素构成并不完全适用于服务营销。因此,有必要重新调整营销组合以适应服务市场营销的新情况。有学者将服务业市场营销组合修改、扩充为七个因素,即展示、过程、产品、定价、渠道、促销、人员,这五个因素与产品营销组合要素一致,有形展示和过程是比较特殊的服务营销因素。

1. 展示

有形展示会影响消费者和顾客对于一家企业服务的评价。有形展示包含的因素有：实体环境（装潢、颜色、陈设、声音）、服务提供时所需用的装备实体（比如无人机租赁公司所需要的各类型无人机），以及其他实体性信息标志，如航空公司所使用的标识，干洗店将洗好的衣物加上的包装等。

2. 过程

在服务企业，人员的行为很重要，而过程即服务的传递过程也同样重要。表情愉悦、专注和关切的工作人员，可以减轻必须排队等待服务的顾客的不耐烦感，还可以平息技术上出现问题时的怨言或不满。整个系统的运作政策和程序方法的采用、服务供应中机械化程度、员工决断权的适用范围、顾客参与服务操作过程的程度、咨询与服务的流动等，都是市场营销管理者需特别关注的问题。

3. 产品

服务产品所必须考虑的是提供服务的范围、服务质量、服务水平、品牌、保证以及售后服务等。服务产品的这些因素组合的差异相当大，例如一家供应数样菜肴的小餐馆和一家供应各色大餐的五星级大饭店的因素组合就存在着明显差异。

4. 定价

价格方面要考虑的因素包括价格水平、折让和佣金、付款方式和信用。在区别一项服务和另一项服务时，价格是一种识别方式，顾客可从一项服务的价格感受到其价值的高低。而价格与质量间的相互关系，也是服务定价的重要考虑因素。

5. 渠道

服务提供者的所在地以及其地缘的便利性都是影响服务营销效益的重要因素。地缘的便利性不仅是指实体意义上的便利，还包括传导和接触的其他方式。所以分销渠道的类型以及其涵盖的地区范围都与服务便利性密切相关。

6. 促销

促销包括广告、推销、销售促进、公共关系等各种市场营销沟通方式。

7. 人员

在服务企业担任生产或操作性角色的人员，在顾客看来其实就是服务产品的一部分，其贡献也和其他销售人员相同。大多数服务企业的特点是操作人员可能承担服务表现和服务销售的双重任务。

10.2 服务质量管理

10.2.1 服务质量管理的测度

为了有效地利用服务营销实现企业竞争的目的，无人机企业应针对自己企业特点，注重服务市场的细分和服务差异化、有形化、标准化等问题的研究，以制定和实施科学的无人机服务营销战略,保证企业竞争目标的实现。为此,无人机企业在开展服务营销活动、增强其竞争优势时应注意研究以下测度。

1. 服务的细分水平

任何一种服务市场都有为数众多、分布广泛的服务需求者,由于影响无人机服务需求的因素是多种多样的,服务需求具有明显的个性化和多样化特征。任何一个无人机企业都无法全面满足不同市场服务需求,都不可能对所有的服务购买者提供有效的服务。因此,每个无人机企业在实施其服务营销战略时都需要把其服务市场或对象进行细分,在市场细分的基础上选定自己服务的目标市场,有针对性地开展营销组合策略,才能取得良好的营销效益。

2. 服务的差异水平

服务差异化是无人机服务企业面对较强的竞争对手而在服务内容、服务渠道和服务形象等方面有别于竞争对手而又突出自己特征,以战胜竞争对手,在服务市场立住脚的一种做法。目的是通过服务差异化突出自己的优势,与竞争对手相区别。实行服务差异化可从以下三个方面着手。

(1)有针对性、创造性地开发服务项目,满足目标顾客各类需要。

(2)采取迅速而有效的传递手段,把企业的服务传递给服务接受者。

(3)注意运用象征物或特殊符号、名称或标志来树立企业的独特形象。

3. 服务的有形水平

服务有形化是指企业借助服务过程中的各种有形要素,把看不见、摸不着的服务产品尽可能地实体化、有形化,让消费者感知到服务产品的存在、提高享用服务产品的利益过程。无人机企业服务有形化包括三个方面的内容。

(1)服务产品有形化。即通过服务设施等硬件技术,如无人机自动拍摄、数据自动上传、自动停泊等技术来实现服务自动化和规范化,保证服务质量的始终如一;通过能显示服务的某种证据,如各种积分、福利等代表消费者可能得到的服务利益,区分服务质量,变无形服务为有形服务,增强消费者对服务的感知能力。

(2)服务环境有形化。服务环境是企业提供服务和消费者享受服务的具体场所和气氛,它虽不构成服务产品的核心内容,但能给企业带来"先入为主"的效应,是服务产品存在的不可缺少的条件。

(3)服务提供者有形化。服务提供者是指直接与消费者接触的企业员工,其所具备的服务素质和性格、言行以及与消费者接触的方式、方法、态度等如何,会直接影响到服务营销的实现。为了保证服务营销的有效性,无人机企业应对员工进行服务标准化培训,让他们了解企业所提供的服务内容和要求,掌握进行服务的必备技术和技巧,以保证他们所提供的服务与企业的服务目标相一致。

4. 服务的标准水平

由于服务不仅仅是靠服务人员,往往还要借助一定的技术设施和技术条件,这为企业服务质量管理和服务的标准化生产提供了条件。企业应尽可能地把这部分技术性的常规工作标准化,以有效地促进服务质量的提高,具体做法可以从下面五个方面考虑。

(1)从方便消费者出发,改进设计质量,使服务程序合理化。

(2)制定要求消费者遵守的内容合理、语言文明的规章制度,以规范消费者接受服务的行为,使之与企业服务生产的规范相吻合。

(3)改善服务设施,美化服务环境,使消费者在等待期间过得充实舒服,如设置座椅,放置书报杂志,张贴有关材料等,为消费者等待和接受服务提供良好条件。

(4)使用价格杠杆,明码实价地标明不同档次、不同质量的服务水平,满足不同层次的消费者的需求。同时,在不同时期、不同状态下,通过价格的上下浮动调节消费者的需求,以保持供需平衡,稳定服务质量。

(5)规范服务提供者的言行举止,营造宾至如归的服务环境和气氛,使服务生产和消费能够在轻松、愉快的环境中完成。

5. 服务的品牌水平

服务品牌化是指企业用来区别于其他企业服务产品的名称、符号、象征或设计,它由服务品牌名称和展示品牌的标识语、颜色、图案、符号、制服、设备等可见性要素构成。创立服务名牌是无人机企业提高服务项目经济效益的一项重要措施。因此,企业应注意服务品牌的研究,通过创立名牌来树立自己独特的形象,建立和巩固企业特殊的市场地位,在竞争中保持领先的优势。

6. 服务的公关水平

服务公关是指企业为改善与社会公众的联系状况,增进公众对企业的认识、理解和支持,树立良好的企业形象而进行的一系列服务营销活动,其目的是促进服务产品的销售,提高服务企业的市场竞争力。通过服务公关活动,沟通与消费者的联系,影响消费者对企业服务的预期愿望,使其尽可能地与企业提供的实际服务相一致,保证企业服务需求的稳定发展。服务营销有利于丰富市场营销的核心,充分满足消费者需要的内涵,有利于增强企业的竞争能力,有利于提高产品的附加价值。服务营销的兴起,对增强企业的营销优势,丰富企业营销活动内涵有着重要的意义。

10.2.2 提高服务质量的策略

企业对服务质量的规定和执行贯穿于整个服务传递系统的设计与运作过程的始终,而不仅仅依赖于事后的检查和控制,因此,服务过程、服务设施、服务装备与工作设计等都将体现出服务水平的高低。而且顾客对服务质量的评价是一种感知认可的过程,他们往往习惯于根据服务传递系统中服务人员的表现及其与顾客的互动关系来进行评价,因此,人的因素对于服务质量的提高至关重要。提高企业的服务质量,有两种常用的方法,即定点超越和流程分析。

1. 定点超越

企业提高服务质量的最终目的是在市场上获得竞争优势,而获得竞争优势的简捷办法就是向自己的竞争对手学习。定点超越法最初主要应用于生产性企业,但它在服务行业中的应用也是显而易见的。定点超越法是指企业将自己的产品、服务和市场营销过程等,同市场上的竞争对手尤其是最强的竞争对手的标准进行对比,在比较和检验的过程中逐步提高自身的水平。服务企业在运用这一方法时可以从战略、经营和业务管理等方面着手。

(1)在战略方面,企业应该将自身的市场战略同竞争者成功的战略进行比较,寻找它们的相关性。通过一系列的比较和研究,企业将会发现过去可能被忽略的成功的战略因素,从而制定出新的、符合市场条件和自身资源水平的战略。

(2)在经营方面,企业主要从降低竞争成本和增强竞争差异化的角度了解竞争对手的做法,并制定自己的经营战略。

(3)在业务方面,企业应该根据竞争对手的做法,重新评估那些支持性职能部门对整个企业的作用。

2.流程分析

服务企业要想提供较高水平的服务质量和顾客满意度,还必须理解影响顾客认知服务产品的各种因素。而流程分析,又称服务过程分析,为企业有效地分析和理解这些因素提供了便利。流程分析是指通过分解组织系统和架构,鉴别顾客同服务人员的接触点,并从这些接触点出发来改进企业服务质量的一种方法。流程分析借助流程图来分析服务传递过程的各个方面,包括从前台服务到后勤服务的全过程,如图 10-1 所示。它通常涉及四个步骤:

(1)把服务的各项内容用流程图的方式画出来。

(2)把那些容易导致服务失败的点找出来。

(2)确立执行标准和规范,而这些标准和规范应体现企业的服务质量标准。

(4)找出顾客能够看得见的服务展示,而每一个展示将被视为企业与顾客的服务接触点。

在运用流程分析的过程中,识别和管理这些服务接触点具有重要意义,因为在每一个接触点,服务人员都要向顾客提供不同的职能质量和技术质量。而在这一点上,顾客对服务质量的感知情况将影响到他们对企业服务质量的整体印象。

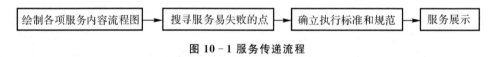

图 10-1 服务传递流程

3.风险处理

由于服务产品无形性、相连性等特征的存在,顾客在购买服务产品时往往犹豫不决,因为产品质量可能不符合顾客期望水平的风险很高。而服务企业若能消除或减少这种风险,则对于提高服务产品质量也有益处。企业减少顾客质量风险的顾虑,可以从以下几个角度考虑。

(1)集中强调质量。这就要求服务企业真正投资于质量管理活动,包括履行承诺保证,资源配置上支持质量管理活动,建立以质量为核心的服务企业文化,使各个管理层次都能自觉地为维持良好的产品质量做出贡献。如果顾客感到企业内部所有员工都能认识到质量的重要性,竭尽全力提供优质服务,则质量风险自然会逐渐消除。

(2)加强员工培训。仅有提供优质服务的意识是远远不够的。为避免眼高手低,企业必须重视员工培训,让员工掌握新的服务技能,改善服务态度。

(3)注重质量宣传。顾客对服务产品质量存有怀疑,企业在设计广告宣传时应针对这一心理状态,形象地突出有关产品的质量特征与水平。

(4)善用口碑传播。在选购服务产品时,顾客容易听取曾经使用过类似服务的朋友或亲人的意见。因此,善用已有顾客的口碑也能增强顾客的信心。

10.2.3 服务质量与客服

顾客服务是一项极其复杂的工作,要求面面俱到,严格管理。任何一个环节上的小小纰漏都可能使企业付出惨重代价,甚至被淘汰出局。无人机企业顾客服务由制造业向服务业的扩展,是一个复杂性和重要性不断提高的过程。服务企业的行为按照是否与顾客直接接触,分为前台活动与后台活动两种。顾客服务的基本要求是尽量扩大前台活动的范围和比例,使顾客接触到更多职责相关而又相互独立的服务人员,这样既能提高顾客的满意度,又便于企业进行追踪调查。

1. 顾客期望

顾客将他们所要的或所期望的东西与他们认为正在得到的东西进行比较,以此对服务质量进行评估。这在顾客对企业服务的判断中起着关键性的作用。为了在服务质量方面取得信誉,企业必须按照顾客所期望的水平或超出这一水平为顾客提供服务。期望与感觉之间的不一致是顾客进行服务质量评估的决定性因素,顾客是服务质量的惟一判断者。

2. 管理顾客期望

企业可以通过对所作承诺进行管理,可靠地执行所承诺的服务并与顾客进行有效的沟通来对期望进行有效的管理。

(1)与顾客建立有效沟通。企业通过与顾客进行对话,经常与顾客进行沟通,理解他们的期望和所关心的事情,对他们所接受的服务进行说明。企业积极地发起沟通以及对顾客发起的沟通迅速地表示关心,都传达了一种合作的感情,而这又是顾客经常希望却又很少得到的。与顾客进行有效的沟通,有助于在服务问题发生时减少或避免顾客的挫折感,从而使顾客树立对企业的信任和容忍。

(2)重视服务可靠性。可靠的服务有助于减少服务重现的需要,从而合理限制顾客的期望。许多企业和服务机构努力确保对顾客所作的承诺能够反映真实来吸引顾客。而过度的承诺,则会损害顾客的信任,即便企业可以获得经济利益,也会降低顾客的容忍度。

3. 超越顾客期望

受到管理的期望为超越顾客的期望提供了坚实的基础,企业可利用服务传送和服务重现所提供的机会来超越顾客的期望。

(1)妥善传送服务。在服务传送过程中,顾客亲身经历了企业提供的服务技能和服务态度,有助于保持更低的期望和更大的容忍,从而使超出这些期望成为可能。每一次与顾客的接触都是一次潜在的机会,可使顾客感到他得到了比过去的经验期望更好的服务。

(2)关注服务重现。服务重现是一个绝好的超出顾客期望的机会。在处理这些服务问题时,过程方面尤其重要。虽然在服务重现期间顾客对结果和过程方面的期望都会比平时更高一些,但在过程方面提供了更大的超出期望的机会。同样,顾客在服务重现期间将比在日常服务期间更加注意服务的传递过程。

延伸阅读

春秋航空服务营销"赢"市场

受全融危机大环境影响,我国民航业经营举步维艰,国航、东航、南航三大航空公司均出现了巨亏数十甚至上百亿的情况。当然,在几乎全行业亏损的民航业,也有少数几家凭借着有特色的经营,业绩斐然,春秋航空公司就是其中的代表。春秋航空是我国首家低成本民营航空公司,作为一家新兴的民营航空公司,它靠低成本战略不断取得优异的经营业绩。据春秋航空披露的数据,2009年一季度共输送旅客91.4万人次,同比增长32.7%;平均客座率94%,与去年同期持平;利润1587万元。今年首季的盈利水平就接近了去年一年的业绩。

搭乘春秋航空的飞机遨游蓝天要容忍这样的事实:比老牌航空公司略微狭小的座椅空间;餐食要自掏腰包,只有一瓶330毫升的免费矿泉水;除此之外,行李箱的重量要格外留意,这里的免费行李额度通常要比老牌的航空公司低5公斤。也许你仍然会选择它,原因很简单,它能提供与火车硬卧一较高低的票价:99元、199元、299元。如果运气好,还能买到1元钱的飞机票。此外,还有美丽大方的空姐跪蹲式服务,想想看,这是在老牌航空公司头等舱才可能享受到的待遇。作为国内首家打出低成本概念的民营航空公司,春秋航空通过采取高客座率和高效率、低营销费用和低管理费用、单一机型和单一舱位等策略来体现成本优势。而为了鼓励旅客网上购票,春秋航空在每条航线上都推出了99系列特价票,票价相当于2折左右,该特价票仅限网上或手机订购。其他舱位网上购票也低于门市30元/张。省钱有道,春秋航空赚钱秘诀又是什么呢?春秋航空总经理王正华说,春秋航空的目标客户定位在三个层面:旅游客户——这是春秋国旅的老客户;自掏腰包的商务旅客——这部分群体对价格敏感;年轻的都市白领——他们赚的钱多,但是花钱的地方也很多,而且他们上网购买机票的能力很强。第一部分主要依赖春秋国旅年组团200万人次的庞大客源网络,它每年可以为春秋航空贡献40%的旅客量;余下的60%则依靠春秋廉价的机票政策和优质的服务。为了体验乘客的心理,提高服务质量,王正华和管理团队每次都自己装卸行李包和推行李车。他说:"只有离客户近了,才能与竞争对手拉远距离。"

春秋航空作为我国首家低成本民营航空公司,在激烈的行业竞争中能够获得一席之地,固然与它长期坚持低成本营销战略紧密相关,同时也与它正确的市场细分与定位分不开。该公司自创立伊始就明确自己的业务范围,面对自己的细分市场,把目标市场定位为三个层面:旅游客户、自掏腰包的商务旅客和年轻的都市白领。所有的经营策略都围绕着节省资金和成本展开,并取得了不俗的经营业绩,最终取得了成功。

(资料来源:《中国民航报》)

10.3 服务的有形展示

物品以物质形态展示存在,服务以行为方式存在,服务因其无形性而不同于有形物品。服务的非物质特性对于顾客如何形成深刻印象和作出购买决定,以及服务市场营销人员如何完成市场营销任务有重要启示。顾客看不到服务,但是能看到服务工具、设备、员工、信息资料、参照人群、价格表等,所有的这些有形物都是看不见的服务线索。因为顾客必须在无法真正见到服务的情况下来理解它,而且要在作出购买决定前,知道自己应买什么、为什么买,所以他们一般会对有关服务的线索格外注意。这些有形的线索会传递一些信息,如果不加管理,这些线索可能损害整个市场营销战略。如果管理得好,这些线索能增加顾客对有关服务的认识,并增强整个市场营销战略的活力。

10.3.1 服务营销有形展示的类型

从构成因素的角度对有形展示进行划分,可分为三种类型:实体环境、信息沟通和价格。

1. 实体环境

实体环境可分成三大类:周围因素、设计因素、社会因素。

(1) 周围因素。这一因素通常被顾客认为是构成服务产品内涵的必要组成部分。它们的存在并不会使顾客感到兴奋和惊喜,但是如果失去这些因素或者这些因素达不到顾客的期望,就会削弱顾客对服务的信心。周围因素是不易引起人们重视的背景条件,但是,一旦这些因素不具备或令人不快,就会马上引起人们的注意。

(2) 设计因素。这一因素被用于改善服务产品的包装,使产品的功能更为明显和突出,以建立有形的、赏心悦目的产品形象。服务场所的设计、企业形象标识等属于主动刺激,它比周围因素更易引起顾客的注意。因此,设计性因素有助于培养顾客的积极感觉,且鼓励其采取接近行为,有较大的竞争潜力。

(3) 社会因素。这一因素是指在服务场所内,一切参与及影响服务产品生产的人,包括服务员工和其他在服务场所同时出现的各类人士。他们的言谈举止都会影响顾客对服务质量的期望与判断。

2. 信息沟通

信息沟通是另一种服务展示形式,这些沟通信息来自企业本身以及其他引人注意的地方。有效的信息沟通有助于强化企业的市场营销战略。从赞扬性的评论到广告,从顾客口头传播到企业标识,这些不同形式的信息沟通都传递了有关服务的线索。

3. 价格

服务定价是营销组合的重要一步,因为价格是营销活动中唯一能产生收入的因素。但是,价格之所以重要还有另一个原因——价格能培养顾客对产品的信任。在服务行业,正确地定价也特别重要,因为服务是无形的,而价格则是对服务水平和服务质量的有形展示。

10.3.2 服务营销环境的设计

在实施有形展示战略的过程中,服务环境的设计往往是企业市场营销管理的重点,因为顾客在接触服务之前,最先感受到的就是来自服务环境的影响,尤其是对于那些先入为主的顾客而言,环境因素的影响更是至关重要。所谓服务环境是指企业向顾客提供服务的场所,它不仅包括影响服务过程的各种设施,而且还包括许多无形的因素。因此,凡是会影响服务表现水平和沟通的任何设施都属于服务环境。

1. 营销环境设计的特点

对大多数服务企业而言,环境的设计和创造并不是件容易的工作。对于那些在顾客家庭中提供服务的企业来说,虽然这个问题并不很重要,但它们也应该注意到器械装备的设计、制服、车辆、文具以及可能会在顾客心目中形成对服务企业印象的类似事项。

从环境设计的角度看,环境具有如下特点。

(1) 环境具有多重模式。也就是说,环境对于各种感觉形成的影响并不是只有一种方式。一个人不能成为环境的主体,只可能是环境的一个参与者。

(2) 环境信息同时展现。作为环境重要组成部分的边缘信息和核心信息总是同时展现,即使某些边缘信息并非特别引人注意,但人们还是能够察觉感知出来。

(3) 环境延伸错综复杂。环境延伸所透露出来的信息,总是比实际过程更多,其中有些信息可能相互冲突。而且,环境隐含着各种美学特性、社会特性和系统特性等。因此,服务企业的环境设计,关系到各个局部和整体所表达出的整体印象。

2.营销环境设计的创造

很多服务营销人员错误地认为,只有环境设计尤其是室内设计才构成市场营销组合的有形展示战略。很多无人机企业虽然认识到有形展示的战略性作用,却由于缺乏资金,而将有形展示视为一种奢侈的投资。事实上,有形展示除了环境与气氛因素以及设计因素之外,还有社会因素。社会因素包括无人机企业服务员工的外表、行为、态度、谈吐及处理顾客要求的反应等,它们对无人机企业服务质量乃至整个市场营销过程的影响不容忽视。

10.4 服务的定价与分销

一般情况下,有形产品定价的概念和方法基本上均适用于服务产品定价。不过,受服务产品特征的影响,服务定价战略也显示出不同的特点。同时,在服务市场上,企业同顾客之间的关系通常是比较复杂的,因而企业定价不仅仅是给产品一个价格标签,而且有其他方面的重要作用。这就要求服务企业必须重视定价在服务市场营销中的地位。

10.4.1 服务的定价

1.影响服务定价的主要因素

按照价格理论,影响企业定价的因素主要有三个方面,即成本、需求和竞争。不过,需要强调的是,在研究服务产品成本、市场供求和竞争状况时必须与无人机企业服务内容的基本特征联系起来。

(1)成本因素。成本是服务产品价值的基础部分,它决定着产品价格的最低界限,如果价格低于成本,企业便无利可图。无人机服务市场的营销人员必须理解服务产品的成本及其随时间和需求的变化。对于服务产品来说,其成本可以分为三种,即固定成本、变动成本和准变动成本。

①固定成本。指不随产出而变化的成本,在一定时期内表现为固定的量,如场地费用、服务设施、设施工具、人员工资、维修成本等。

②变动成本。指随着服务产出的变化而变化的成本,如电费、运输费、邮寄费等。在许多服务行业中,固定成本在总成本中所占的比重较大,比如航空运输和金融服务等,其固定成本的比重高达60%,因为它们需要昂贵的设备和大量的人力资源,而变动成本在总成本中所占的比重往往很低,甚至接近于零,如火车和戏院等。

③准变动成本。指介于固定成本和变动成本之间的那部分成本,它们既同顾客的数量有关,也同服务产品的数量有关。比如,保洁费用、服务加班费等。这类成本取决于服务的类型、顾客的数量和对额外设施的需求程度。

(2)需求因素。市场需求会影响顾客对产品价值的认识,进而决定着产品价格的上限。服务企业在制定价格政策目标时,应考虑需求弹性的影响。需求的价格弹性是指因价格变动而引起的需求变动比率,反映了需求变动对价格变动的敏感程度。它通常用弹性系数来表示,该系数是服务需求量变化的百分比同其价格变化百分比之比值。如果价格上升而需求量下降,则价格弹性为负值;如果价格上升需求量也上升,则价格弹性为正值。价格弹性对企业收益有着重要影响。通常企业销售量的增加会产生边际收益,而边际收益的高低又取决于价格弹性的大小。

(3)竞争因素。市场竞争状况调节着价格在上限和下限之间不断波动,并最终确定产品的市场价格。市场竞争状况直接影响着企业的定价。在产品差异性较小、市场竞争激烈的情况下,企业在价格方面的活动余地也相应缩小。市场竞争所包含的内容很广。比如,在无人机行业中,企业之间的竞争不仅有不同品种之间的竞争,不同服务方案之间、顾客对时间和金钱的使用方式之间都存在竞争。总而言之,凡是服务产品之间区别很小而且竞争性较强的市场,都可以建立相当程度的一致价格。

2. 服务特征对定价的影响

服务特征对服务产品的定价有很大影响,在不同的服务形式和市场状况中,这些特征所造成的影响也不同。因此在制定服务价格时,除了考虑上面提到的三个基本因素之外,还必须对服务的特征加以考虑。能对定价造成影响的服务特征可分为以下五类。

(1)服务的无形性特征使服务产品定价更为困难。虽然大多数顾客在选购商品时很自然地检查商品,并根据其质量和自身的经验判断价格是否合理,但在购买服务时,顾客却不能客观、准确地检查无形无质的服务,第一次购买某种服务的顾客甚至不知道这一商品里面到底包含什么内容,再加上很多服务商品是按各类顾客的不同要求对服务内容作适当的增减,使得顾客只能猜测服务商品的大概特色,然后同价格进行比较,但对结论却缺乏信心。这就解释了为什么服务商品价格的上限与下限之间的定价区域一般要比有形商品的定价区域宽,最低价格与最高价格的差距极大。

(2)服务的时间性及服务的需求波动大,导致服务企业必须使用优惠价及降价等方式,以充分利用剩余的生产能力,因而边际定价政策得到了普遍应用。但经常使用这种定价方式,往往会加强顾客的期待心理,他们可能会故意不消费某种服务,因为他们预期必然会降价。为防止这种现象的发生,服务企业需要给提前订购服务的顾客以优待性特价。

(3)顾客往往可以推迟或暂缓消费某些服务,甚至可以自己来实现某些服务的内容,类似的情况往往导致服务提供者之间更激烈的竞争。当然这也可能提高某些市场短期内价格的稳定程度。

(4)如果服务是同质性的,那么价格竞争就可能很激烈。价格可能用来当作质量指标,而提供服务的个人或公司的声誉,则可能形成相当的价格杠杆;同时,服务质量具有很大的差异性,服务与服务之间没有统一的质量标准作比较,往往是顾客要求的越多,其得到的也就越多,而价格则没有变化。

(5)服务与提供服务的人的不可分开性,使得服务受地理因素或时间的限制。同样,消费者也只能在一定的时间和区域内才能接受到服务,这种限制不仅加剧了企业之间的竞争,而且直接影响其定价水平。

3. 定价与市场营销战略

企业在制定价格策略时还要考虑到企业的市场营销战略。整体性市场营销战略意味着企业市场营销组合中任何策略的制定和贯彻执行,都要同企业的市场营销战略目标相一致,价格策略也不例外。企业在确定服务产品价格目标时,必须考虑以下三个因素。

(1)产品的市场定位。市场定位是指服务产品试图占有的地位以及在消费者心目中与竞争者相比较之下的地位。显然,价格是影响服务产品市场定位的市场营销组合中一个重要的因素。有形产品可以凭借其实体特征在市场上占据一席之地,而服务产品定位所依据的则是一些无形的特征。

(2)服务产品生命周期。服务产品的价格也与生命周期有关。在导入新产品时,企业可用低价政策去渗透市场,并在短期内快速争得市场占有率。或者在导入期,企业采用高价政策,在短期内尽量摄取高利润。这种策略只有在没有直接竞争者以及存在大量需求的情况下才能采用。

(3)价格的战略角色。定价策略在实现企业整体目标的过程中具有战略性地位,因此,任何单个产品的定价策略都要同企业的战略目标相一致。

4.服务定价方法

(1)成本导向定价法。成本导向定价法包括利润导向定价和政府控制定价。

①利润导向定价。即以最起码的利润水平为目标,由专业组织或行业协会制定标准价格。如果市场进入受到严格的限制,则定价的取向就以顾客的支付能力和支付意愿为主,成本考虑退居其次。

②政府控制定价。即以保护消费者为目标,按照成本加上合理利润为标准制定固定价格。

(2)竞争导向定价法。竞争导向定价法包括随行就市定价和主动竞争定价两种。

①随行就市定价,是指以该种服务的市场随行就市作为本企业的价格。采用这种平均价格易于为人们所接受;避免与竞争者激烈竞争,能为企业带来合理的利润。

②主动竞争定价,是指为了维持或增加市场占有率而采取的进取性定价。

(3)需求导向定价法。这种定价方法着眼于消费者的态度和行为,服务的质量和成本为配合价格而调整变动。

5.服务定价技巧

许多实体产品的定价技巧也可用于服务产品,以下为经常使用的定价技巧。

(1)差别定价。差别定价是一种根据顾客需求强度而制定不同价格的定价技巧,主要运用于建立基本需求,尤其是对高峰期的服务最为适用;也可用以缓和需求的波动,减少服务的时间性等不利影响。差别定价的形式包括时间差异、顾客支付能力差异、服务品种差异、地理位置差异等。

(2)折扣定价。大多数市场上都可以采用折扣定价,服务企业通过折扣方式可达到两个目的:一是促进服务的生产和消费;二是鼓励提前付款、大量购买或高峰期以外的消费。

(3)偏向定价。当一种服务原本就有偏低的基本价,或服务的局部形成低价格结构形象时,就会产生偏向价格现象。比如,为招徕更多的顾客,无人机企业服务项目中提供价廉物美的基础套餐,但大多数顾客一旦真的需要服务,还是会点其他价格较高的服务项目。

(4)保证定价。这是一种保证必有某种结果产生后再付款的定价技巧。比如一些无人机公司,必须等到当事人获得了适当的工作职位后,才能收取费用。

(5)高价位定价。这是当消费者把价格视为质量的体现时所使用的一种定价技巧。在某些情况下,某些服务企业往往有意地造成高质量高价位姿态。已建立起高知名度的服务企业,适宜采取这种定价技巧。

(6)招徕定价。这是指第一次订货或第一个合同的要价很低,希望借此能获得更多的生意,而后来生意要价较高的定价技巧。

(7)系列价格。价格本身维持不变,但服务质量、服务数量和服务水平则充分反映成本的变动。该定价技巧特别适用于固定收费的系列标准服务。

10.4.2 服务的分销

1. 服务分销渠道的类型

服务分销渠道是指服务从生产者移向消费者的过程中所涉及的一系列企业或机构。

(1)直销。直销可能是服务生产者经过比较尝试而选定使用的分销方式,也可能由于服务和服务提供者不可分割所致。如果直销是经由选择而决定的,企业往往是为了获得某些特殊的竞争优势。如果直销是由于服务和服务提供者之间的不可分割性,这时的服务提供者可能遇到以下两个问题:

①在满足特定的个人需求时,企业难以实现业务扩充。

②直销有时意味着企业的购买者局限于地区性市场。

(2)中介机构。服务企业最常使用的渠道就是中介机构。服务企业渠道结构各不相同,而且有些相当复杂。服务市场的中介机构形式很多,常见的有下列五种。

①代理,一般是在观光、旅游、旅馆、运输、保险、信用、雇佣和企业服务市场出现。

②专营,专门执行或提供一项服务,然后以特许权的方式销售该服务。

③经纪,服务由于传统惯例的原因要经由中介机构提供才行。

④批发商,在快消品市场常见以批发商存在的中介销售机构。

⑤零售商,服务销售终端、零散客户。

2. 服务渠道的发展

(1)独立服务渠道。独立渠道的兴起,是为了满足特定需要,而无须与另外的产品或服务相关联。

(2)联合型服务渠道。联合型服务渠道是服务联合在一个销售某服务产品的渠道之中。联合型服务渠道一般是通过下述形式发展而来的。

①收购。服务是整体产品组合的一部分,如对耐用消费品采购的融资。

②租用。服务在另一家公司的设施中提供和营运,特许权使用人必须给付租金或将营业额抽成给出租的公司。

③合同。两家或两家以上的独立公司以某种契约方式合作营销一项服务。

3. 服务分销方式的创新

(1)租赁服务。服务经济的一个有趣现象就是服务租赁业的迅速发展,许多个人和企业都已经或正在从拥有无人机产品转向无人机产品的租用或租赁,采购也从生产部门转移至服务部门。这意味着许多无人机产品销售企业增添了租赁和租用业务。此外,新兴的无人机租赁服务机构也纷纷出现,投入无人机租赁市场的服务供应。

(2)特许经营。在可能标准化的服务业中,特许经营已成为一种持续增长的现象。所谓特许经营,是指一个人(特许人)授权给另一个人(受许人),使其有权用授权者的知识产权(包括商号、产品、商标、设备等)进行分销。

10.4.3 服务的促销

服务促销是指为了提高销售,加快新服务的导入,加速人们接受新服务的沟通过程。促销对象不仅限于顾客,也可以被用来激励雇员和刺激中间商。

1. 服务促销目标

服务营销的主要促销目标是:

(1) 形象认知,即建立对该服务产品及服务企业的认知及兴趣。

(2) 竞争差异,即使服务内容和服务企业本身与竞争者产生差异。

(3) 利益展示,即沟通并描述服务带来的各种利益。

(4) 信誉维持,即建立并维持服务企业的整体形象和信誉。

(5) 说服购买,即说服顾客购买或使用该项服务。

总之,任何促销努力的目标都在于通过沟通、说服和提醒等方法,以增加服务产品的销售。当然,这些目标也会因服务产品性质的不同而有所差异,而且任何服务的特定目标在不同的市场环境中都要有所变动。

2. 服务促销特征

服务促销与产品促销存在着一定差异,这些差异既受服务行业特征的影响,又受服务本身特征的影响。

(1) 行业特征造成的差异。①业务规模。许多服务企业规模很小,认为自己没有足够的财力用于开展营销或促销。其实许多服务企业并不需要扩展服务范围,因为现有范围内的业务已经能够充分利用生产能力。这些企业普遍缺乏远见,看不到促销有助于维持稳固的市场地位,而且具有长期性的意义。

②促销技术。服务企业对于可利用的广泛多样的促销方式所知有限,可能只会想到大量广告和人员推销方式,而想不到其他行之有效且可能花费很少的促销方式。

③服务性质。服务本身的性质可能会限制大规模使用某些促销工具,或使得许多促销方法不能自由发挥。

④营销导向。有些服务业是产品导向型的,在不清楚市场营销战略对业务有何帮助的情况下,只把自己当作服务的生产者,而不是满足顾客需要的服务者。这类服务业的经理人,在未受过培训、欠缺技术的条件下,也不懂得促销在整体市场营销中应扮演的角色。

⑤专业道德。在采取某些市场营销和促销方法时,可能会遇到专业上和道德上的限制。传统和习俗可能阻碍某些促销工具的运用,某些促销方式甚至被认为不适当或者品位太差。

(2) 服务特征造成的差异。①消费态度。消费者态度是影响购买决策的关键。他们往往是凭着对服务与服务表现者或出售者的主观印象来购买服务,而这种对主观印象的依赖性,在购买实务产品时则没有那么重要。

②采购动机。在采购的需要和动机上,制造业和服务业买实体产品还是非实体产品,同类型的需要都可大致相同。

③购买过程。在购买过程上,制造业和服务业的差异较为显著。有些服务的采购风险较大,部分原因是买主不易评估服务的质量和价值。另外,消费者也往往受到其他人(如对采购和使用有经验的邻居或朋友)的影响。而这种现象对于服务市场营销有着十分重要的意义。也就是说,在服务的供应者和其购买者之间,有必要形成一种专业关系,在促销方面建立一种"口碑传播"机制。

延伸阅读

中国各行业无人机应用盘点

1. 无人机巡查违建

福建晋江:晋江市行政执法局直属中队无人机巡查分队联合永与镇行政执法中队利用无人机进行高空巡视,对泉厦漳城市联盟路永与段征迁区域进行巡查。执法人员通过无人机,发现了两处疑似违法建筑。以往单靠人工巡查耗时费力,而现在利用无人机,可在高空进行全景航拍,多角度拍照取证,提高工作效率。

2. 高压电塔故障巡线

云南:昭通供电局输电管理所自2014年开始试引入无人机进行故障巡线代替人工登塔,以降低人身高坠风险。通过无人机进行一座基塔的故障巡检只需要10~15分钟,极大缩短巡检耗时,降低了人工巡检风险。2015年开始正式推广3个班组使用无人机巡线替代常规的线路登塔特巡、隐患排查、故障巡视以及常规周期巡视工作。2016年向输电管理所所有班组以及各县公司配网线路推广无人机巡线应用,并向无人机清理导地线异物等业务进行拓展。

3. 电力检修

四川:省电力检修公司检修中心将以汽油或酒精为原料的喷火装置安装在无人机上,调整无人机的方位来控制喷火距离,利用电子火柴与遥控点火技术点燃易燃物,将缠绕在线路上的异物烧尽。整个清障过程用时大约只要10分钟,而以往人工作业通常需要2个小时,无人机的这一应用效率提升了12倍,且保障了作业人员的人身安全。

4. 森林巡山防火

山东莱山:莱山初家街道为森林专业消防队配备了两台无人机,无人机可以无视地形,快速到达现场并取证,同时也有利于火灾的扑救指挥,为消防队员下一步的行动提供依据;同时,通过无人机巡视与取景,也能节约防火队员的体力、保障防火队员的安全。这让过去每日走山路、人工巡山的森林消防员轻松不少,同时无人机的应用也提高了山林火灾防控、巡查的强度与密度。

5. 水土监管

浙江宁海:宁海县水利局通过无人机、卫星遥感等科技手段拍摄高分辨率遥感影像,并结合人工现场复核的方式进行水土监管。该模式可全方位、多视角、高时效地获取项目区的地表扰动范围、取弃土区状况与各类水土保持措施等重要信息要素,以达到"天地一体、上下协同"的监管目标。

(**资料来源**:红点调查)

3. 服务促销组合策略

(1)服务广告的原则。①使用明确的信息。服务广告的最大难题,在于以简单的文字和图形,传达所提供服务的领域、深度、质量和水平。

②强调服务利益。能引起注意、有影响力的广告,应该强调服务的利益而不是强调技术性

细节。强调利益才符合市场营销观念,也与满足顾客需要有关。所强调的利益应与顾客追求的利益一致。因此,广告中所使用的利益诉求,必须建立在充分明确顾客需要的基础上,才能确保广告产生最有利的影响效果。

③慎重对待承诺。只承诺能提供给顾客的服务项目,而不应提出让顾客产生过度期望而企业又无力达到的承诺。服务企业必须实现广告中的诺言,这对于劳动密集型服务企业来说较为麻烦。因为这类服务企业的服务表现,往往因服务递送者的不同而各异。对不可能完成或维持的服务标准作承诺,往往给员工造成不当的压力。

④做好客户维持。在服务广告中,市场营销人员面临着两大困难。一是如何争取并维持顾客对该服务的购买;二是如何在服务生产过程获取并保持顾客的合作。这是由于顾客在服务的生产供应中,扮演了相当积极的角色。

⑤建立口碑传播。口碑传播是一项营销人员不能控制的资源,对于服务企业及服务产品的购买选择具有重要影响。服务广告必须有效地运用好这一沟通方式,可使用的具体方法有:动员满意的顾客向外界展示他们的满意;制作一些推文委托现有顾客转发给目标顾客群;针对意见领袖进行直接广告宣传活动;激励潜在顾客向现有顾客咨询。

⑥提供有形线索。服务广告者应该尽可能使用有形线索作为提示,以便增强促销效果。这种具体的沟通展示可以变成非实体的化身或隐喻。知名的人物和物体(如建筑、飞机)经常充当服务本身无法提供的"有形展示"。

⑦发布连续广告。服务企业可以在广告活动中,持续连贯地使用象征、主题、造型或形象,以克服服务企业的两大不利之处,即非实体性和服务产品的差异化。有些主题对于改善服务促销效果最为明显,如效率、进步、身份、威望、重要性和友谊等。

(2)服务广告的任务。①塑造企业形象。包括说明企业经营状况、企业的各种活动、所提供服务的特殊之处、企业的价值观念等。满足顾客对企业及其服务的了解和期望,并促使顾客对企业产生良好的印象。企业形象和所提供的服务应和顾客的需求、价值观以及态度密切相关。

②指导企业员工。服务企业所做的广告有两种诉求对象,即顾客和企业员工。因此,服务广告必须充分表达和反映企业员工的观点,并让他们加深了解,只有这样,企业的市场营销工作才能得到广大员工的支持。

③协助业务代表。服务企业广告能为业务代表的更佳表现提供有力的背景支持。顾客如能事先就对企业和其服务有良好的意向,则对销售人员争取生意是一个很大的帮助。

(3)推销。一般来讲,服务采购所获得的满足,往往低于对产品采购的满足,购买某些服务往往有较大的风险,服务的推销与产品的推销相比,应采取一些更能降低风险的战略。

①发展顾客关系。服务企业员工和顾客之间良好的人际接触,可以使双方相互满足。服务企业以广告方式表达对个人利益的重视,必须靠市场上真实的个人化关心来协助实现。

②采取专业导向。在大多数服务营销中,顾客均相信卖主有提供预期服务结果的能力。在顾客的心目中,销售人员的行为举止必须像一个地道的专家。因此服务提供者的外表、动

作、举止行为和态度都必须符合顾客心目中的专业人员应有的标准。

③重视间接销售。可以采用以下三种间接销售形式:利用现有服务来创造引申需求;利用意见领袖来影响顾客的服务选择过程;自我推销。

④维持有利形象。消费者对企业及其员工的印象,将直接影响他们的惠顾决策。有效的市场营销依赖于良好形象的创造与维持。员工和企业形象虽然各有不同,但广告、公共关系等促销活动所试图达到的目标,是建立并维持一种与顾客心目中企业和员工的应有形象相一致的有利形象。因为消费者对企业及其员工的印象,将直接影响他们的惠顾决策。

⑤多项服务组合。销售多种服务而不是单项服务。在推销核心服务时,服务企业可从包围着核心服务的一系列辅助性服务中获得利益。

⑥采购过程简化。顾客对服务产品在概念上可能了解,究其原因是顾客非经常购买,也可能是因为顾客在某种重大情感压力之下才需要服务。针对这种情况,服务销售人员应力求使顾客的采购简易化,也就是说,以专业方式尽量照顾并处理好一切事务,并尽量减少对顾客提出各种要求。

习　　题

一、名词解释

1. 服务营销

2. 顾客期望

3. 服务优秀度

4. 服务合格度

二、多选题

1. 服务质量管理有哪些？（　　）
   A. 服务市场细分水平　　B. 服务的差异化水平　　C. 服务的有形化水平
   D. 服务的标准化水平　　E. 服务品牌水平　　　　F. 服务公关水平

2. 服务市场营销组合（　　）。
   A. 产品　　　　　　B. 定价　　　C. 地点或渠道　　　D. 促销
   E. 人员有形展示　　F. 过程

3. 营销服务定价的因素（　　）。
   A. 成本　　B. 人工　　C. 渠道　　D. 需求　　E. 物料　　F. 竞争

三、简答题

1. 如何理解服务促销组合策略？

2. 如何制定无人机企业服务营销的策略？

3. 无人机企业的服务质量测度因素有哪些？

模块十一　无人机数字营销

教学目标

【知识目标】

1. 了解市场数字营销的概念
2. 掌握无人机数字营销的岗位职责
3. 熟悉各类数字营销技术

【能力目标】

1. 能够从社会、企业、消费者角度阐述数字营销的价值
2. 能够阐述主要的数字营销技术在营销活动中的应用

【素质目标】

1. 拓展学生在数字营销领域的知识
2. 培养学生正确的数字营销运营理念
3. 把握数字营销理论与技术发展新趋势,树立与时俱进、开拓创新的意识
4. 培养学生独立分析、积极思考的能力

【教学重难点】

1. 数字营销的岗位职责
2. 数字营销技术

在数字经济时代,传统企业实现数字化时,必须把数字营销作为一个重要的方面来关注,变革不能满足需要的营销思想、模式和策略,实行新的营销方式。与数字管理、生产制造一道,数字营销作为一个热点,将成为数字企业的三个重要组成部分之一。一般来说,在充分竞争的市场上,企业只能得到正常利润,如果想得到超额利润,那就必须创新。创新是对生产要素进行新的组合,从经济学的意义上讲,它不仅包括技术创新,也包括营销创新。其中,数字营销就是创新的典型事物。数字营销不仅仅是一种技术手段的革命,而且包含了更深层的观念革命。它是目标营销、直接营销、分散营销、客户导向营销、双向互动营销、远程或全球营销、虚拟营销、无纸化交易、客户参与式营销的综合。数字营销赋予了营销组合以新的内涵,其功能主要有信息交换、网上购买、网上出版、电子货币、网上广告、企业公关等,是数字经济时代企业的主要营销方式和发展趋势。

11.1 无人机数字营销概述

11.1.1 数字营销的概念

数字营销是使用数字传播渠道来推广产品和服务的实践活动,从而以一种及时、相关、定制化和节省成本的方式与消费者进行沟通。数字营销包含很多互联网营销(网络营销)的技术与实践。数字营销的范围要更加广泛,还包括很多其他不需要互联网的沟通渠道如非网络渠道,诸如电视、广播、短信;网络渠道如社群媒体、新媒体广告、短视频平台等;数字营销是基于明确的数据库对象,通过数字化多媒体渠道如电话、短信、邮件、电子传真、网络平台等,实现营销精准化、营销效果可量化、数据化的一种高层次营销活动。

无人机数字营销,就是指无人机企业借助互联网络、电脑通信技术和数字交互式媒体来实现营销目标的一种营销方式。数字营销将尽可能地利用先进的计算机网络技术,以最有效、最省钱地谋求新无人机市场的开拓和新无人机消费人群的挖掘。

11.1.2 数字营销的特点

数字营销具有许多前所未有的竞争优势,能够将产品说明、促销、客户意见调查、广告、公共关系、客户服务等各种营销活动整合,进行一对一的沟通,真正达到营销组合所追求的综合效果。这些营销活动不受时间与地域的限制,综合文字、声音、影像、图片及视听,用动态或静态的方式展现,并能轻易迅速地更新资料,同时消费者也可重复地上线浏览查询。综合这些功能,相当于创造了无数的经销商与业务代表。

1. 集成化

实现了前台与后台的紧密集成,这种集成是快速响应客户个性化需求的基础。可实现由商品信息至收款、售后服务一气呵成,因此也是一种全程的营销渠道。另一方面,企业可以借助互联网络将不同的传播营销活动进行统一设计规划和协调实施,避免不同传播的不一致性而产生的消极影响。

2. 个性化

数字营销按照客户的需要提供个性化的产品,还可跟踪每个客户的消费习惯和爱好,推荐相关产品。网络上的促销是一种低成本、人性化的营销方式。

3. 信息化

互联网可以提供当前产品详尽的规格、技术指标、保修信息、使用方法等,甚至对常见的问题提供解答。用户可以方便地通过互联网查找产品、价格、品牌等。

4. 空间化

数字营销将不受货架和库存的限制,提供巨大的产品展示和销售的舞台,为客户提供几乎无限的选择空间。

5. 集约化

在网上发布信息,代价有限,将产品直接向消费者推销,可缩短分销环节,发布的信息谁都可以自主地索取,可拓宽销售范围,这样可以节省促销费用,从而降低成本,使产品具有价格竞争力。前来访问的大多是对此类产品感兴趣的客户,受众精准,避免了许多无用的信息传递,也可节省费用。还可根据订货情况来调整库存量,降低库存费用。

6. 多元化

营销产品的种类、价格和营销手段等可根据客户的需求、竞争环境或库存情况及时调整,网络能超越时空限制与多媒体声光功能范畴,可发挥营销人员的创新。

数字营销还具备多媒体、跨时空、交互式、拟人化、超前性、高效性、经济性等特点。由于利用了数字产品的各种属性,数字营销在改造传统营销手段的基础上,增加了许多新的特质。数字营销人员必须永远记住用户拥有掌控力的事实。不精准、不相关且扰人的非人性化的广告,将迫使用户离开网站并忽略将来的广告。数字营销的一对一服务,留给客户更多自由考虑的空间,避免冲动购物,可以在更多地比较后再做决定。网上服务可以是24小时的服务,而且更加快捷。不仅是售后服务,在客户咨询和购买过程中,企业便可及时地提供服务,帮助客户完成购买行为。通常售后服务的费用占开发费用的67%,提供网络服务可降低此费用。

11.1.3 数字营销的作用

1. 缓解营销信息不对称问题

在传统营销活动中,同样的产品在不同的商家所售价格会有所不同,有时甚至相差很大。这种情况往往与企业营销人员对企业库存和销售情况了解不够透彻有关。不少营销人员会根据自己的主观印象来推销商品,不管是否有货,也不管是否为积存货物。很多传统企业往往是先进行批量生产,再批发到各地商场,至于商场销售价格高低,企业并不知晓。这种模式很容易造成恶性竞争,不但影响企业的经济效益,也会影响企业的发展和生存状态,降低企业的收入和利润,甚至会降低品牌价值。数字营销能够将产品价格一致化,无论是在哪里销售,其价格都是一样的,这样会给消费者形成一个良好的品牌形象,同时也能为企业带来更多的忠实客户。

2. 有效避免市场失灵和不诚信问题

数字营销可以更加精准化地进行信息投放,消费者能够在第一时间了解到产品相关信息,与生产商进行直接联系。除此之外,通过共享机制和技术手段的应用,数字营销生态能够从根本上让商家把精力集中在产品质量和服务质量上,挖掘引流聚客的潜力,提高商家聚客能力和品牌影响力。

3. 节约企业资金投入,提高广告效率

无人机企业广告投放花费资金较多,目的是让更多的消费者直观地看到无人机企业的产品和服务,有利于提高品牌的认知度。但是,很多企业发现,广告并不是投放了就能得到效益,很多广告投放效果也因投放方式和投放场景大打折扣。数字营销的优势在于能根据无人机消费市场的客户需求特征来提供有针对性的广告,避免出现滥发广告的情况。根据对消费者群体的分析,能够明确消费者的喜好,避免无效广告和企业运营资金的浪费。

4. 增加产品品牌价值,提高企业运营效率

在当前各类企业的数字化进程中,数字营销发挥着推动与借鉴的作用。在无人机大型企业迫切进行转型、无人机中小企业不断成长的数字营销环境下,如何抓住数字经济时代机遇,打破认知天花板,拓宽服务边界,不仅对数字营销提出了更高的要求,也是无人机企业实现品

牌价值提升与品牌形象蜕变的绝好机会。数字营销的目的在于帮助企业解决营销当中存在的实质性销售问题,帮助企业和品牌对基础流量进行更好地维护和建设。在碎片化的信息环境下,信息的内容价值显得更加重要。因此,越来越多的品牌开始将"内容营销"作为品牌的一个核心营销战略。

延伸阅读

DJI无人机品牌海外营销思路

创立于2006年的DJI,是全球无人飞行器控制系统及无人机解决方案的研发和生产商,经过多年的耕耘和沉淀,DJI已经在全球积累了百万用户,客户遍布100多个国家。

2017年,DJI正值走向海外的重要节点,然而,彼时的DJI在北美和欧洲主要市场发力后,明显发现其他次级市场的知名度不高;拥有13条产品线,产品矩阵复杂,买家群体分散;品牌海外销售额主要来自于线下门店,运营成本较高,线上商店的流量和转化率低,线上销售额也急需提升。

面临着开拓海外市场的三重考验,DJI制定了基本方案和目标,即在开拓以欧美为重点的国际市场过程中,通过主流社交媒体渠道Facabook和Instagram的线上营销推广,实现线上商店转换率和投资回报率提升50%,提高线上渠道产品销售额,并在全球范围内提升DJI在无人机市场的品牌知名度和认知度。

在随后的推广中,DJI从上述三重考验出发,制定了针对性的营销策略。

一、数据洞察:划分全球市场层级,定制区域化推广策略

基于产品与市场数据、Facebook平台数据、市场行业数据等洞察,DJI将目标市场划分为三个层级。

一级市场:以美国为代表的北美市场。该市场的显著特点是成熟度高,品牌知名度高,DJI主要进行以购买转化为目的的推广。

二级市场:以英国、德国、法国为代表的欧洲市场。该市场已有用户的品牌知名度高,但市场主要集中在英国。DJI一方面增加德国、法国等市场的覆盖人群,另一方面加强定制化产品的推广,增加网站流量进而实现转化。

三级市场:以日韩等为代表的亚洲市场以及澳洲市场。三级市场还处于开拓阶段,DJI便着重提高品牌在该市场上的知名度,覆盖尽可能多的受众,进而根据亚澳市场不同国家的受众特点制定产品及营销策略。

对各个市场有了明确的了解和定位后,DJI又针对不同产品和产品用户群体,再次进行新的分析和定位。譬如,针对不同用户群体,分别推出最具吸引力的产品优惠。

企业优惠:有员工福利、商务礼品、市场促销等采购服务需求的企业客户。

教育优惠:在校学生、教师等对摄影、团体活动有一定需求的个体。

会员计划:针对已购DJI产品、DJI粉丝和品牌忠诚者,并乐意继续获得有偿专业服务的客户投放广告。

DJI Care延保服务:广告投放给购买DJI产品使用者,或者针对不同产品,分析定位最具针对性的用户画像。

Mavic系列是DJI的明星产品,后浪小小班研究发现:该系列产品的受众主要是家庭收入稳定、对高价摄影及科技器材有极高兴趣的使用者;Goggles飞行眼镜系列作为潜力系列,主

要面向学生和年轻白领、对高科技有兴趣的使用者,例如无人飞机 VGo prol 机器人等;Refurbish 系列大多是翻新产品,对 DJI 有高关注、频繁造访官网却尚未购买的使用者往往更关注这些产品;对摄影、极限运动、户外运动、自拍有极高兴趣的受众更青睐 Spark 系列的高性价比产品。对于那些明星产品,DJI 决定进行捆绑销售。

二、围绕转化目标:三阶段漏斗营销,层层推进

在执行中,DJI 针对不同市场,通过对 Facebook 不同产品的搭配,灵活运用漏斗营销,从"提高品牌知名度""增加网站访客""实现转化和投资回报率极大化"三个阶段层层递进,实现预期营销目标。

1. 提高品牌知名度

为了提高品牌知名度,DJI 抓住视频营销红利,在第三层级市场上采用视频广告形式,吸引受众,讲述品牌故事。

在这个步骤中,不仅可以重组素材将静态影片组合为动态投影片,还能快速打造沉浸式体验;Sildeshow 也充分利用现有图片创建具有成本效益的轻量级视频广告,以极富吸引力的手法讲述品牌故事;幻灯片广告加载所使用的流量仅有视频广告的 1/5,可以覆盖网速较慢的用户群。

DJI 还利用 Canvas 全屏广告打造直切主题且加载快速的视觉体验,有效传播品牌故事。而在推广品牌的过程中,DJI 主要利用 Instagram Story 分享品牌故事、引导购买。据了解,Instagram Story 自发布以来,全球每日活跃人数已超过 2.5 亿,平台的主力用户为千禧一代。于是,DJI 利用平台特点,推广毕业生特惠专案,专门设计色彩活跃视频抓住年轻人的眼球。

2. 增加网站访问量

在引流这一关键环节中,DJI 主要使用 Facebook Collection Ad 实现网站引流,引导需求转化为销量。众所周知,Collection 广告所提供的动态消息体验能提升用户的探索欲望和关注热情,这可以提升商品在移动端的发现率,而当用户点击 Facebook Collection 时,系统会将他们引导至全屏广告,进而用全屏体验来提升参与度以及培养兴趣和购买意向,最终将需求转化为销量。

线上之外,DJI 利用线上活动引导参与线下活动,为线下门店引流,实现线上线下联动。比如说,添加共同组织者,通过活动介绍合作伙伴的同时,吸引更多人关注 DJI 使用者参与活动,在活动页面分享图片、动态或更新,持续吸引来宾关注活动页面。

3. 实现转化和投资回报率极大化

在漏斗营销的最终环节,DJI 通过 A/B 测试,完成最优转化测试。具体来看,主要通过 Facebook 拆分测试快速了解市场,在预算、排期等相同的条件下,对文案、图片、定位等变量进行测试,快速找到最优转化广告。在相同设置下,广告 A 获得优胜结果的概率为 80%。

在这一过程中,DJI 还根据不同地区特性投放了多种素材。欧美用户偏爱简洁明了、重点突出的视觉效果,投放的素材大多突出产品本身,强调优惠信息;日韩用户偏爱品质较好、能体现产品性能的画面,素材则拥有不同环境适应性画面,活动场景也尽量和产品高度融合。

三、高效执行:保持灵活,借势营销,推动转化

在这轮推广期间,DJI 于 2018 年 1 月推出新品——便携无人机 Mavic air,通过全球广告和直播的合理配合,打响了品牌知名度,帮助新机型迅速占领目标市场。在全球直播中,北美、亚洲、欧洲、澳洲地区 Facebook 主页同步直播 Mavic air 新品发布会,用户对新品关注度和热

议持续高涨,同时吸引了大量科技爱好者在线观看。

值得注意的是,新品发布会的素材围绕高性能、便携的产品调性,使用多语言多货币版本素材,使产品形象更加深入人心。为了融入电商全球化的背景,DJI还不断加入西方购物狂欢节日,加速出海脚步。

比如说,在大促拉开正式序幕前设置倒数帖子,将用户提前带入购物狂欢节奏;持续多版本素材对比测试,总结用户偏好点;创意素材+惊喜折扣,一切以转化购买为最终目标;预售和促销的双重配合,在活动前期通过网站点击的方式导入大量人群进入官网中,后期正式促销期间实现转化的高峰。

最终通过这三项营销策略,DJI在海外共实现广告触及人数4 500万,广告展示次数1.7亿,2018年上半年环比实现80%的订单数增长,每笔订单转化成本下降20%,投资回报率持续增长。

在这波长达一年的推广营销中,大抵可以提炼以下几个DJI抓住的关键点:

①对市场、产品和人群精确的定位分析。

②通过文本和创意吸睛:在快节奏的社交平台广告中,突出品牌、产品性能,在最短时间内抓住用户眼球。

③紧凑合理的活动节奏:新品发布、促销活动、特殊折扣结合。

④高效的广告投放和执行,不断提高广告创造和迭代能力,根据消费者洞察提炼产品核心诉求,落实到视觉创意和广告文案上,支持短时间内迅速完成多轮A/B测试,持续优化广告素材。

(资料来源:雨果网)

11.2 数字营销岗位职责

11.2.1 认识数字经济与企业结构

数字经济是将信息化视为一种全新生产力的社会经济模式。品牌的数字化转型不只营销与传播,而与整体的价值链和供应链重建休戚相关,管理权限的变革决定品牌数字营销的走向,也使后者的组织结构发生松动,需要企业在既有营销体系下整合数字部门,重塑内部的营销生态系统。企业数字营销部门是执行数字营销计划、服务市场购买者的职能部门。数字营销部门的组织形式受宏观市场营销环境、企业市场营销管理哲学,及企业自身所处发展阶段、经营范围、业务特点等因素的影响。

通过对从前程无忧、智联招聘、Boss直聘等专业招聘网站采集到的30万条数据进行智能语义识别和数据清洗,再借助企业访谈进行修正,中国商业联合会归纳总结出企业数字营销所需的六大类岗位:App运营类岗位、互动营销类岗位、品牌运营类岗位、广告推广类岗位、内容策划类岗位、营销策划类岗位。

11.2.2 App运营类岗位职责

App运营类岗位主要面向App内容运营、App活动运营及小程序运营三大工作领域。

1. APP内容运营

(1)App的专题栏目内容运营和专题策划,可围绕时下热点进行专题的策划及创作。

(2)社交平台内容运营和管理,优化用户生成内容(UGC),积极与用户互动,鼓励并引导用户创作内容。

(3)协调内外部资源,解决内容层面上的用户体验痛点。

(4)优化用户体验,参与规划社交社区板块和产品功能设计,分析和学习竞品运营策略。

2. APP 活动运营

(1)策划并推进各类 App 线上活动、话题、专题等,提升用户活跃度并拉动用户增长。

(2)根据各方资源制定富有创意、迎合热点及节日的活动或专题策划。

(3)负责推进营销活动,统筹协调活动资源,收集活动反馈并进行跟踪分析总结;对活动效果负责,完善活动方案。

3. 小程序运营

(1)负责小程序的活动策划、产品运营、用户运营、数据分析。负责各场景、各品类差异化的梳理及沉淀,提升私域流量。

(2)负责微信小程序矩阵的推广运营及购买转化,能够制订小程序用户增长的活动运营策略,增加用户黏性,打造有活力的高质量用户群。

(3)制定分销机制,完善社群激励机制,挖掘核心粉丝并维护客户关系,提升核心用户的留存率和转化率。

(4)负责小程序销售数据、商品规划数据、店铺日常数据等的监管及分析。

11.2.3 互动营销类岗位职责

互动营销类岗位主要面向社群营销、用户运营及客户关系管理三大工作领域。

1. 社群营销

(1)确定精准用户,通过微信、微博、论坛等工具带动社群的用户扩展,有效实现用户拉新。

(2)组织策划社群主题活动,提升社群用户黏性及活跃度,搭建用户成长体系。

(3)负责用户信息管理,保证沟通及时有效,通过对用户需求和反馈的收集整理推动产品改进,不断提升用户的满意度。

(4)负责其他渠道新用户在社群内的分流与沉淀,提升社群客户黏性,定期形成社群运营分析报表。

2. 用户运营

(1)负责 KOL(关键意见领袖)、核心用户和种子用户的运营,及时发现、挖掘、管理优质用户。

(2)设计运营活动方案,引入目标用户,提升用户活跃度,促进其购买产品。

(3)制定并实施清晰的用户互动策略,通过持续互动转化潜在用户,提升公司及产品口碑。

(4)负责收集用户的线上反馈意见,及时发现并处理问题。

(5)完成"种子用户"人群画像库的建立。

3. 客户关系管理

(1)建立并完善服务体系,对客户的触点页面和流程体系进行分析,结合客户洞察。定位挑战和机遇,提出优化和改进建议。

(2)负责开展客户体验调研,发现客户问题。调研形式包括但不限于问卷调研,客户及员工访谈、同业调研、数据分析等。

(3)负责参与公司客户体验管理指标体系搭建,监控公司客户体验指标变化,落实客户体验指标管理。

(4)参与客户关系管理体系的规划建设,包括体系架构、实施方案、系统建设的规划设计等;参与建立、优化、整合客户关系的相关流程,在系统层面落地并执行推广。

(5)策划客户服务活动并负责方案的落地实施。

11.2.4 品牌运营类岗位职责

1. 品牌管理

(1)根据公司品牌的不同发展阶段,提供品牌的整合营销及品牌建设战略规划,制定、实施阶段化品牌推广目标和方案。

(2)负责品牌与竞品的市场调研,把握行业及竞争对手的最新动态,制定应对策略。

(3)拓展和策划各个主流广告平台的市场品牌活动,包括但不限于搜索引擎、信息流投放、小程序广告等付费或免费合作渠道,制定投放或合作方案和计划,监控投放渠道的流量和转化数据并开展分析,根据数据表现调整和优化投放。

2. 品牌传播

(1)协助制定传播方针和政策,为部门管理与开展工作提供数据支持,保证部门稳定、高效、专业化运行。

(2)负责新媒体资源整合优化、资源谈判及购买、媒体关系维护等工作,保证媒体资源满足策略计划,达到预期效果。

(3)组织实施媒体传播项目,协助沟通引入第三方监控资源,对媒体投放进行监控,保证投放的准确性并及时调整,确保年度媒体传播项目有序进行。

(4)在部门总预算的基础上,制定季度、月度媒体投放总结和预算调整计划。

(5)按照精准投放预算,协助完成精准投放计划。

3. 品牌推广

(1)根据品牌定位,协助上级制定年度宣传推广方案。

(2)负责建立和维护品牌推广主要合作资源,各种推广内容的策划、设计、撰写及发布。

(3)调查及掌握品牌营销领域的最新动态,了解行业市场信息,能够根据线上线下市场活动进行分析,定期形成分析报告。

11.2.5 广告推广类岗位职责

广告推广类岗位主要面向 SEO(搜索引擎优化)、SEM(搜索引擎推广)、信息流推广、App(应用程序)推广四大工作领域。

1. SEO

(1)负责公司网站 SEO(百度、抖音等),能够根据公司战略发展要求制定全面的搜索引擎优化策略,提升品牌词、核心词、长尾词的搜索引擎收录及自然排名;负责以搜索引擎优化为主的网络营销研究、分析与服务工作。

(2)负责网站的外部链接组织与软文宣传(包括微博、微信公众号以及其他第三方平台)。

(3)负责研究竞争站点,深入挖掘用户搜索需求,改进 SEO 策略,不断提升业务关键词排名与整体搜索流量。

(4)负责站内优化,制定行业网站各频道的 SEO 标准及策略并形成相应要求的文档,监督网站编辑执行并进行实时监控。

2. SEM

(1)负责搜索引擎推广账户的日常优化及管理工作。

(2)运用搜索引擎排名机制提高网站流量。

(3)控制账户消费金额,通过合理运用账户资金实现广告预期效果。

(4)统计每日的消费、流量数据,根据数据报告制定关键词优化策略和投放策略。

(5)根据运营要求,灵活控制推广力度和资金投入,提高投资回报率。

3. 信息流推广

(1)负责广告投放策划和优化策略的定制及执行、对投放数据进行监控和分析,并优化投放效果。

(2)熟练操作信息流推广等推广后台。

(3)定期和搜索媒体沟通,了解产品变化并应用到推广方案中。

(4)定期提供数据分析报告并找出相应的改进方法,保证信息流广告正常有效地推进。

(5)监控和研究竞争对手及其他网站搜索营销策略,提前调整方案,不断优化账户,提高投资回报率(ROI)。

4. App 推广

(1)负责应用市场优化。

(2)负责 App 的渠道推广工作,以提升 App 用户下载量和激活量。

(3)根据公司要求制订有效的 App 渠道推广计划并实施。

(4)定期统计推广数据并进行有效分析,不断优化推广方案。

11.2.6 内容策划类岗位职责

内容策划类岗位主要面向文案内容策划和视频内容策划两大工作领域。

1. 文案内容策划

(1)结合市场舆情和变动,主动挖掘产品的宣传卖点,策划合适的选题稿件。

(2)撰写日常宣传文案、推广文案、活动文案等营销文案。

(3)结合市场变化、客户需求和行业发展趋势,及时提出具有实际执行意义的方案。

(4)配合市场部门的营销执行计划,完善文案创意,完成创意执行的具体工作。

(5)负责整体创意文案的撰写工作,包含社交媒体账号内容发布、活动主题与标语设计、论坛软文创作等。

2. 视频内容策划

(1)根据视频平台的产品特性,进行视频内容创作与筛选,能够跟踪与分析相关数据,不断为平台视频内容提供符合渠道传播的创意。

(2)有敏锐的市场嗅觉,能够跟踪与分析目标用户和竞品的变化趋势,并挖掘产品的可切入点。

(3)研究视频热点话题和网络流行趋势,关注底层逻辑,深挖用户需求,拆解并提炼热门视频的亮点与框架。

(4)深挖产品卖点,定位目标用户,并洞察需求,创作以市场导向为核心的创意脚本。

(5)与视频团队协同完成视频制作,跟进后期发布与投放。

(6)跟进视频投放效果,分析数据,持续优化内容。

11.2.7 营销策划类岗位职责

营销策划类岗位主要面向内容营销策划和品牌营销策划两大工作领域。

1. 内容营销策划

(1)根据品牌调性和不同平台的运营策略,搭建社交媒体内容矩阵,规划发布内容。

(2)独立输出营销内容,如选题、策划、文案、视频脚本、公众号文章等。

(3)配合运营团队,根据平台运营活动节奏策划活动主题,跟进活动落地。

(4)深入洞察消费者,分析运营数据和用户数据,及时复盘调整,提升用户量、阅读量和互动量。

2. 品牌营销策划

(1)根据品牌策略独立策划品牌活动,整合内部资源以确保活动顺利落地,把控时间节点,按时完成工作进度。

(2)结合品牌年度规划、实时热点和行业趋势,围绕品牌定位输出创意内容,形式包括但不限于文字、图片、视频等。

(3)进行跨品牌合作洽谈,制定符合品牌定位的可落地执行的合作方案。

(4)追踪媒体投放效果,进行传播效果分析。

延伸阅读

数字营销未来十大热门职位

数字营销行业变革日新月异,一些在几年前还处在设想中的职位,已成为业内不可或缺的存在。随着国际化和技术商品化进程不断加快,新兴技术和工具不断涌现,如物联网、语音技术、全息展示等。这些新兴技术及工具的应用也催生了新一波的"营销趋势"。为适应这一趋势,品牌和广告公司正积极调整自身人才结构,以期赢得先机。作为营销人的你,很有必要深入了解行业的未来走向。在对业内专家进行大量咨询后,我们总结出了未来几年内数字营销行业十大热门职位。

1. 首席体验官

Sapient Razorfish 全球首席体验官 Donald Chesnut 称,营销人员需要具备营销和技术交叉领域内的相关知识和技能,以理解消费者体验在互联网时代的演变。此外,要管理好消费者对品牌的完整体验,也要求营销人员持续关注个体消费者,并了解品牌如何丰富或增加其重要价值。对管理者而言,多元化的体验固然重要,但最为关键的是拥有同理心和设计思维,这确保他们始终将目标受众放在商业决策的中心位置。

2. VR(虚拟现实)编辑内容制作

数十年来,VR 一直尝试挤进主流媒体行列。随着技术的飞速发展,消费者仅凭智能手机和 Google Cardboard VR 眼镜便可获得沉浸式的 VR 体验。

PS260 编辑 Matt Posey 说道,VR 是一个近乎全新的媒体,拥有巨大的潜力与可能性。这一行业适合乐于尝试新鲜事物且富有创意的人群。导演、创意人员、编辑和特效设计师在 VR 领域内都能有较大的发展空间。

3. 机器人开发工程师

据 Gartner 数据,截至 2019 年,20% 基于智能手机的互动发生在用户与机器人和虚拟助理之间。IDC 最新研究表明,全球认知人工智能支出正以 54% 的复合年均增长率持续增长,预计将在 2020 年达到 460 亿美元,而聊天机器人这一利基市场也展现出极为不错的前景。

PullString CEO Oren Jacob 预测,机器人开发的重心将逐渐从三大成熟领域,即数据写入、交互式设计以及游戏设计,转移到其他领域。但就目前而言,这三大领域的关键技术和行业知识并非所有开发人员的标配,因此在未来一段时间内,这三大领域的开发人员仍然颇为吃香。

4. 物联网营销策略分析师

目前招聘网站上该职位需求量超 8 000 人次,拥有工程背景并具备一定电信行业专业知识。物联网(IOT)行业正处于飞速发展期。Gartner 数据显示,截至今年年底,全球投入使用的物联网设备将超过 84 亿件,预计到 2020 年将达 204 亿件。据预计,今年物联网终端和服务的总支出将达到 2 万亿美元。

物联网营销策略分析师可运用专业技能,为企业制定准确的营销策略,提升传感器、无线射频技术、电子标牌、智能手机、可穿戴设备、汽车等数据传输装置或技术的零售量。

5. 混合现实设计师

据 Grand View Research 预计,截至 2024 年,混合现实(MR)市值将达 30 亿美元。

Framestore 高级创意开发人员 Johannes Saam 认为,图像设计或计算机动画制作专业硕士学位是进入 MR 设计这一行业的门槛。MR 是艺术和科技的完美融合,因此这一行业要求从业者在设计和技术两方面都具备较强的专业能力。

6. 数据科学家

据 IDC 研究,截至 2020 年,数据行业市值将高达 2 030 亿美元。数据科学人才严重短缺。IDC 数据显示,截至明年,美国对具有深度分析能力的人才需求量将达 18.1 万人以上,此外,还需要近 100 万名专业人员对数据进行管理和解读。深度分析需要使用复杂的数据处理技术,并且经常需要对非结构化数据集进行复杂查询,以提供几乎实时的见解。

Goodway Group 的数据科学家 Scotty Pate 称,数据科学家需要具备较强的综合数学能力,囊括统计学、线性代数和微积分的相关知识和技能。这项工作最关键的是拥有好奇心和耐心。因为数据科学家经常要在海量数据中寻找答案或对其进行分析。

7. 机器学习工程师

目前该职位市场需求量达 13 500 人次,编程、机器学习算法和数据算法正对我们工作生活产生着愈来愈深刻的影响。Uncorked Studios 首席技术官 David Evans 认为,机器学习(ML)因其精准的数据分析能力,将在营销中发挥至关重要的作用。ML 技术应用范围十分广泛,可运用于内容或业务流程的各个环节。

MediaMath 首席技术官 Prasad Chalasani 认为,数学、统计学或物理学专业硕士阶段的学习,对机器学习从业者而言十分重要且大有裨益。这些专业的学习能为你在概率论和统计学领域打下坚实的量化基础,增加 ML 技术应用的实践经验并提高编程能力,尤其是 Python 或 Scala 编程能力。

8. 全渠道零售策略分析师

Facebook 产品营销总监 Graham Mudd 表示,领英上标注"全渠道营销(omni-channel marketing)"的在招职位约有 400 个,全渠道零售策略分析师目前仍是新兴职位。未来几年市场对该职位的需求将会激增。Kitewheel 战略副总裁 Sophie Slowe 称,全渠道策略分析师必须了解如何有效使用新技术手段以取得最佳效果。新平台能保证零售生态圈中的个体消费者获得更为持续、个性化以及实时的购买体验,但这一切是建立在正确的战略驱动之上的。全渠道营销要求从业者对业务各个环节有着深度的了解,企业也正将咨询师和策略分析师召集在一起,就下一代零售业的整体解决方案进行合作。

9. 语音技术开发人员

语音 AI(人工智能)的时代就要来临。360i SEO 副总裁 Michael Dobbs 表示,随着消费者的交流从打字转向自然语言,破译用户意图将变得越来越复杂。这种复杂性将日益影响品牌与消费者建立信任的方式,并将他们的相关性传达给受众。语音 AI 对搜索营销的重要性正飞速提升。Dobbs 还提到,在算法时代,营销人员和广告公司都必须建立自己的人工智能,运用深度学习、自然语言处理技术和算法进行大数据的挖掘。

Altimeter Group 的 Etlinger 说道,已拥有多项功能的语音助理现正不断深化自身在关键领域的优势。因此,语音技术开发人员需要创建一些具有明确的目标和应对各种命令的答案的实用工具。此外,还需要使用适合互动的语言,并开发差异化语调,彰显自身品牌个性。

10. 全息零售展示设计师

业内专家称,全息技术可实现无现实库存情况下的产品展示,在零售环境下大有可为。Provision Interactive Technologies 的 CEO Curt Thornton 预测,全息技术能让消费者抛开杂乱的商店陈列架,沉浸在根据他们兴趣和需求定制的购物体验中。全息技术将 AR(增强现实)带入现实世界,并能为消费者传递更多信息,提升互动性和参与度。

全息零售设计师需要提升自身讲故事的能力,并以更沉浸式的方式,为消费者展示商品和服务。Thornton 认为,对于全息零售设计师而言,计算机和设计相关知识和技能必不可少,但最重要的是拥有创意能力。他们要勇于突破常规,并不断提升自身想象力,为消费者提供更为沉浸式的购买体验。

(资料来源:MORKETING)

11.3 数字营销技术

11.3.1 数字营销技术认知

互联网的发展是影响营销技术变革的重要因素,它打破了原有的边界,包括时间和距离。品牌可以不受限制地与消费者进行联系,消费者也可以通过互联网接触到不同的市场,在更广泛的产品中进行选择,准确找到他们所需要的商品。品牌可以同步获取消费者的信息,利用大数据技术更详细地了解消费者。

1. 营销技术的含义

营销技术也称营销科技,是由美国学者斯科特·布林克尔(Scott Brinker)在 2010 年提出的新理念。营销技术是术语"营销"和"技术"的混合词,指当今高度数字化的商业世界中营销和技术的交集。可以简单定义为技术对营销的赋能,或者是营销人员通过大数据等技术手段解决企业营销问题的工具与方法的集合。营销技术主要有对内和对外两种职能。对内通过技术手段管理企业内部的营销资源和合作方,如数据库、产品、定价、分销渠道等;对外则通过技术手段影响客户的购买决策。营销技术的具体功能是营销人员对数字工具的管理和使用,通过营销自动化能够让机器自动执行任务、制定数据驱动的决策、管理销售线索,以及完成客户联系、渠道分析等工作。

营销技术强调,营销方式应以技术为主,包括服务于市场的硬件、软件、平台及服务。进入数字营销时代,几乎所有涉及数字营销的人员都在与营销技术打交道,因为数字化的本质也是基于技术的。可以说,数字营销是从营销人员的角度来看待技术,而营销技术在很大程度上是从技术人员的角度去看待营销。

2. 营销技术的发展动力

(1)营销内容过剩,造成消费者对营销"免疫"。如今的消费者已经淹没在无处不在的图片、视频和软文等各种形式的营销内容中。根据秒针系统的广告监测数据,我国消费者平均每天接触到的广告数量为数百次,而消费者对绝大部分广告并没有感知和记忆。在高强度"轰炸"下,消费者对营销开始"免疫"。这会导致精心制作的优质广告内容无法到达受众,迫使广告主更加倾向于制作碎片化的营销内容,甚至走向审美降级的极端。例如,写字楼的电梯间经常播放一种由大量群众演员不停大声重复某品牌口号的无美感广告。这种负面效应对于营销创意人来说是非常可怕的"劣币逐良币"。在这种情况下,营销人员对于营销技术的诉求是能在正确的渠道,以正确的频率传递正确的内容给正确的消费者,减少对消费者的过度骚扰和营销资源的浪费。

(2)营销效率不断降低,造成广告预算失控。由于过度营销,不仅使消费者对营销"免疫",也造成营销效率的不断下降。以国内的搜索引擎为例,十年前只需要几毛钱就可以完成一次获客,而今天的费用可能是几元到几十元钱。营销效率低,导致广告主不得不增加营销预算,但这会让消费者更不耐烦,进而使营销效率更低。这是正发生在广告预算方面的恶性循环。

(3)营销资源快速膨胀,需要更好地整合。在传统营销生态圈里,广告主在传递内容给消费者的路径中,只有整合专业供应商资源(创意、物料和会务供应商等)的广告公司和媒体是两个核心节点。

而随着数字技术的发展,营销进入了数字时代。除了传统营销生态圈中的角色和资源构成外,信息技术供应商、咨询公司、数据供应商、互联网公司及自媒体等各种角色都在分享自己的独特资源,希望从数字营销这个庞大的市场中分得一份蛋糕。

(4)互联网巨头强势,逼迫广告主构建自己的数字营销体系。目前,大部分通过营销产生的流量都掌握在互联网巨头阿里巴巴和腾讯等手中。互联网巨头掌握着市场上的绝大部分流量,也掌握了整个行业的流量议价权。例如,电商平台通过各种活动收取高额的费用,然而却不给商家销量承诺。寄希望于营销技术,广告主尝试构建基于自己数据的数字营销体系,而把互联网巨头的定位仅仅放在广告主和消费者互动的流量入口的"触点"上,终极目标是把流量的话语权拿在自己手中。

在上述四种因素的影响下,营销技术进入了发展的快车道。据预测,营销技术的市场规模在2015年至2025年的10年间将增长10倍,届时将达到1 200亿美元,占全球营销总预算的

10%。2020年,大型广告主营销预算的30%投入到了营销技术中,超过了人力(25%)、媒体(23%)和广告公司(23%),成为广告主预算的最大支出项。数字营销生态圈如图11-1所示。

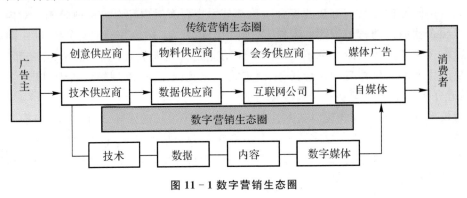

图11-1 数字营销生态圈

11.3.2 客户洞察技术

客户洞察是通过对客户情报的收集、整理和分析从而对客户形成深刻理解。客户洞察技术可以告诉企业客户为什么这样做,从而指导企业做出更好的业务决策,在客户和品牌之间建立良好的关系,提升客户的忠诚度。企业通过数据分析进行客户洞察,制定更有效的客户管理策略,优化面向目标客户发起的营销活动和互动行动。数据是对状态、事件和行为的记录,蕴藏着大量有意义和有商业价值的信息。聚类、预测分析和推荐是其中最常使用的三种分析模型。

1. 客户聚类技术

发现数据中蕴藏的价值聚类是一种应用机器学习算法的自动化数据分析技术,目的是从大量数据中发现可能的关联。如果说客户分层是基于相似的数据标签对客户进行划分,那么客户聚类就是应用机器学习的方法从大量数据中发现客户之间的相似性并实现自动归类的过程。

聚类是一种强大的分析方法,在数据完备的理想情况下,对标签属性的数据集进行编程计算和分析,从数据中发现即分析应用。面向产品、品牌和行为的聚类是最常见的聚类分析应用。通过聚类模型发现的客户分群常用于指导针对性的营销策略设计。例如,从客户群体中找出谁最有可能购买新产品,发现对特定品牌感兴趣的群体。

(1)基于产品的聚类。产品聚类模型能够发现客户偏好购买的产品或产品组合,既可以很宽泛地发现不同产品品类之间可能存在的关联性,也可以很具体地研究某个特定产品与其他产品销量之间的关联性,从而帮助企业发现某类客户群与产品组合之间的购买关联性。产品聚类的发现能够帮助商家设计适合的产品推荐策略。

(2)基于品牌的聚类。品牌聚类模型可以分析客户更愿意购买的品牌特征。品牌聚类模型通过算法自动聚合出偏好某一特定品牌的客户群体,或者聚合出哪些客户对于特定品牌的新产品更感兴趣,抑或是识别哪些客户群体对某个品牌具有更强的忠诚度。品牌聚类模型能够识别出那些对品牌的偏好强于对产品型号的偏好的客户群体,尽管同类产品的其他品牌推出了功能更强或款式更时尚的新品,他们也愿意等到自己偏好的品牌推出类似的新产品时再购买。

(3)基于行为的聚类。行为聚类模型能够发现客户购买的行为表现差异,如对于购买渠道的偏好。有的客户只在实体店购买,有的客户喜欢在线购买;有的客户习惯自我选择,有的客户会在社交网络里先问问朋友的意见。行为聚类还经常用于发现客户对促销刺激的行为反应,如哪些客户只有在价格促销的刺激下才会购买,哪些客户对价格促销的刺激并不敏感。通过行为聚类模型算法,企业经常能够发现一些以前并不了解的新群体,从而改进客户识别和营销定位,结合特别设计的营销场景,进行相应的产品营销和服务策略策划。

2.客户预测分析技术

预测分析是通过对消费者过去的行为分析来预测他们未来的行为倾向性表现。预测分析经常用来支撑营销策略的设计,通过对历史数据的建模分析、训练优化和营销测试对客户未来的行为倾向性进行预测,指导企业设计更合适的营销策略。

对以下这些客户营销决策的相关内容经常用到预测分析技术:客户下一个最想购买的产品;客户对某个营销渠道的偏好;客户对特定产品的购买倾向;客户未来的价值贡献潜力;客户最有可能向谁推荐;客户最希望看到哪些内容主题。常用的预测分析技术有RFM模型预测、营销响应模型预测和产品组合预测。

(1)RFM模型预测。RFM模型是衡量客户价值和客户创利能力的重要工具和手段,R(Recency)表示客户最近一次交易与当前时间的间隔,F(Frequency)表示客户的交易频率,M(Monetary)表示客户的交易金额。以这三个指标为基础,可将客户分为八种类型,针对不同的客户类型采取相应的措施,促进企业决策的制定。

RFM客户价值分类:

①重要价值客户:最近交易时间近、交易频率和交易金额高,简称"两高一近",属于优质客户。

②重要发展客户:最近交易时间近、交易金额高,但交易次数少,忠诚度不高,需要通过相关激励措施提高其购买频率。

③重要保持客户:交易金额和交易频次都高,但最近一次交易时间远,是很长时间没发生购买行为的忠实客户,企业需要主动同此类客户互动,及时将其唤回。

④重要挽留客户:交易金额高,但最近交易时间远、交易频次低,说明其消费力较高,是潜在的价值客户,需要重点维持。

⑤一般价值客户:最近交易时间近、交易频次也高,唯独交易金额小,属于低客单价群体。此类客户分为两种情况,一种是低价高利润产品的客户,可适当维持发展;另一种是低价低利润甚至无利润产品的客户,此时不需要额外投入大量预算维持。

⑥一般发展客户:最近交易时间近,但交易频次和交易金额小,属于意向客户,有推广价值,以提高交易频次和交易金额。

⑦一般保持客户:交易次数多,但是贡献不大,一般维持即可。

⑧一般挽留客户:最近交易时间远,交易频次和交易金额也都很小,贡献度最小,如果不需要额外的运营预算和精力,也可对其适当进行维护。

RFM模型预测方法认为,如果客户购买产品的时间更近、频率更高或花费更多的费用,这样的客户更有可能再次购买。RFM模型记录客户最近的购买时间间隔、最近一段时间的购买频率和平均购买的金额,基于这些信息建立模型分析和预测客户未来再次购买的可能性。

(2)营销响应模型预测。营销响应模型是一个常规性的应用模型,具有较强的实用价值。

主要用于分析和预测不同的客户群对不同营销要素的响应情况,以及客户对不同互动方式的营销响应情况;也可以用于分析和预测企业对不同客户产品偏好的营销响应情况。以电子邮件营销为例,营销人员应用营销响应模型来预测向不同类型客户群体发送的电子邮件的打开率和转化率等营销响应情况,以此来制定针对性的营销策略。

(3)产品组合预测。产品组合预测是基于产品的特性向潜在目标客户提供组合式的产品选购建议。大多数电子商务网站在产品页面上应用产品组合预测模型向浏览用户推荐相关联的其他产品。在北美地区,亚马逊的产品组合预测模型更加精细,能够根据登录用户的购买历史和行为偏好在同一个产品展示页面上给出更加个性化的产品组合选购建议。这种预测分析算法现在已发展得更加科学和精准,传递给用户的体验也更好,同时它对历史数据基础和预测分析算法的要求也更高。

3. 客户推荐技术

数字化环境下的推荐可以是产品和服务的推荐,也可以是内容和知识的推荐。向客户成功推荐相关的产品能够带来直接的收入增长,向客户推荐相关的内容会增加客户与品牌的互动机会,给客户带来更好的体验,间接提升品牌的忠诚度和未来的购买转化率。从技术上来看,推荐模型应用贝叶斯网络、频繁项目集等机器学习算法构建协同过滤模型,实现向客户推荐相关的产品、服务、内容或其他选择。

推荐可以是基于客户的应用,也可以是基于产品、服务和内容的应用。虽然最好的推荐一定是基于客户的个性特征和行为偏好相关性的,但在营销实践中,受限于对客户全面理解的程度和产品品类的可选择性,多数的交叉销售推荐与产品、服务和内容相关,只有少数能做到与客户相关。

客户推荐技术并不仅仅应用在产品页面,也可以结合客户购买过程的浏览行为进行应用。例如,在客户结账的时候推荐客户在购物过程中曾经浏览过的商品,有可能再次唤起客户的购买兴趣,增加结账时购买的转化率。

(1)结合客户家庭生命周期进行推荐。客户在家庭生命周期的不同阶段有不同的特征和需求,可以据此来改进向客户的推荐。商家能够根据客户购买的一些特定产品组合的历史记录准确地判断他们所处的家庭生命周期阶段,并据此进行相关的产品和服务推荐。

一些特殊品类的生活消费产品有着明显的生命周期属性。例如,商家根据客户购买的婴儿产品规格能够判断出某个家庭的孩子的数量、性别、年龄、身高、体重等特征。有孩子的家庭总是需要其他一些特定的商品和服务,商家基于这些洞察能够进行更加准确的推荐,如推荐适龄儿童的生活用品或玩具,或者预先植入下一成长阶段的产品品牌,引导这些家庭的关注或试用,提升后续选购相关产品和服务的转化率。对媒体内容的关注情况也可以用来预测客户的生命周期阶段。人们往往在制订计划的时候就会开始关注一些特定的信息,对特定的商品和服务产生搜索和内容学习的需求。在分析算法中加入与这些内容相关的行为信息,能够更精准地判断客户对产品和服务的需求。

(2)让客户自主选择和管理推荐。企业应使用先进的数据分析技术预测客户的产品购买需求,向客户推荐相关性较高的产品和服务,同时提供让客户主动管理推荐的选择。这样用户能够对不感兴趣的推荐或系统推荐的不适合的产品进行标注和设置,以使推荐算法能够根据用户的选择进行学习和优化。

推荐系统很难做到百分之百的准确,适时地引入客户的参与对改进推荐的体验和最终转化帮助很大。在客户看来,商家的推荐中有些是客户根本不感兴趣的产品,有些推荐的产品是客户已经在其他地方购买过了的,这些推荐重复出现无疑会影响客户的体验。

在推荐中引入客户主动管理的做法有许多好处,一方面,这样的交互能够改善客户浏览网站和购买过程的推荐体验;另一方面,客户对推荐产品的标注和设置可以帮助推荐算法持续学习和优化,进而提升下一次推荐的准确性和客户的个性化体验。

11.3.3 内容营销技术

在营销过程中,内容是商品与消费者沟通的桥梁。数字营销环境下,面对多样化的营销目标、媒体平台、目标人群,企业对营销内容的需求增加,营销内容需要动态化地响应和调整。这些变化对营销内容的生产提出了极高的要求,仅仅依靠人力和机构创作已无法满足需求。需要运用内容营销的物料管理、创作、分发技术工具实现高效率、低成本的内容营销。

1. 内容物料管理技术

内容物料管理技术,是指通过建立内容管理系统,把过去单次使用的营销内容拆解成各种营销内容物料的元素和片段并进行标签化、结构化储存的技术。它可以方便营销人员快速调用对应的内容物料。内容物料化的实现,一方面为营销内容合规检测、风险规避提供基础,另一方面也为营销内容的自动化、模板化生产做好准备。

2. 内容生产技术

在营销内容物料库与内容模板的支持下,营销人员可以借助多种生产工具调取内容元素,自动组合、自创作、自适应,高效地、规模化地生产出适应不同媒体类型、不同终端、不同营销目标、不同用户偏好的营销内容。

这些辅助内容生产的工具一方面嵌入了各种可编辑、组件化的内容模板,营销人员可以调整组件进行模板自定义,也可以直接快速生产邮件广告、展示广告、问卷或投票等营销内容;另一方面可以完全脱离人工手动操作,实现内容的自动化生产。具体来讲,不仅可以做到简单的尺寸规格延展、图片视频截取和剪裁,也能在数据与算法的支持下匹配目标人群的内容喜好,从内容物料库中抓取相应的元素自动生成个性化的图片、视频等。营销内容生产技术的应用降低了内容创作与生产的门槛,节省了创意人员的精力,提高了内容生产的效率。

3. 内容呈现优化技术

营销内容的呈现是有风险的,呈现效果不好往往就是一次预算浪费。通过内容呈现优化技术,如动态创意优化与小规模 AB 测试,能够有效地降低内容呈现的试错风险,提升内容呈现效果。例如,通过 AB 测试甚至多变量测试,根据用户对创意内容的反应来优化内容创意的元素组合,让营销内容根据市场的反应不断地优化调整,达到内容呈现、投放分配的优化效果。而广告云可以实现营销内容的动态优化。

11.3.4 触点营销技术

触点是客户联系过程中的沟通与互动点,延伸后可理解为企业与客户之间产生联系,进行信息交换,发生产品或服务交易等互动行为的场所。客户通过触点感知企业的产品、业务或服务。触点包含线上和线下渠道,覆盖传统意义上的媒体渠道和销售通路。触点营销技术主要应用于营销自动化、销售管理、社交媒体运营、数字广告、直播营销、用户体验、商业交易等领域,每个领域都有个性化的技术,以支持数字营销目标实现。如客户可以通过线上广告发现某个品牌、查看其他用户的评论、访问企业官网或者旗舰店,最终在线上或者线下的零售商店里进行购买,这些线上、线下与客户发生接触的广告、评论、网站和零售商店,就是不同的触点。

从营销技术的角度,营销技术可以分为两条技术路线。一是超级营销技术工具:这种技术路线为广告主提供一站式服务,即使广告主没有任何自己的资源,也可以直接调用超级工具进行精准营销,或者将自己积累的数据资源与这些超级工具对接,去驱动这些互联网企业掌握的触点资源。这些超级营销技术工具包括阿里妈妈、百度凤巢、腾讯广告等。二是生态圈模式:另外一条技术路线是通过行业标准和数据流串联各种资源方,包括数据供应商、触点供应商、广告交易平台等在生态圈中担任不同职能的角色。数字广告领域的"程序化广告"模式就是最典型的案例。

1. 营销自动化技术

营销自动化是近几年市场上讨论最多的营销技术领域,很多人直接把营销技术等同于营销自动化。营销自动化有许多含义,包括营销自动化工具、多渠道营销管理工具、数字营销资源池、跨渠道协同等,它的主要作用是整合广告主的数据、内容和触点资源。基于消费者的客户画像,根据预先配置的客户旅程图实时选取最优内容和最优触点进行信息的传递,实现营销的自动化。目前,营销自动化技术在以下场景中已经落地实施。

(1) 全渠道获客。几乎所有企业都搭建两个及以上的获客触点,通过营销投放获取的潜在客户线索被集成至同一平台进行管理,在信息流转过程中难免造成线索流失或产生欠佳的用户体验。营销自动化可以有效解决这一问题,通过客户旅程及相关工具自动归类各个渠道的真实获客数据以及潜在客户的个人信息。

(2) 用户信息集成。完整全面的用户数据集成将最大限度地还原用户需求与喜好,建立立体用户画像,帮助企业洞察用户。营销自动化将架起各平台系统之间的对接桥梁,匹配用户交易记录、会员信息,实时抓取客户的行为轨迹,在静态数据与动态数据的整合之下,使用户画像更为直观立体,方便后期进行定制化的互动,以产生更多客户价值。

(3) 个性营销管理。营销自动化提供个性化图文、个性化菜单栏、标签管理等可实现千人千面个性化营销的实用工具。标签管理工具可以根据客户的来源、购买潜力、所处的购买旅程阶段、购买频次、购买历史记录、兴趣偏好等多维度标签化管理,并以此实现精准个性化营销。

(4) 客户数据分析。面对企业发布的类型和目的丰富的营销内容,如何整合线上线下全渠道的营销数据、获得更深刻的用户洞察、输出更加详细和实时的分析报告,需要智能化和精细化的营销自动化工具来实现。这些工具基于实时用户行为抓取数据,进行同步数据分析,从而为企业提供更具价值、更加详细的营销活动数据分析报告,帮助企业进行用户定向和精准营销。

(5) 自动化客户沟通工具。自动化客户沟通工具可以部署在企业官网、官方微信公众号、服务号等多个渠道上,实现个性化的实时聊天并收集客户反馈的信息,从而显著缩短企业对用户的响应时间,帮助企业实现海量用户的实时交流。

2. 销售管理技术

销售是市场营销中的重要环节,在数字化大趋势下已开启了"传播销售一体化"的技术驱动变革。因此,服务于销售管理开发与优化的技术成为数字营销的重点内容。

销售管理技术一方面使销售人员能够对销售线索进行精细化区分,对不同的线索设计不同的追踪和管理策略,以更好地实现转化,达成销售;另一方面也能提供报价、成交、业绩分析等快捷服务组件,促进销售人员的协同合作,辅助并优化销售流程。

(1)销售线索管理技术。销售线索管理技术的一个重要职能就是让销售人员能够根据销售线索质量跟进和转化客户,提升销售线索的价值。销售线索一般分为联系人、线索、机会三个不同阶段。联系人是各种初级线索;线索是在媒体投放、社交互动、活动运营中获得的对商品和服务有意向的客户;机会则是销售人员正在跟进的有转化机会的客户。借助销售线索管理技术,企业不仅可以洞察客户,根据客户行为判定其所属的消费行为阶段与价值,帮助销售人员更好地识别客户,而且可以根据客户的差异给出个性化的销售建议,优化下一步的销售管理。

(2)销售协同管理技术。在销售管理辅助层面,销售协同管理技术强调服务性和协调性,以帮助销售人员进一步提高效率。具体应用工具包括简化成交流程的订单与报价工具、实时分析销售团队业绩的仪表盘工具、销售人员之间的协调沟通工具等。

3.社交媒体传播技术

社交媒体平台的用户身份体系屏蔽外部对平台资源的直接调用。在没有获得平台许可的情况下,广告主无法通过缓存数据(Cookie)、设备编号、手机号等数字营销生态圈通用的身份体系来识别社交媒体中的用户,因此社交平台的营销技术都是基于"围墙花园"的模式进行建设的。对于社交媒体营销资源的调用形式主要有两种。

(1)社交平台开放的数据应用程序编程接口(API)。平台通过API接口方式对外提供大量社交用户的标准化数据。例如,微信的API数据相对丰富,广告主可以基于这些数据构建社会化客户关系管理(SCRM)体系。

(2)社交平台的超级营销技术工具。如腾讯社交广告和头条的粉丝通都是这样的营销工具。

4.数字广告投放技术

目前,数字广告是触点领域中最复杂的营销技术,它对接多方资源,通过广告手段实时地进行内容传播,整个体系的运行需要不同角色的技术对接。随着数字媒体的崛起,新的媒体模式、形态、传播方式在不断摸索中走向重构,已基本上改变了广告的形式与内容。从渠道上来看,新技术拓宽了数字广告传播的路径,丰富了广告的形式。例如,通过百度关键词等工具,当目标消费者在搜索关键词的时候,广告主可以通过百度提供的工具进行竞价,出价高者就可以获得更好的结果展示位置,让消费者看到自己的主页和推广内容。

数字广告的视觉特点就是让一切"动"起来,除了动态化平面广告、动态化标志设计,还有更为活跃的动态化表情包。动态化表情包通过对IP(知识产权)形象设计的动态演绎,进行表情动画设计,让IP形象传播品牌形象和态度,提升品牌价值。例如,"小幸运"小青柑茶在节日营销中通过把产品和中国文化中的福禄寿喜、财神、月老等元素进行结合,设计了6个中国吉祥形象,然后进行动态化表情设计,让产品在节日中传递出喜庆的气氛。

5.渠道管理技术

在数字营销的全新环境下,商品在渠道中的流转速度得到了提升,需要对商品流转中多种数据进行管理,对渠道中的各种角色(如经销商、物流商、促销人员等)进行数据化的管理和赋能。渠道管理技术主要包括电商渠道运营技术、供销商管理技术和线下渠道运营技术三种类型。

(1)电商渠道运营技术。电商渠道运营技术得益于电子商务的发展,电商渠道运营技术不仅支持低门槛、低成本地建立电商网站,而且提供促销活动、优惠券、内容物料、库存管理,AB测试、智能商品推荐等电商运营工具,支持对不同国家或地区、不同终端、不同平台的电商主页的自适应呈现,包括语言文字、尺寸规格、页面布局等细节,并且可以实现电商云和销售云的数据对接。

(2)供销商管理技术。供销商管理技术及其相关工具,可以帮助监测和管理各个供销商的订单需求,同时向供销商开放操作门户,使企业与供销商的合作管理得以数字化,从而能够快速、准确地了解供销商的进货、库存、分销等渠道数据。例如,SAP与泛微为苏泊尔开发的供销商协同平台加强了供销商与苏泊尔的沟通协作,供销商可以通过该平台向企业在线下单、查看物流、汇报库存与分销数据。

(3)线下渠道运营技术。在线下渠道,数字营销技术工具一方面可以实现对门店的销售、仓储、人员等数据的收集、上传,从而优化生产与流通决策;另一方面可以自动设置销售门店的促销活动,下达并落实促销活动指令,如设置网点的活动产品、活动时间、促销价格等信息,从而清晰、全面地掌控促销活动的具体情况。

11.3.5 互动营销技术

互动营销的定位是帮助广告主培育最佳"私有流量池",以互动营销为中心,沉淀各种营销活动产生的流量,完成从了解品牌、建立品牌忠诚度到最终销售的消费者培育全流程。

1. 私域传播技术

私域传播技术是指在媒介传播中,借助社交媒体、邮件、短信、App等企业私域媒体,与消费者进行个性化的一对一互动,判断消费者的状态并为其提供个性化的信息告知、促销、服务等,引导消费者最终实现购买。例如,某移动工作室,可以自动对消费者进行推送营销,该工作室可以一站式管理自己的社交媒体账号内容,支持建立社群、一对一回复,也支持大规模的邮件自动发送。

2. 地理围栏技术

地理围栏是基于位置的服务(Location Based Services,LBS)的一种新应用,地理围栏是用一个虚拟的栅栏围出的边界。当设备出入该边界或在边界内活动时,可以接收系统通知或提示。通过该技术,LBS类应用或社交网站可以帮助用户在进入某一特定区域时自动登记。

移动位置信息蕴含着丰富的社会行为信息,对这些信息的洞察能够更加准确地理解用户的社会行为和生活偏好。一些零售消费产品公司应用基于位置信息的地理围栏技术建立用户的地理分布图谱,向用户推荐更具针对性的促销活动。例如,当发现一位年轻女性用户出现在某个特定商圈时,可以根据用户的历史交易特征和消费偏好推送适合的品牌促销活动,或者邀请她参加与其个性相符的积分兑换商品的优惠活动。

信用卡公司可以基于用户地理位置信息和交易消费场所地理信息的实时分析来优化信用风险监控,判断交易的真实性,识别可能发生的风险交易或者预测风险用户的恶意欺诈行为等。

3. 智慧沟通服务技术

得益于更加全面和实时的数据、更加丰富的内容信息和更加智能的交互技术,越来越多依赖物理环境设施和人员交互的服务场景将转向数字化。随着自动化服务交互应用的成熟,用户更加自主地参与到服务过程中,未来的服务模式也因此而变得更加实时。以智能机器人服务为例,在大多数情况下,人们请求人工服务的目的只是为了获得某些特定的信息,或者需要客户服务代表参与进行身份验证和账户查询。随着人工智能技术在身份特征识别、文本信息交互和智能语音交互领域的应用逐渐成熟,智能机器人服务在许多方面的应用不断超出人们的想象。可以预见,在线数字化互动将主要由智能机器人服务来承担,传统电话联络中心的人工服务响应也将会逐渐转变为由智能服务机器人实现的语音交互响应和多媒体应答,现场的人工服务也会由功能不断完善的服务机器人和智能设备支撑的自助服务代替。

4. 智能交互体验技术

数字化技术不断产生新的客户交互场景,促进新的产品和服务形态出现,带来创新的客户体验。随着数字连接技术的发展和智能可穿戴设备的广泛应用,不断会有更多的体验场景进入人们的生活。

以智能出行服务为例,基于生物识别技术的智能身份识别应用能在人们交通出行时提供更多的便利体验。在不远的未来,人们不需要重复出示证件就能够在智慧机场实现自助办理值机、快速通过安检、自助验证登机等过程,机上娱乐系统会按照乘客的偏好进行自动设置,乘务员不需要提前询问就能为乘客送上喜欢的饮品和餐食,到达目的地时会向乘客提供智能地图引导,当乘客的行李出现在传送带上时能够提供自动提醒。当然,乘客的这些出行过程也会被自动记录下来,以改进下一次的出行体验。

习 题

一、单选题

1. 能够有效跟踪客户消费习惯和爱好,为其提供相关性高的产品,这体现的数字营销特点是( )。
   A. 更丰富的产品信息 B. 更精准的营销方式
   C. 更个性化的营销服务 D. 更优秀的集成方式
2. 以下不属于数字营销网络渠道的是( )。
   A. 短信 B. 社交媒体
   C. 电子商务平台 D. 搜索引擎
3. 4P 营销理论强调以( )为中心。
   A. 顾客 B. 企业 C. 产品 D. 市场

4. 4R 营销理论以( )为核心,重在建立顾客忠诚。
   A. 数字营销　　　　B. 关系营销　　　　C. 沟通营销　　　　D. 信任营销
5. 以下不能用于客户洞察的营销技术是( )。
   A. 客户聚类技术　　　　　　　　　B. 私域传播技术
   C. 客户推荐技术　　　　　　　　　D. 预测分析技术

二、多选题

1. ( )是数字营销的主体。
   A. 广告主　　　　　B. 品牌　　　　　C. 数字营销公司　　　D. 数字媒体
2. ( )是影响消费者购买决策的社会因素。
   A. 年龄　　　　　B. 社会阶层　　　　C. 经验　　　　　D. 创意能力
3. 以下属于互动营销技术的有( )。
   A. 私域传播技术　　　　　　　　　B. 地理围栏技术
   C. 智慧沟通服务技术　　　　　　　D. 智能交互体验技术
4. 使用 RFM 模型进行客户分类依据的指标有( )
   A. 交易频率　　　　　　　　　　　B. 交易金额
   C. 交易场景　　　　　　　　　　　D. 最近一次交易时间与间隔

三、简答题

1. 数字营销的各类岗位职责有哪些?

2. 数字营销技术有哪些?

模块十二　市场营销职业道德与相关法律

> **教学目标**
>
> 【知识目标】
>   1. 了解不正当市场竞争行为
>   2. 熟悉市场竞争相关法规
>   3. 熟悉营销人员的岗位职责
>
> 【能力目标】
>   1. 能熟练掌握市场竞争相关法规
>   2. 规范自身市场竞争行为，不触犯法律
>   3. 规范营销从业人员的职业道德
>
> 【素质目标】
>   1. 拓展学生在经济法律领域的知识
>   2. 培养学生正确的市场竞争理念
>   3. 培养学生独立分析、积极思考的能力

12.1　市场竞争法律法规

我国在竞争法立法过程中，就条件比较成熟的反不正当竞争先行立法，但在制定《中华人民共和国反不正当竞争法》(简称《反不正当竞争法》)时，考虑到有些垄断行为已较为普遍，危害了公平竞争秩序，该法也对相关垄断行为作了规定。2017年《反不正当竞争法》修订，才将原先规定的5种垄断行为予以废止。根据不正当竞争行为的方式和手段，《反不正当竞争法》第二章将其归纳为7种类型。

12.1.1　反不正当市场竞争行为

1. 不正当市场竞争的概念

依照《反不正当竞争法》中的定义，不正当市场竞争是指经营者违反《反不正当竞争法》的规定，扰乱市场竞争秩序，损害其他经营者或者消费者的合法权益的行为。

2. 不正当市场竞争行为

(1) 采用假冒或仿冒等混淆手段从事市场交易，损害竞争对手的行为。假冒他人注册商标，擅自使用知名商品特有的名称、包装、装潢，或者使用与知名商品近似的名称、包装、装潢，造成和他人的知名商品相混淆，使购买者误认为是该知名商品。擅自使用他人的企业名称或姓名，引人误认为是他人的商品。在商品上伪造或冒用认证标志、名优标志等质量标志，伪造产地，对商品作引人误解的虚假表示。

(2) 商业贿赂行为。商业贿赂行为是指经营者在市场交易活动中，为争取交易机会，特别是为获得相对于竞争对手的市场优势，通过秘密给付财物或者其他报偿等不正当手段收买客户的负责人、雇员、合伙人、代理人和政府有关部门工作人员等能够影响市场交易的有关人员的行为。

(3) 引人误解的虚假宣传。引人误解的虚假宣传是指经营者利用广告或其他方法，对商品的质量、制作成分、性能、用途、生产者、有效期限、产地等作引人误解的宣传的行为。引人误解的虚假宣传，既包括虚假宣传，也包括引人误解的宣传两种类型。

(4) 侵犯商业秘密的行为。经营者侵犯商业秘密的不正当竞争行为有以下几种表现形式：经营者以盗窃、利诱、胁迫或者其他不正当手段获取权利人的商业秘密。经营者披露、使用或允许他人使用以盗窃、利诱、胁迫或其他不正当手段获取的权利人的商业秘密。经营者违反约定或者违反权利人有关保守商业秘密的要求，披露、使用或者通知他人使用其所掌握的商业秘密。第三人在明知或应知商业秘密是经营者通过不正当手段获得并加以不法披露、使用或允许他人使用的情况下，仍然去获取、使用或者披露权利人的商业秘密。

(5) 经营者以排挤竞争对手为目的，以低于成本价格销售商品。《反不正当竞争法》禁止经营者以排挤竞争对手为目的，以低于成本的价格销售商品，但规定了一些例外情形：一是处理有效期限即将到期的商品或者其他积压的商品。二是季节性降价。三是因清偿债务、转产、歇业降价销售商品。

(6) 附条件交易行为。附条件交易行为是指经营者利用自己的经济优势或经营上的优势，在销售商品或提供服务时，违背购买者的意愿，搭售其他商品或附加其他不合理的交易条件的行为。

(7) 违反规定的有奖销售行为。有奖销售是指经营者以提供奖品或奖金的手段进行推销的行为。《反不正当竞争法》禁止以下三种形式的有奖销售：采用谎称有奖或者故意让内定人员中奖的欺骗方式进行有奖销售。利用有奖销售的手段推销质次价高的商品。抽奖式的有奖销售，最高奖的金额超过5 000元。

(8) 损害竞争对手信誉的行为。损害竞争对手信誉的行为，是指经营者为了竞争的目的，故意捏造、散布虚伪的事实，损害竞争对手的商业信誉和商品声誉。

(9) 投标招标中的不正当竞争行为。《反不正当竞争法》规定了投标、招标中常见的两种类型的不正当竞争行为，投标者串通投标，抬高标价或压低标价的行为。投标者和招标者之间相互勾结，以排挤竞争对手的行为。

(10) 政府及其所属部门滥用行政权力限制竞争的行为。从《反不正当竞争法》规定可以看出，政府及其所属部门滥用行政权力限制竞争的行为有：限定他人购买其指定的经营者的商品，限制其他经营者正当的经营活动，限制外地商品进入等。

12.1.2 市场竞争相关法律法规

1. 市场竞争相关概念

市场竞争的方式多种多样,比如产品质量竞争、广告营销竞争、价格竞争、产品式样和花色品种竞争等,这也就是通常所说的市场竞争策略。通常我们按市场竞争的程度把市场竞争划分为如下两种类型。

(1)完全竞争。指一种没有任何外在力量阻止和干扰的市场情况。

(2)不完全竞争。一般是指除完全竞争以外、有外在力量控制的市场情况,主要包括以下三种类型:完全垄断、垄断竞争、寡头垄断。

2. 市场竞争的主要形式

(1)价格竞争:是生产经营同种商品的企业,为获得超额利润而进行的竞争。进行价格竞争的条件就是成本的降低,价格竞争的主要手段就是降价。

(2)非价格竞争:是通过产品差异化进行的竞争。非价格竞争手段的采用必然导致企业生产经营成本增加。

3. 市场竞争战略

(1)高质量竞争战略。高质量竞争战略是指企业以高质量为竞争手段,致力于树立高质量的企业形象,并希望在竞争中以高质量超越竞争对手。实施这一战略需要解决的主要问题是怎样认识和塑造高质量。作为一种竞争战略,高质量的优势是明显的:它是一切竞争手段的前提和基础,也是树立良好企业形象的基础。高质量要注重产品的性能质量,包括产品的功能、耐用性、牢固性、可靠性、经济性、安全性等;高质量要以顾客需求为依据,性能质量的"高"是相对的,要适度;高质量要反映在企业的各项活动和创造价值的全过程中。

(2)低成本竞争战略。低成本竞争战略是指企业以低成本作为主要竞争手段,企图使自己在成本方面比同行的其他企业占有优势地位。实行低成本战略的关键是发挥规模经济的作用,使生产规模扩大、产量增加,使单位产品固定成本下降。以较低的价格取得生产所需的原材料和劳动力;使用先进的机器设备,增加产量,提高设备利用率、劳动效率和产品合格率;加强成本与管理费用的控制等。

实行低成本战略,可以低于竞争者的价格销售产品,提高市场占有率,也可以与竞争者同价销售产品,取得较高利润。低成本战略流行于20世纪70年代,当同行企业都采用各种措施使成本降到最小化或接近极限时,这一战略就失去了意义。

(3)差异优势竞争战略。企业以表现某些方面的独到之处为竞争主要手段,希望在与竞争对手的差异比较中占有优势地位,便形成差异优势战略。这里的差异包括:产品的性能、质量、款式、商标、型号、档次、产地,生产产品所采用的技术、工艺、原材料以及售前售后服务、销售网点等方面的差异。差异优势竞争战略是在各个企业大批量生产同一无差异产品并出现销售困难时提出来的一种战略。因为在上述情况下,解决问题的出路是使企业在技术、实力、创新能力、原材料、经营经验等方面的优势,成功地转化为产品、服务、宣传、网点等方面独具特色的差异优势,减少与竞争对手的正面冲突,并在某一领域取得竞争的优势地位。

(4)集中优势竞争战略。集中优势竞争战略要求企业致力于某一个或少数几个消费者群体提供服务,力争在局部市场中取得竞争优势。所谓集中,就是企业并不面向整体市场的所有消费者推出产品和服务,而是专门为一部分消费者群体(局部市场)提供服务。集中精力于局部市场,仅需少量投资,这对中型企业特别是小企业来说,是一个在激烈竞争中能够生存与发展的空间。同时这一战略既能满足某些消费者群体的特殊需要,具有与差异战略相同的优势;又能在较窄的领域里以较低的成本进行经营,兼有低成本战略相同的优势。但它也有一定的风险,当所面对的局部市场的供求、价格、竞争等因素发生变化时,就可能使企业遭受重大损失。

12.2 营销人员职业道德

12.2.1 营销人员职业道德

1. 职业道德的概念

职业道德的概念有广义和狭义之分。广义的职业道德是指从业人员在职业活动中应该遵循的行为准则,涵盖了从业人员与服务对象、职业与职工、职业与职业之间的关系。狭义的职业道德是指在一定职业活动中应遵循的、体现一定职业特征的、调整一定职业关系的职业行为准则和规范。不同的职业人员在特定的职业活动中形成了特殊的职业关系,包括职业主体与职业服务对象之间的关系、职业团体之间的关系、同一职业团体内部人与人之间的关系,以及职业劳动者、职业团体与国家之间的关系。

2. 职业道德的内容

职业道德基本内容概括为爱岗敬业、诚实守信、办事公道、服务群众、奉献社会、素质修养,具体内容包括以下八个方面。

(1)职业道德是一种职业规范,受社会普遍的认可。

(2)职业道德是长期以来自然形成的。

(3)职业道德没有确定形式,通常体现为观念、习惯、信念等。

(4)职业道德依靠文化、内心信念和习惯,通过员工的自律实现。

(5)职业道德大多没有实质的约束力和强制力。

(6)职业道德的主要内容是对员工义务的要求。

(7)职业道德标准多元化,代表了不同企业可能具有不同的价值观。

(8)职业道德承载着企业文化和凝聚力,影响深远。

3. 营销人员的职业道德

(1)通晓业务,优质服务。营销人员要博学多才,业务娴熟;要牢固树立服务至上的营销理念;要善于收集信息、把握市场行情;要灵活运用各种促销手段,拉近与客户的距离,成功进行沟通;要熟悉经销商品的性能,主动准确地传达商品信息;要为顾客排忧解难,满足他们的特殊要求。

(2)平等互惠,诚信无欺。这是营销工作者最基本的行为准则。营销工作者在工作中不要耍手腕,不坑蒙消费者,不擅自压价或变相提价;要恪守营销承诺,决不图一时之利损害企业信誉。

(3)当好参谋,指导消费。营销是生产者与消费者之间的媒介和桥梁,营销工作者要在与消费者的沟通中,了解不同对象的不同需求,引导消费者接受新的消费观念。同时,又将消费者需求信息传达给生产者,以帮助企业改进和调整生产。

(4)公私分明,廉洁奉公。生产者往往赋予营销工作者一定的职权,营销人员应经得起利益的诱惑,不赚取规定之外的私利,不进行转手倒卖等各种谋私活动。

4. 营销人员的职业道德价值

(1)诚信是营销人员职业道德的核心。在市场经济高度发展的今天,市场竞争是优胜劣汰,靠的是信誉、质量、维护消费者的利益来赢得市场。在市场经济条件下,营销人员有职业道德才会有市场,不讲职业道德就会失去市场。在营销职业中,只有诚实地劳动和创造,并通过守规、勤业和精业的职业态度和职业行为,才能赢得过多的信任,所能实现的价值也就越大、越丰富。在中国有一大批儒商凭借"诚信经商、童叟无欺"的经营理念而久负盛名,如我国历史悠久的以同仁堂、余庆堂为代表的百年老字号店,以及现代的海尔集团等成功的大企业,都是以讲诚信而兴旺发达,名扬天下。

(2)遵守职业道德是营销人员事业成功的保证。①不讲职业道德就做不好营销工作。做事先做人,做人德为先。不会做人,便不能做事;不善做事,便不善经商;做人失败,想在经营事业上取得成功也很难。营销人员的工作是直接与人打交道,而且是具体做事的。如果就做事而做事,很难做成事,营销人员职业道德修养的高低,是其做成事的前提。

②营销人员拥有良好的职业道德是事业成功的基础。营销人员具有良好的职业道德能够培养良好的心理素质和健康的心态。在人际关系交往中,会遇到形形色色的人和各种各样的困难,这就要求营销人员既要有充分面对各种困难的心理准备,又要树立克服困难、知难而进的决心和信心。

12.2.2 营销人员岗位职责

1. 岗位职责概述

岗位职责指一个岗位所需要去完成的工作内容以及应当承担的责任范围,岗位职责是一种具象化的工作描述,可将其归类于不同职位类型范畴。岗位是组织为完成某项任务而确立的,由工种、职务、职称和等级等性质所组成,必须归属于一个人。职责是职务与责任的统一,由授权范围和相应的责任两部分组成。

2. 岗位职责的作用

(1)可以最大限度地实现劳动用工的科学配置;
(2)有效地防止因职务重叠而发生的工作扯皮现象;
(3)提高内部竞争活力,更好地发现和使用人才;
(4)组织考核的依据;
(5)提高工作效率和工作质量;
(6)规范操作行为;
(7)减少违章行为和违章事故的发生。

3. 销售人员岗位职责

(1)负责产品的市场渠道开拓与销售工作,执行并完成公司产品年度销售计划。
(2)根据公司市场营销战略,提升销售价值,控制成本,扩大产品在所负责区域的销售,积极完成销售量指标,扩大产品市场占有率；

(3) 与客户保持良好沟通,实时把握客户需求。为客户提供主动、热情、满意、周到的服务。

(4) 根据公司产品、价格及市场策略,独立处置询盘、报价、合同条款的协商及合同签订等事宜。在执行合同过程中,协调并监督公司各职能部门操作。

(5) 动态把握市场价格,定期向公司提供市场分析及预测报告和个人工作周报。

(6) 维护和开拓新的销售渠道和新客户,自主开发及拓展上下游用户,尤其是终端用户。

(7) 收集一线营销信息和用户意见,对公司营销策略、售后服务等提出参考意见。

(8) 认真贯彻执行公司销售管理规定和实施细则,努力提高自身业务水平。

(9) 积极完成规定或承诺的销售量指标,为客户提供主动、热情、满意、周到的服务,并配合销售代表的工作。

(10) 办理各项业务工作,要做到积极联系、事前请示、事后汇报,忠于职守、廉洁奉公。

(11) 负责与客户签订销售合同,督促合同正常如期履行,并催讨所欠应收销售款项。

(12) 对客户在销售和使用过程中出现的问题、须办理的手续,帮助或联系有关部门或单位妥善解决。

(13) 收集一线营销信息和用户意见,对公司营销策略、广告、售后服务、产品改进、新产品开发等提出参考意见。

(14) 填写有关销售表格,提交销售分析和总结报告。

(15) 做到以公司利益为重,不索取回扣,馈赠钱物上交公司,遵守国家法律,不构成经济犯罪。

(16) 对各项业务负责到底,对应收的款项和商品,按照合同的规定追踪和催收,出现问题及时汇报、请示并处理。

(17) 积极发展新客户,与客户保持良好的关系和持久的联系,不断开拓业务渠道。

(18) 出差时应节俭交通、住宿、业务请客等各种费用,不得奢侈浪费.完成营销部长临时交办的其他任务。

4. 销售人员基本素质

(1) 热情。性格的情绪特征之一,销售人员要富有热情,在销售业务活动中待人接物更要始终保持热烈的感情。热情会使人感到亲切、自然,从而缩短双方的感情距离,同你一起创造出良好的交流思想、情感的环境。但也不能过分热情,过分会使人觉得虚情假意而有所戒备,无形中就筑起了一道心理上的防线。

(2) 灵活。在销售工作中不能总是千篇一律,要有自己的思想和方式,在找客户资料方面应该灵活多变,有很多的找客户资料的方法,可以让我们获取更多、更有效的客户资料。搜客通找客户资料就是我们应该灵活应用的方式之一,搜客通不仅能搜索资料,还可以管理搜索出来的资料,可以导出搜索出来的客户资料,可以跟踪你的业务进展,让你时时都能在第一时间来做好销售。

(3) 开朗。外向型性格的特征之一,表现为坦率、爽直。具有这种性格的人,能主动积极地与他人交往,并能在交往中吸取营养,增长见识,培养友谊。

(4) 坚毅。性格的意志特征之一。业务活动的任务是复杂的,实现业务活动目标总是与克服困难相伴随,所以,销售人员必须具备坚毅的性格。只有意志坚定,有毅力,才能找到克服困难的办法,实现业务活动的预期目标。

(5)耐性。能忍耐、不急躁的性格。销售人员作为自己组织或客户、雇主与公众的"中介人",不免会遇到公众的投诉,被投诉者当作"出气筒"。没有耐性,就会使自己的组织或客户、雇主与投诉的公众之间的矛盾进一步激化,本身的工作也就无法开展。在被投诉的公众当作"出气筒"的时候,最好是迫使自己立即站到投诉者的立场上去。只有这样,才能忍受"逼迫心头的挑战",然后客观地评价事态,顺利解决矛盾。业务员在日常工作中,也要有耐性。既要做一个耐心的倾听者,对别人的讲话表示兴趣和关切;又要做一个耐心的说服者,使别人愉快地接受你的想法而没有丝毫被强迫的感觉。

(6)稳重。做事干练就意味着成熟,成熟的外在表现就是稳重。客户更愿意将事情交给稳重的人做,稳重就是给客户以放心,客户放心将会有更多的业务将从这里开始。

习　　题

1. 结合无人机市场特征,思考销售人员应该具备的职业素养。

2. 作为一名无人机销售人员,你能想到的销售困境有哪些? 如何解决?

参 考 文 献

[1] 王鑫,张晓红.数字营销基础[M].北京:高等教育出版社,2022.
[2] 李宇红,颜青.数字互动营销[M].北京:高等教育出版社,2022.
[3] 王纪忠.市场营销[M].北京:北京大学出版社,2006.
[4] 张卫东.市场营销[M].4版.重庆:重庆大学出版社,2021.
[5] 马广福.民用无人机运行监管体系研究[J].科技展望,2016(5):187.
[6] 孟慧霞.4PS营销组合理论的演进及争论解析[J].山西大学学报(哲学社会科学版),2009,32(4):56.
[7] 魏中龙.营销组合理论的发展与评析[J].北京工商大学学报(社会科学版),2006(5):57.
[8] 陈中洁,李昌辉.以4R为基础,以4C为指导,用XP去执行:经典市场营销理论在实践中的运用[J].商场现代化,2006(4):143.
[9] 唐玥.我国消费级无人机市场升温 行业发展面临三大难题[N].通信信息报,2016-03-09(A14).
[10] 胡辉.国际贸易背景下的国际市场营销策略研究[J].国际商贸,2011(11):195.
[11] 王呈顺.浅谈无人机市场分类及发展趋势[J].信息系统工程,2017(9):105.
[12] 阿赛尔.消费者行为和营销策略[M].韩德昌,等,译.北京:机械工业出版社,2000.
[13] 苏朝晖.市场营销从理论到实践[M].北京:人民邮电出版社,2021.
[14] 李东进,秦勇.市场营销理论、工具与方法[M].北京:人民邮电出版社,2021.
[15] 郭国庆.市场营销学通论[M].北京:中国人民大学出版社,2011.
[16] 秦勇,张黎.医药市场营销理论、工具与方法[M].北京:人民邮电出版社,2018.
[17] 张翼.当前中国社会各阶层的消费倾向:从生存性消费到发展性消费[J].社会学研究,2016,31(4):74.
[18] 岳俊芳,吕一林.市场营销学[M].北京:中国人民大学出版社,2019.
[19] 任会福,李娜,彭莉.市场营销[M].北京:人民邮电出版社,2019.
[20] 杨秋文.大疆无人机国际营销案例研究[D].南宁:广西大学,2019.
[21] 美通社.从春晚看中国实力 全球首次大规模无人船协同编队震撼亮相[J].科技与金融,2018(3):2.
[22] 宁德煌.市场营销学[M].北京:机械工业出版社,2020.
[23] 周靖人.工业无人机市场营销策略研究[D].成都:电子科技大学,2021.
[24] 聂晶.LD公司消费级无人机市场营销策略研究[D].成都:电子科技大学,2019.
[25] 黄武华.大疆消费级无人机法国市场营销策略研究[D].厦门:厦门大学,2018.
[26] 冉莹莹,李贵卿.基于PEST分析法的中国民用无人机行业发展环境分析[J].现代管理,2017(6):400.
[27] 韦梁俊.公司消费级无人机营销策略研究[D].广州:华南理工大学,2017.
[28] 吴健安.市场营销学[M].5版.北京:清华大学出版社,2014.
[29] 纪宝成,吕一林.市场营销学教程[M].5版.北京:中国人民大学出版社,2014.

[30] 王伟任.M无人机公司发展战略研究[D].南宁:广西大学,2021.
[31] 张飞.无人机行业发展现状与未来展望[J].产业与科技论坛,2020,19(20):14.
[32] 李博.大疆创新科技有限公司成长驱动力研究[D].兰州:兰州财经大学,2018.
[33] 李德俊.市场营销学[M].合肥:安徽大学出版社,2009.
[34] 陈超.深圳WR公司亿高系列无人机产品营销策略优化研究[D].长沙:湖南农业大学,2018.
[35] 吴丙功.AEE消费类自拍无人机海外市场营销策略研究[D].兰州:兰州大学,2019.
[36] 苏晓珊.民用无人机企业市场营销创新策略[J].市场研究,2018(12):41.
[37] 白利倩.人工智能概念异军突起[J].理财,2016(7):20.
[38] 罗立波.消费级无人机的昨天、今天和明天[R].广州:广发证券发展研究中心,2016.
[39] 柴子清.浅析网络时代的市场营销:以无人机产品为例[J].才智,2017(19):263.
[40] 黄泽满,刘勇,周星.民用无人机应用发展概述[J].赤峰学院学报(自然科学版),2014(24):30.
[41] 宇辰网.中国民用无人机发展概况[J].机器人产业,2017(1):52.
[42] 艾宏昌,王春生.我国民用无人机管理现状探析[J].管理观察,2015(7):191.
[43] 徐胜利.民用无人机产业现状及对未来发展前景的浅析[J].时代金融,2017(6):229.
[44] 马进军.国际市场营销[M].上海:上海交通大学出版社,2014.
[45] 张亚男,黄晓林.民用无人机市场发展和创新中的隐私保护[J].信息安全与通信保密,2017(2):89.
[46] 高晴云.浅谈民用无人机市场营销策略[J].市场周刊(理论研究),2017(3):64.
[47] 陈岚.华为数字能源:勇攀科技创新巅峰,成就绿色智能世界[J].广东科技,2021(10):40.